복음을
부끄러워하지 않는
그리스도인

UNASHAMED OF THE GOSPEL
Jonathan Leeman, General Editor

Originally published in the USA
by B&H Publishing Group
127 Ninth Avenue North, Nashville, TN 37234-0188 USA
under the title Unashamed of the Gospel
Copyright ⓒ 2016 by B&H Publishing Group
All rights reserved.

Korean Edition published by Word of Life Press, Seoul 2018
Translated and used by permission.
Printed in Korea.

복음을
부끄러워하지 않는
그리스도인

ⓒ 생명의말씀사 2018

2018년 6월 4일 1판 1쇄 발행

펴낸이 | 김재권
펴낸곳 | 생명의말씀사

등록 | 1962. 1. 10. No.300-1962-1
주소 | 서울시 종로구 경희궁1길 5-9(03176)
전화 | 02)738-6555(본사) · 02)3159-7979(영업)
팩스 | 02)739-3824(본사) · 080-022-8585(영업)

기획편집 | 구자섭
디자인 | 김혜진
인쇄 | 영진문원
제본 | 정문바인텍

ISBN 978-89-04-16623-7 (03230)

저작권자의 허락없이 이 책의 일부 또는 전체를
무단 복제, 전재, 발췌하면 저작권법에 의해 처벌을 받습니다.

복음을
부끄러워하지 않는
그리스도인

Unashamed of the Gospel

초대교회 그리스도인들은
비록 로마 제국에 거주했지만,
천국의 시민으로 살았다.
그들은 믿음을 위해서 기꺼이 박해를 받았으며,
복음을 부끄러워하지 않았다.

———

존 파이퍼, 존 맥아더
매트 챈들러 외 다수 지음
조계광 옮김

생명의말씀사

서 문

새롭게 불기 시작하는 복음 운동

약 7,000명의 젊은이들이 모여 있는 군중 사이에 서 있다고 생각해 보자. 무반주로 레지널드 히버의 "거룩, 거룩, 거룩 전능하신 주여"를 부르고, 찬양이 끝난 다음에는 한 시간 동안 설교가 이어진다. 그리고 그런 일이 사흘간이나 계속된다면, "지금 내가 어디에 있지? 왜 이런 일이 일어나고 있지?"라며 궁금해 할 것이 틀림없다.

내가 실제로 이런 상황을 접한 것은 그렇게 갑작스런 일이 아니었다. 왜냐하면 전에 말이나 글을 통해, 이런 모임에 관해 전해들은 적이 있기 때문이다. 하지만 나의 궁금증은 여전히 그대로다.

2014년 4월, 켄터키 주 루이빌에서 'T4G'(Together for the Gospel, 투게더 퍼 가스펠) 콘퍼런스가 개최되었다. 그때까지만 해도, 나는 그 도시를 방문한 적이 없었다. 나는 그곳의 거리와 공항에서 사람들에게 붙들려 배너 사에서 출판한 책에 사인을 해주었다.

도대체 미국에서 무슨 일이 일어나고 있는 것일까? 간접적인 정보에 의존해 의견을 제시하는 경우는 너무나도 많다. 더더욱 유감스러운 것은 거의 10년 전에 출판된 한 권의 책에 실린, '한 언론인이 살펴본 새로운 칼빈주의'(the New Calvinism)라는 타이틀 때문에, 지금 일어나고 있는 현상을 '새로운 칼빈주의 운동'(New Calvinist movement)으로 규정하려는 움직임이 확산되기 시작했다는 점이다.

사실 이런 포괄적인 명칭은 적절하지 못하다. '운동'이란 조직, 직원, 자체 출판물, 콘퍼런스와 같은 체계를 갖추고 있는 것이 보통이다. 하지만 위의 명칭이 적용된 현상에서는 그런 요소가 거의 발견되지 않았다. 이 현상은 정해진 형식 없이 매우 다양한 양상을 띠었다.

2008년에 만들어진 '새로운 칼빈주의'라는 명칭을 용인할 수 없는 이유가 한 가지 더 있다. 이 명칭은 '새로운'이라는 수식어 때문에 마치 '과거의 칼빈주의'와는 전혀 다른 듯한 인상을 풍긴다. 그러나 현재 미국 내의 여러 곳에서 일어나고 있는 현상은 새로운 것과는 거리가 멀어 보인다.

1740년대에 화이트필드나 에드워즈가 가르친 교리나 나중에 스펄전이나 로이드존스가 가르친 교리와 비교하면, 새로운 내용이 전혀 발견되지 않는다. 요즘에 일어나고 있는 현상 속에는 이미 죽었어야 마땅해 보이는 것이 여전히 생생하게 살아 숨 쉬고 있다. 오히려 옛 저자들의 책이 최신 저자들의 책보다 더 많이 탐독되고 있다. 하지만 인간이 쓴 책은 아무리 비중이 크더라도 현재의 상황을 모두 설명하기에는 역부족이다. 진실을 밝히자면 이렇다.

그렇게 다양한 형태로 개혁주의의 부활을 이끌어낸 사람은 이 세상 사람들 가운데는 아무도 없다. 세상 사람들 그 누구도 그것을 계획한 적이 없다. 그것을 이끌거나 이끌어갈 수 있는 사람은 어디에도 존재하지 않았다. 이것은 한마디로 하나님의 사역이다. 일시적인 현상으로 그칠 수도 있고, 길고, 넓고, 깊게 확산될 수도 있다. 하나님이 결정하실 것이다. 나는 상황을 무조건 낙관할 생각은 없다. 이 일을 통

제하는 것은 우리의 소관이 아닙니다.[1)]

'메트로폴리탄 태버내클' 교회가 쇠퇴해 갈 무렵, 아치볼드 브라운은 교인들을 향해 하나님이 새로운 사역을 행하시면 영적 회복을 위한 대중적인 해결책은 모두 자취를 감출 것이라고 예고했다.

그는 "강단이나 설교 단상에서 '최신 유행'에 관한 말들이 더 이상 언급되지 않을 것이다. ···오직 '성경! 성경! 성경!'만 강조될 것이고, 사람들은 '우리에게 하나님의 말씀을 달라.'고 소리칠 것이다."라고 말했다.[2)]

내가 지금 논하는 현상은 단순한 영적 부흥이 아닌, 성경에 새로운 관심을 기울임과 동시에 일부 타협적인 현대 복음주의자들의 생각에 도전을 제기한다. "T4G 콘퍼런스를 비롯해 그와 유사한 조직이나 콘퍼런스는 절정에 달한 복음 운동을 대변하는 것이 아니라 그 불길을 당기기를 원할 뿐이다."라고 조나단 리먼이 말한 것은 이유가 없지 않다.[3)]

물론 교회 현장에서 영향력을 발휘하는 것은 무엇이든 지지층을 형성하기 마련이다. 여러 형태의 단체와 교회와 콘퍼런스가 새롭게 부활한 칼빈주의와 동일한 노선을 걷기를 원하는 현상이 나타날 수 있다. 물론 다양한 참여자들이 혼합되어 나타나는 것은 불가피한 현상이다. 그런 일은 항상 있어왔다.

---

1) John Piper, "The New Calvinism and the New Community," the Gaffin Lecture at Westminster Seminary, March 12, 2014.
2) Iain H. Murray, *Archibald G. Brown: Spurgeon's Successor* (Edinburgh: Banner of Truth, 2011), 367.
3) Jonathan Leeman, ed., *The Underestimated Gospel: Addresses at the 2012 Together for the Gospel Conference* (Nashville, TN: B&H, 2014), 4.

1740년대의 영적 부흥의 시대에 조나단 에드워즈가 지적한 대로, 가장 열렬한 지지자들 가운데 일부는 사실 하나님의 사역을 돕는 진정한 조력자가 되지 못했다.[4] 겉으로 내세운 명칭은 아무런 증거가 될 수 없다. 선포된 진리로 모든 것을 시험해야 할 필요가 있다. 하나님 앞에서 겸손하고, 기도에 충실하며, 모든 사람을 사랑하는지, 참여자들의 성품까지도 유심히 살펴봐야 한다.

　미국은 땅덩어리가 큰 나라이기 때문에, 이 새로운 부흥을 성급하게 일반화시키는 것은 지혜롭지 못하다. 이미 지적한 대로, 전적으로 신뢰하거나 비난할 만한 단체는 존재하지 않는다. T4G 콘퍼런스는 미국 내에 존재하는 유사한 여러 콘퍼런스 가운데 하나일 뿐이다.

　하지만 일부 사람들은 그것을 '새로운 칼빈주의'로 불리는 운동을 대표하는 모임으로 간주한다. 그 모임에서 설교를 전한 아홉 명(타비티 애니야브와레, 마크 데버, 리건 던컨, 존 맥아더, 앨버트 몰러, 존 파이퍼 등) 가운데 그런 명칭을 사용한 사람은 아무도 없지만, 다른 사람들은 그렇게 일컫고 있다.

　루이빌 콘퍼런스는 2006년에 처음 시작되어 그 후로 2년에 한 번씩 개최되었다. T4G가 표방하는 것은 명확하다. 콘퍼런스 프로그램에는 '18개 항의 규약'이 인쇄되어 있다. 앞선 콘퍼런스에서 전달된 설교는 온라인에서 쉽게 확인할 수 있다.[5] 아마도 그런 설교들을 읽으면서 사람들의 이목을 끌 의도로 계획된 진부한 복음 운동의 하나일 것이라고

---

4) "무절제하고, 조심성 없는 열심과 열광주의가 몰래 침투해 들어와 영적 부흥과 뒤섞였다." Jonathan Edwards, *Works, vol. 2* (Edinburgh: Banner of Truth, 2005), 321. 아울러 다음 자료를 참조하라. Iain H. Murray, *Jonathan Edwards: A New Biography* (Edinburgh: Banner of Truth, 1987), chapter 12.
5) 이 점에 대해 좀 더 많은 정보를 알고 싶으면 다음 사이트를 참조하라. Crossway.org. 나는 아래에서 2012년에 전달된 설교는 물론 2010년에 전달된 설교를 인용했다. *The (Unadjusted) Gospel* (Wheaton, IL: Crossway, 2014).

생각한다면, 필경 크게 놀랄 것이 분명하다. T4G 콘퍼런스는 답습적인 복음적 실용주의를 따르지 않는다. 현대적 사고방식 안에서 거의 일반적인 원리처럼 되다시피 한 것과는 큰 차이가 있다.

나는 고향인 영국으로 돌아갈 때면, 로이드존스가 사역할 당시의 예배와 설교는 이미 '완전히 사라진' 옛 세대의 일부라고 생각하는 사람들의 논문을 자주 마주하게 된다.

그런 주장은 T4G 콘퍼런스에서는 조금도 환영받지 못한다. 오히려 사람들의 '관심을 사로잡는' 것이나 그들을 '무관심하게 만드는'것에 집착하는 태도는 복음 자체의 능력에 대한 자신감을 잃었다는 증거다.

요즘 기독교 음악이 세상에 복음을 전하는 데 기여할 수 있는지 여부를 따지는 것이 중요한 주제로 부각되고 있다. T4G 콘퍼런스는 이 점에 있어서도 대중적인 사고방식과 궤를 달리한다. 물론 그 문제에 대해 결정적인 대답이 제시되었다는 말은 아니다. 그러나 T4G 콘퍼런스는 올바른 출발점을 분명하게 제시했다. 그것은 예배는 예배다워야 한다는 것이다.

루이빌에서는 찬송가를 고를 때, 주로 가사의 내용이 성경적으로 적합한지를 따진다. 콘퍼런스에서 사용하는 인쇄된 찬송가 가운데 약 3분의 2는 1900년 이전에 작곡된 것이고, 그보다 훨씬 이전에 작곡된 것도 상당수에 이른다. 눈에 띄는 것은 찬송가의 가사만이 아니다. 찬송가를 부르는 방식도 마찬가지다. 요즘에 교회에서 부르는 찬송가는 대개 박자가 빠르고 악기 반주 소리에 매몰되어 잘 들리지 않을 때가 많다. 대중의 인기를 끌려면 그렇게 해야 하지 않을까? 피아노 반주에 따라(때로는 그마저도 없이) 느리게 찬송가를 부르는 것은 대부분 피해야 할 일로 간주된다. 물론 찬송가를 느리게 부르는 것만으로는 아무런 장점이 없다. 속도의 변화가 있어야 한다. 그러나 속도를 항상 빠르게만 하면 가사보다는 가락이 더 큰 비중을 차지할 가능성이 높다.

스펄전은 '찬송가를 부르는 새로운 방식'에 관해 이렇게 말했다. "찬송가를 빠르게 재잘거리듯 부르는 방식은 하나님이 찬양을 통해 영광을 받으시든 말든 신경 쓰지 않는다. 그런 방식은 온통 가락에만 관심을 쏟는다." 그는 "알약처럼 단번에 꿀꺽 삼키게 만드는 것이 아니라 천천히 씹어 음미할 기회를 제공하는" 곡조의 찬송가를 부르는 것이 좋다고 말했다.

이 밖에도 T4G 콘퍼런스의 가르침이나 실천 행위가 오늘날의 사고방식과 잘 조화되지 않는다고 말할 수 있는 분야가 많다. 예를 들어, T4G 콘퍼런스는 '우리가 (말이 아닌) 시각의 시대에 살고 있다.'는 주장이나 교회라는 조직의 운영상 '세대 간의 구분'이 필요하다는 주장을 용납하지 않는다. 이 콘퍼런스에는 젊은이들이 다수를 차지하지만, 지도자들은 그렇지 않다.

T4G 콘퍼런스의 지도자들은 2006년에 처음 시작되었을 당시와 크게 달라진 것이 없다. 콘퍼런스의 프로그램이 일관성을 지닌다는 사실은 그것을 계획한 사람들 사이에 일관성이 유지되고 있다는 것을 여실히 보여준다. 교파적 배경은 서로 다르지만, 그들은 강한 유대 관계를 맺고 있다. 그들을 하나로 결속하는 요인 가운데 하나는 그들이 공통적으로 애호하는 문헌적 유산이다. 그 유산은 지금 루이빌에 잘 간직되어 있고, 참석자들에게 결코 잊을 수 없는 인상을 심어준다.

축구장 크기의 방안에 가득한 책들의 양과 그 일관된 내용적 특성은 참으로 놀랍기 그지없다. 개혁주의 저자들이 펴낸 책들은 단 한 권도 빼놓지 않고 모두 모아 놓은 것처럼 보였다.

콘퍼런스가 진행되는 동안, 특정한 참석자들에게 추천된 책들의 제목이 특별히 의미심장하게 느껴졌다. 콘퍼런스에 참석한 가장 나이가 어린 목회자에게는 화이트필드의 생애를 그린 아놀드 댈리모어의 두 권짜리 책이, 가장 오랫동안 독회 사역에 종사해 온 목회자에게는 『아치볼드 브라운: 스펄전의 후일자』[6]가, 그리고 또 다른 누군가에게는 1,200쪽에 달하는 윌리엄 거늘의 고전 『전신 갑주를 입은 그리스도인』[7]이 각각 추천되었다. 추천된 저자들은 결코 죽어 사라지지 않았다. 타비티 애니야브위레는 월터 챈트리의 『오늘날의 복음: 순수한가, 혼합되었는가?』[8]를 읽음으로써 자신의 생각이 획기적으로 바뀌었고, "그때 이후로 그 길을 따라 살고 있다."고 말했다.

그런 책들이 추천된 이유는 콘퍼런스의 일차적인 목적(복음이 널리 전파되는 것)에 부합하기 때문이다. 복음이 최우선이었다. 각계각층의 개인들이 그리스도를 알게 된 과정을 녹화한 짧은 영상도 그 독적에 이바지했다. 참으로 귀하고, 가슴 뭉클한 사연들이었다.

T4G 콘퍼런스는 단순히 '교회' 운동이 아니라 교회와 목회자들을 돕는 것을 목표로 한다. 콘퍼런스의 규약 14항을 보면 다음과 같은 내용이 발견된다.

---

[6] *Archibald G. Brown: Spurgeon's Successor.*
[7] *The Christian in Complete Armour.*
[8] *Today' Gospel: Authetic or Synthetic?*

우리는 기독교의 제자도가 회중적인 형태로 나타나며, 하나님의 뜻이 믿을 만한 복음적인 교회 안에서 드러난다고 확신한다. …우리는 기독교인이 하나의 복음 교회로서 조직된 동료 제자들의 가르침과 권징과 교제와 상호책임을 떠나서도 충실한 제자가 될 수 있다는 주장을 부인한다. 또한 우리는 교회 권징의 올바른 실행을 무시하면서 성찬이 충실하게 집행될 수 있다는 것을 부인한다.

T4G 콘퍼런스는 모든 차이를 다 없애자고 주장하지도 않고, 교파 분열을 초래하는 성경의 일부 가르침에 대한 견해의 차이를 복음 안에서의 일치를 위협하는 요인으로 간주하지도 않는다.

루이빌에서 전달된 설교는 그리스도 밖에 있는 사람들을 긍휼히 여기고, 더 많이 기도하자는 내용이 주를 이루었다. 또한 '세상적 열광주의'에 대한 경고도 빠지지 않았다.

존 맥아더는 요한복음 6장을 중심으로 그리스도를 떠났던 무리들에 관해 말하면서, 양적인 숫자를 중시하지 말라고 경고했다. 자신이 좋아하는 설교자의 설교만 들으려고 하는 사람은 실망할 수도 있었다. 왜냐하면 여러 설교자들이 언제 말씀을 전할 것인지를 사전에 광고하지 않았기 때문이다. 사람이 아닌 하나님의 말씀을 바라보라고 장려했다.

존 파이퍼는 이렇게 말했다.

맹목적인 숭배는 종종 환멸로 이어진다. …죄가 없는 사람은 아무도 없다. 우리의 승리는 무엇이든 완전하지 않다. …내가 이런 말을 하는 이유는 성경에 기록된 역사적인 하나님의 말씀 대신에 사람들이 보고

하는 현재적인 하나님의 사역을 높이 우러르는 잘못을 피하라고 당부하기 위해서다. 오직 하나님만 변하지 않으신다. 그분의 축복이 주어지는 현상은 너무나도 신비로워 우리의 작은 생각으로는 도저히 판단할 수 없는 방식으로 나타나기도 하고, 또 사라지기도 한다.[9]

그러나 결론은 감사로 끝날 수밖에 없다. 하나님의 말씀 안에는 부흥을 일으키는 놀라운 능력이 간직되어 있다. 기도가 응답되고, 새로운 세대가 일어나고 있다. "주께서 행하신 일을 주의 종들에게 나타내시며 주의 영광을 그들의 자손에게 나타내소서"(시 90:16).

이안 머리[10]

---

9) John Piper, *A Hunger for God: Desiring God through Fasting and Prayer* (Wheaton, IL: Crossway, 1997), 99-100.
10) 이 추천의 글은 배너사의 졸지 No. 609 (2014년 6월호)에 실린 기사를 발췌해 정리한 것이다. 다음 사이트를 참조하라. http://wbcs.edu/wp-content/uploads/2014/11/609-Jun-2014.pdf.

들어가는 글

상황이 악화되더라도 '복음'이다

"당장의 상황은 좋지 않다."

평이하고, 간단한 말이었다. 이 솔직하고, 군더더기 없는 평가(마크 데버가 첫 번째 강사로 나서 처음 꺼낸 말)는 2014년 4월에 사흘 동안 개최된 목회자 콘퍼런스 내내 그곳에 줄곧 감돌던 감정을 정확하게 나타냈다.

2012년 '투게더 포 더 가스펠' 콘퍼런스가 끝난 지, 2년의 세월이 흘렀다. 그러나 그 두 차례의 콘퍼런스에 모두 참석한 우리에게, 그 2년은 문화적인 변화의 속도를 감안할 때, 마치 두 세대가 흐른 것처럼 느껴졌다. 지난 24개월 동안, 여러 가지 법정 판결과 다양한 뉴스 사건이 보도되었고, 미국의 도덕적 기준을 빠르게 변경시킨 지표들이 나타났다. 우리를 에워싼 주변의 모든 상황이 마치 폭풍우가 임박했음을 알리는 기압계의 떨림처럼 더욱 심각하고, 암울하게 변했다.

그래서인지 복음 전도, 즉 '부끄럽지 않은 복음'이라는 콘퍼런스의 주제가 심원하고, 적절하고, 무게 있게 마음에 다가왔다. 매트 챈들러는 자신의 설교에서 이런 상황을 정확하게 묘사했다.

내가 미국의 그리스도인들을 위해 크게 우려하는 것은, 성경을 통해 용기를 얻고 하나님이 잃어버린 자들을 구원하기 위해 행하실 일에 담대하게 뛰어들기보다 우리 자신을 연약하다고 생각하고 모두들 시대가 얼마나 암울해질 것인지에만 초점을 맞춰 말함으로써 더욱 움츠러들게 되는 것이다.

이 책에 실린 콘퍼런스의 설교들은 이 두 현실 사이를 오간다. 그렇다. 세상 문화는 더욱 적대적으로 변하고 있지만, 하나님의 말씀은 더욱 굳게 신뢰할 수 있다. 복음의 말씀은 배타적으로 보이지만, 그 배타적인 말씀이 모든 민족의 유일한 희망이다. 우리 자신과 불신자들의 죄는 참으로 크지만, 예수님은 우리를 깨끗하게 하실 수 있다.

콘퍼런스의 설교들을 이렇게 책으로 묶어 내놓은 목적은, 우리 교회들이 그런 도전 앞에서 부끄러워하지 않아야 할 이유와 앞으로 나아가야 할 방향, 즉 복음 사역의 로드맵을 제시하기 위해서다.

디모데후서 1장 8-14절에 근거해, "시대가 악해지더라도 복음을 부끄러워하지 말라."라는 제목의 매트 챈들러의 설교를 가장 앞에 실은 이유는, 요즘의 상황을 간결하게 요약한 내용이기 때문이다. 처음 시작은 승리였지만, 디모데가 사역했던 에베소의 상황은 시간이 흐를수록 악화되었다.

따라서 바울은 부끄러워하지 말고 앞으로 나아가 심지어는 자신처럼 고난까지도 달게 받아야 할 이유를 몇 가지 설명했다. 그는 처음부터 우리의 힘에 의존한 것은 아무것도 없었으며, 사망은 정복되었고 하나님은 위대하시므로 담대히 약속을 붙잡으라고 디모데에게 당부했다.

2장에서 앨버트 몰러는 예수 그리스도에 관한 복음의 배타성에 도전을 제기하는 오늘날의 상황에 초점을 맞추었다. 복음은 스스로를 유일하고, 참된 길이라고 주장한다. 그런 배타성은 오늘날 문화적으로 많은 거부감을 불러일으키고 있다. 그리스도인들은 복음을 외면하고 싶은 유혹을 느낄 수 있다. 그러나 몰러는 복음을, "기독교적 의무로 알아 어렵고, 힘들고, 부담스럽게 받아들인다면, 그것은 곧 복음을 모욕하는 것이다. 우리는 복음의 모든 차원, 심지어는 그 배타성까지 굳게 옹호하려고 노력해야 한다. 우리의 구원은 오직 유일하신 그리스도를 통해 주어진다."라고 강조했다.

3장에서 존 맥아더는 자신의 경험을 토대로 왜 항상 자신이 신자들에게 복음을 가르치고, 교회를 복음화하려는 사역에 열의를 기울이는지 그 이유를 설명하는 데서부터 시작했다. 누군가가 믿음을 저버린 거짓 신자로 드러나는 것을 보는 것보다 목회자인 그를 더 슬프게 만드는 것은 없다. 그런 배교자들을 어떻게 이해해야 할까? 복음 전도를 포기해야 할까? 그럴 수는 없다. 존 맥아더는 요한복음 6장을 근거로 거짓 신자들의 몇 가지 특성을 언급하고, 그것을 참된 신자의 특징과 대조함으로써 위로와 평안의 말로 배교 행위를 목격한 신자들을 다독였다.

이어지는 네 개의 장은 마치 네 개의 기둥처럼 기독교적 목회 사역의 자신감을 회복시켜 부끄러워하지 않고 복음을 전할 수 있도록 독려하는 데 초점을 맞춘다.

4장에서 타비티 애니야브위케는 탕자의 비유를 주의 깊게 살피면서, 그 앞에 나오는 두 개의 비유도 간략하게 언급했다. 그는 그 세 개의 비유가 지닌 공통점에 관심을 기울였다. 그 비유들은 하나님을 기쁘게 만든 원인, 곧 죄인의 회개에 초점을 맞춘다.

죄인들에게 회개를 촉구하는 것을 회피하려고 하는가? 회개는 하나님을 기쁘시게 만든다. 그 기쁨의 소리는 가히 상상을 초월할 것이 틀림없다.

  5장에서 마크 데버는 이사야서에 기록된, 흥미진진하고, 긴장감이 돌 뿐 아니라 자신감을 일깨우는 일화를 천천히, 은혜롭게 다루었다. 그것은 이사야서 36, 37장에 나오는 내용으로 막강한 앗수르 군대의 침략을 앞두고 히스기야 왕이 취한 태도에 초점을 맞춘다. 그는 문화적 상황이 악화되더라도 그리스도인들이 명심해야 할 중요한 한 가지 교훈(하나님이 우리와 함께 하시면 결코 실패하지 않는다는 것)을 제시했다.

  또한 6장에서 케빈 드영은 복음 전도에 관한 자신감은 성경의 진리를 얼마나 확신하느냐에 달려 있다는 내용에서부터 출발한다. 그렇다면 하나님의 말씀과 그분의 약속은 사실일까? 우리는 그것들을 신뢰할 수 있을까?

  일부 신자들은 성경의 무오성을 의문시한다. 그들은 그 과정에서 결국 예수님을 저버린다. 드영은 그들이 역사적인 기독교가 만든 교리를 저버리는 데 그치지 않고 예수님을 저버린다고 강조한다. 그리스도인은 복음을 전할 때 예수님처럼 성경을 온전히 신뢰해야 한다.

  7장에서 리건 던컨은 2012년과 마찬가지로 구약 성경을 통찰력 있게 파헤쳐 그리스도의 복음의 영광을 밝히 드러냈다. 레위기를 읽어보면, 그 모든 이상한 정결법이 기독교와 무슨 관계가 있는지 궁금해 하기 쉽다. 한 남자의 아내가 피부병에 걸렸거나 시체와 접촉했다고 가정해 보자. 율법은 그녀를 부정하게 여겨 한동안 진영 밖에 두라고 명령했다. 왜 그랬을까? 그것이 과연 공정할까?

  리건 던컨은 잠시 기다려보라면서, 하나님이 그런 율법을 통해서조차 우리에게 무엇인가를 가르치고 계실 수도 있다고 말한다. 혹시 그런 율법이 하나님의 아들이신 그리스도의 능력과 완전한 의를 예시하는 것은 아닐까? 생각해 보라. 그리스도께서 병자나 죽은 자를 만지셨을 때 어떤 일이 일어났는가? 던컨의 대답을 읽어보라. 서구 사회가 도덕적인 쇠퇴기를 지나고 있는 것이 확실하다면, 우리가 절실히 필요로 하는 구원자가 바로 여기에 계신다.

목회자와 그리스도인들이 복음을 전하고, 선포하는 것을 부끄러워하지 않아야 할 이유는 하나님이 죄인들의 회개를 기뻐하고, 하나님의 승리가 확실하며, 그분의 약속이 반드시 성취되고, 예수님이 이 타락한 세상이 필요로 하는 구원자이시기 때문이다.

마지막 두 개의 장은 '그렇다면 지금 무엇을 해야 할까?'라는 문제를 다룬다. 그 대답은 '간구하고', '기도하라.'라는 두 마디에 있다. 이 문제는 존 파이퍼와 데이비드 플랫이 다루었다.

로마서 9장과 출애굽기 32, 33장에 근거한 파이퍼와 플랫의 설교는 모든 일을 주관하시는 하나님의 주권을 강조한다. 두 사람 모두 불신자들에게 적극적으로 복음을 전하고, 그들을 위해 간절히 기도해야 한다고 말한다.

8장에서 존 파이퍼는 선택의 교리가 우리의 복음 전도 사역에 어떻게 영향을 미치는지를 살폈다. 간단히 말하면, 선택의 교리는 우리를 겸손하게 만들고, 열심히 복음을 권하도록 이끌며, 기도에 정성을 쏟게 만든다.

그리고 마지막으로 9장에서 플랫은 설교의 거의 전부를 기도로 하나님께 어떻게 간구해야 하는지를 설명하는 데 할애했다. 그는 이렇게 말했다.

우리가 이끄는 교회들의 조직과 활동을 계속 유지해 나가는 일은 위태롭기는 해도 불가능하지는 않다. 경우에 따라서는 모든 것이 부드럽게 진행되거나 심지어는 성공을 거둘 수도 있다. 그러나 성령께서 그 일에 전혀 관여하지 않으신다는 점을 의식하지 못할 가능성을 배제하기 어렵다. 주의하지 않으면 우리 자신을 속일 수도 있고, 한갓 건물 안에 있는 물리적인 요소들을 교회 안에 영적 생명이 살아 숨 쉬고 있는 증거로 착각하기 쉽다. 신자들이 성령의 능력 없이 그분의 사역을 하겠다고 나서는 것이 우리 시대에 복음의 진보를 가장 크게 방해하는 요인은 아닌지 의심스럽다. 우리 사회의 자기도취적인 부도덕이 아닌 교회의 자기만족적인 태도가 복음의 확산을 저해하는 가장 큰 장애물일 수 있다. 우리가 기도하지 않는 것이 곧 그 증거다.

기도하지 않는 것이 얼마나 쉬운지 모른다. 자기만족적인 안일함에 빠지기는 너무나도 쉽다. 그러나 그것은 참으로 어리석은 일이 아니겠는가?

마크 데버는 복음을 전한다는 것은 곧 "공동묘지를 복음화하는 것과 같다."라고 말했다. 우리는 영적으로 죽은 사람들에게 생명을 허락해 달라고 하나님께 기도한다. 사람들이 자연스럽게 자기 스스로 회개했던 시대나 장소나 문화적 상황은 일찍이 어디에도 존재하지 않았다.

그런 점에서 교회와 목회자의 사역은 초자연적인 사역이다. 오직 하나님만이 그 일을 하실 수 있다. 데버는 "그런 관점에서 볼 때, 최근의 문화적 상황이 우리의 사역을 특별히 더 어렵게 만드는 것은 아무것도

없다."라고 결론지었다.[1]

자기만족의 어리석음을 의식하는 사람이라면, 공동묘지를 복음화하려는 태도를 가져야 한다. 합리적인 태도는 오직 하나, 간절한 기도뿐이다.

우리는 하나님 앞에서 예수님의 비유에 등장하는 사람, 곧 한밤중에 친구의 집 문을 두드리며 떡 세 덩이를 구했던 사람과 같은 태도를 취해야 한다.

친구는 이미 문이 닫혔고, 아이들도 모두 잠자리에 들었다고 대답했다. 그러나 고대 근동 지역의 관습처럼, 예수님은 "내가 너희에게 말하노니 비록 벗됨으로 인하여서는 일어나서 주지 아니할지라도 그 간청함을 인하여 일어나 그 요구대로 주리라"(눅 11:8)라고 말씀하셨다.

우리도 하나님 앞에 아무 부끄러움 없이 담대하게 나아가야 한다. 우리는 복음을 선포해 사람들이 회심하는 역사가 일어나게 해달라고 간구해야 한다. 항상 '주님의 뜻대로 하소서.'라는 태도를 취해야 하지만, 예수님은 그럼에도 불구하고 담대히 구하라고 가르치셨다. 그분은 비유의 교훈을 이렇게 요약하셨다.

"내가 또 너희에게 이르노니 구하라 그러면 너희에게 주실 것이요 찾으라 그러면 찾아낼 것이요 문을 두드리라 그러면 너희에게 열릴 것이니 구하는 이마다 받을 것이요 찾는 이는 찾아낼 것이요 두드리는 이에게는 열릴 것이니라 너희 중에 아버지 된 자로서 누가 아들이 생선

---

[1] Mark Dever, "How to Survive a Cultural Crisis" (May 13, 2013), http://www.thegospelcoalition.org/article/how-to-survive-a-cultural-crisis.

을 달라 하는데 생선 대신에 뱀을 주며 알을 달라 하는데 전갈을 주겠느냐 너희가 악할지라도 좋은 것을 자식에게 줄 줄 알거든 하물며 너희 하늘 아버지께서 구하는 자에게 성령을 주시지 않겠느냐"(눅 11:9-13).

공동묘지를 복음화하려면 그렇게 구하고, 두드리는 것만이 가장 바람직한 태도일 것이다.

안타깝게도, 우리는 그렇게 하지 않는다. 우리는 구하지 않는다. 하나님은 때로는 우리의 마음이 원하는 대로 하도록 놔두심으로써 무언의 심판을 행하신다. 혹시 '기도도 하지 않고, 믿음도 없는데도 "경건한" 일을 추구하다가 더러 목표가 달성될 때도 있지 않은가?'라고 생각할지도 모르겠다. 그러나 그런 성공은 자기만족에 더욱 깊이 빠져들게 만들 뿐이다.

마크 데버가 지적한 대로, 현재의 상황은 좋지 않다. 바라건대 사망과 지옥의 권세를 지닌 존재, 곧 우리보다 더 강력한 힘을 지니고 있는 마귀의 흉악한 얼굴을 보고 자기만족에서 벗어날 수 있기를 기도한다. 우리 자신과 우리의 교회가 '주님, 우리가 무엇을 할 수 있는지 고민하느라 지쳤습니다. 이제는 주님이 무엇을 하실 수 있는지 알고 싶습니다.'라고 생각할 수 있기를 진정으로 바란다.

이 책에 글을 기고한 저자들이 바라는 것은 이 책을 읽는 독자들이 더 이상 스스로 이룰 수 있는 것에 관심을 기울이지 말고, 오직 주님만이 이루실 수 있는 것을 보이고, 나타내고, 이루어 달라고 담대히 기도하는 것이다.

그리스도인들이여, 그것이 우리가 원하는 것이 아닌가? 우리의 복음 사역을 통해 우리가 무엇을 이룰 수 있는지는 이미 충분히 잘 알고 있지 않은가? 이제는 하나님이 무엇을 이루실 수 있는지를 알고 싶지 않은가? 그분께 간구하라.

  아무쪼록 이 책을 통해 우리 모두가 '나도 하나님께 구할 수 있다.'는 사실을 깨닫기를 기도한다.

조나단 리먼

목차

서문 5
들어가는 글 15

PART. 1

복음을 부끄러워하지 말아야 할 시대적 도전
: 위기는 우리에게 기회이다

CHAPTER. 1 시대가 악해지더라도 복음을 부끄러워하지 말라   31
_ 매트 챈들러

에베소의 상황이 더 악화되다 / 부끄러워하지 말고, 고난을 기꺼이 받으라 / 복음을 부끄러워하지 말아야 할 이유를 굳게 붙잡으라 / 목회자들이여, 복음 전도에 먼저 앞장서라

CHAPTER. 2 우리 앞에 열려있는 문은 유일한 문이다   55
_ 앨버트 몰러 주니어

오직 하나의 문만을 선포하는 이유 / '유일'이라는 용어 / 성경의 증언 / 보편주의와 포용주의 / 오직 예수님만 우리를 구원하실 수 있다

CHAPTER. 3 불신자들에게 복음을 전할 것인가, 교회를 복음화해야 할 것인가   75
_ 존 맥아더

이해할 수 없는 배교 행위 / 불신자들에게 복음을 전할 것인가, 교회를 복음화해야 할 것인가 / 거짓 믿음 / 배교의 결과 / 거짓 제자들의 특징 / 집단적 배신 / 말씀의 거부 / 참 제자 / 대조적인 두 사람 / 무리들이 집단적으로 나를 떠날 때

PART. 2

복음을 부끄러워하지 말아야 할 이유
: 복음은 하나님의 능력이다

CHAPTER. 4 **죄인의 희개를 기뻐하시는 하나님** 105
_ 타비티 애니야브위레

죄인이 회가 할 때마다 하나님은 기뻐하신다 / 회개가 하나님을 기쁘시게 하는 일곱 가지 이유 / 적용

CHAPTER. 5 **확실한 하나님의 최후 승리** 131
_ 마크 데버

상황 1 : 앗수르의 침공 / 상황 2 : 앗수르 총사령관의 위협 / 상황 3 : 앗수르의 최후통첩을 전해들은 히스기야 / 상황 4 : 이사야에게 기도를 요청한 히스기야 / 상황 5 : 이사야의 메시지 / 상황 6 : 산헤립의 반응 / 상황 7 : 하나님께 기도하는 히스기야 / 상황 8 : 유다와 산헤립에 대한 이사야의 예언 / 상황 9 : 진멸당하는 앗수르 군대 / 상황 10 : 산헤립의 죽음

CHAPTER. 6   무너뜨릴 수 없는 성경의 최고 권위   161
_ 케빈 드영

진리를 전하거나 들을 때 / 예수님이 믿고 따랐던 성경 / 바리새적인 율법주의인가, 그리스도를 닮은 충실함인가 / 역사적인 사실들 / 성경은 하나님이 말씀하신 것을 전한다 / 성경을 의지해 가르쳐라 / 성경이 말씀하는 것을 말하고 하나님이 말씀하시는 것처럼 전하라

CHAPTER. 7   예수님은 모든 부정한 것을 깨끗하게 하신다   195
_ 리건 던컨

민수기의 도전 / 민수기를 통해 배워라 / 민수기 율법의 실질적인 목적 / 민수기 율법의 신학적인 목적 / 민수기 율법의 기독론적인 목적 / 예수님은 무엇을 해야 하는지 아신다 / 우리를 깨끗하게 하시는 예수님

PART. 3

복음을
부끄러워하지 말아야 할
우리의 태도
: 하나님의 절대 주권에 맡기라

CHAPTER. 8 하나님의 주권에 철저히 의지하라 225
_ 존 파이퍼

로마서 9장을 기록한 이유 / 로마서 9장의 문제 : 하나님은 미쁘신가 / 하나님의 말씀이 폐하여지지 않은 세 가지 이유 / 무조건적인 선택 교리는 복음 전도에 어떤 영향을 미치는가 / 예수님의 호소에 귀 기울여라

CHAPTER. 9 기도의 끈을 결코 놓치지 말라 245
_ 데이비드 플랫

전혀 낯선 개념 / 모세가 갈았던 것 / 우리에게 익숙한 은혜로운 계획 / 섭리와 기도 / 모세의 기도 방식

PART. 1

복음을
부끄러워하지 말아야 할
시대적 도전

: 위기는 우리에게 기회이다

Unashamed of the Gospel

CAHPTER. 1

시대가 악해지더라도
복음을 부끄러워하지 말라

—

매트 챈들러

나는 복음 전도를 부끄러워하지 말라는 말씀을 개인적인 경험을 통해 구체적으로 실감했던 때가 있다. 고등학교 시절, 미식축구 경기장에서 라커룸으로 돌아오던 때가 기억난다. 함께 활약하던 한 동료 선수가 내게 다가와서 "예수님에 관해 너에게 말하고 싶은데 언제쯤 괜찮겠니?"라고 물었다.

지금도 나는 여전히 그런 식의 태도를 좋아한다. 그는 "예수님에 관한 이야기를 좀 들어보지 않을래?"라고 말하지 않았다. 그의 말에는 "예수님에 관한 대화를 언제 할 것인지는 너의 결정에 맡기겠지만, 아무튼 그 대화를 꼭 나눠야 해."라는 의미가 담겨 있었다.

성경을 믿는 그 열정적인 하나님의 사람이 조금도 부끄러워하지 않고 담대히 복음을 전해 준 덕분에, 나는 하나님 앞으로 인도되었다.

그 전에 내가 경험한 기독교는 그렇게 큰 설득력을 지니지 못했다. 나의 아버지는 그리스도에 대해 전혀 관심이 없었다. 사실, 아버지는 예수님을 통해 구원받기 전까지만 해도 학대를 일삼던 끔찍한 사람이었다. 그리고 나의 어머니는 바리새인들이 율법을 너무 느슨하게 적용했다고 생각할 정도로 완고하기 이를 데 없었다. 나는 어머니의 예수님과 아무 관계도 맺고 싶지 않았고, 학대를 일삼는 냉혹한 성격의 아버지처럼 방탕하게 살고 싶지도 않았다. 그날, 라커룸에서 내게 다가왔던 제프 페어클로스는 내가 아는 한, 복음을 진정으로 사랑하는 최초의 사람이었다.

제프는 나를 자기가 다니는 침례교회로 인도했고, '잼'(JAM, 'Jesus And Me'의 약자)이라는 수요일 저녁 청소년 모임에 참여시켰다. 나는 그리스도인들이 세상의 다른 사람들과는 다르게 두문자어를 만드는 데 익숙하다는 것을 신속하게 깨달았고, 기독교 역사상 가장 저속하고, 어리석었던 사건을 전해들었다. 우리는 마음속 깊은 곳에까지 기쁨을 느끼게 하는 찬송가를 불렀다. 그리고 나서는 그 기쁨을 토해냈다. 아무런 믿음도 없이 교회에 처음 나온, 나는 그들이 찬양을 하면서 온 몸으로 기쁨을 토해내는 것을 보고 깜짝 놀라지 않을 수 없었다. 마치 '토요일 밤 라이브' 쇼를 보는 듯한 인상을 받았다.

모임이 끝나면, 제프는 나를 집까지 태워다주곤 했다. 나는 내가 방금 보고, 들은 것을 종종 비아냥거렸다. 하지만 그는 사랑과 인내로 내가 빈정대는 것을 감내했다. 지금 신학적인 렌즈를 통해 그 시절을 돌아보는 것은 매우 흥미롭다. 그때만 해도 나는 하나님의 유효 소명을 받지 못했던 셈이다. 그것이 내가 집으로 돌아오는 동안, "너무 터무니없어. 그런 것을 어떻게 믿을 수 있어?"라고 비아냥거렸던 이유였다.

제프는 집 앞에 나를 내려주고 나서 다시 오겠느냐고 묻곤 했다. 나는 그때마다 "응, 그러지. 나 데리러 올 수 있어? 차편이 없거든."이라고 말했다.

지금은 하나님이 당시에 무슨 일을 하고 계셨는지를 너무나도 잘 안다. 그분은 사랑을 호소하며, 나를 인도하는 중이셨다. 나는 아무것도 알지 못했다. 그저 "하나님, 제가 이쪽으로 가기를 원하시죠? 좋습니다."라는 식으로 처신했을 뿐이다.

아무튼 그렇게 약 일 년이 흐르고 나자, 하나님은 내 다음을 열어 믿음을 갖게 하셨고, 나를 산산이 부서뜨리셨다. '안 돼. 결국 하나님께 붙잡히고 말았어.'라고 생각했던 일이 기억난다.

그때부터 한동안 정신을 못 차릴 만큼 하나님을 깊이 사랑하게 되었다. 나는 늘 '예수님을 사랑합니다.'라고 적힌 티셔츠를 입고 다녔다. 예수님에 관해 듣기를 원하는 사람이면 누구에게나 복음을 전했다. 나의 복음 전도 기술은 형편없었다. 기술이 그토록 형편없었는데도 하나님은 나를 통해 사람들을 구원으로 인도하셨다.

내가 처음 나의 믿음을 전한 사람은 나와 함께 온갖 사고를 치며 돌아다녔던 지미 헤리퍼드였다. 지미는 내게 일어난 변화를 목격하고, "세상에! 예수님을 사랑한다니! 친구, 대체 그들이 내게 무슨 짓을 한거냐?"라고 말했다.

당시에는 신학에 관해 아는 것이 거의 없었다. 나는 지옥이 존재한다는 것과 그곳에 가기를 원하지 않는다는 것을 알았고, 그러려면 예수님을 사랑해야 할 필요가 있다는 것을 알았다. 또한 나는 예수님이 죄를 용서하기 위해 십자가에서 죽으셨다는 것과, 지옥과 천국의 갈림길이 그분의 용서에 달려 있다는 것을 알았다. 나는 지옥의 위협으로 지미를 압박했다. 나는 지미에게 예수 그리스도의 복음을 처음 설명하면서 지옥이 무엇이며, 예수님이 그곳으로부터 우리를 어떻게 구원하시는지에 초점을 맞추었다.

우리의 대화는 대부분 지옥과 불에 관한 것이었다. 그로부터 2주가 흘렀다. 나는 관람석에 앉아 2군의 경기를 보고 있었다. 지미는 내 곁에 앉아 있었고, 그때 그가 싫어하는 한 친구가 체육관 안으로 들어왔다. 지미는 그 친구하고 싸우려고 했다. 나는 그 친구가 지미를 죽일지도 모른다며 조심하라고 충고했다. 그러자 지미는 "나는 죽는 것이 두렵지 않아."라고 대답했다.

그 순간, 나는 곧바로 지옥을 화제로 꺼냈다. "지미, 우리가 말했던 지옥이 기억나지 않아? 천국에 가려면 먼저 죄를 깨끗하게 씻어야 해."라고 말했다.

약 일주일 뒤에 내가 사탕을 먹고 있는데, 지미가 다가와서 사탕이 더 있느냐고 물었다. 나는 주머니에서 사탕을 꺼냈다. 그리고 "응, 그런데 내가 가진 것은 불밖에 없어."라고 말했다. 그러자 그는 불을 좋아하지 않는다고 말했다. 나는 다시 "우리가 대화를 나눈 때를 기억하지? 네가 불(지옥불)을 좋아하지 않으면, 내가 예수님에 관해 말한 것을 깊이 생각해야 할 필요가 있어."라고 말했다.

그러고 나서 지미는 나와 함께 '잼'(JAM)에 참석했다. '오, 이런. 내가 라커룸의 그 친구가 되었네. 내가 누군가를 잼에 데려왔어. 나중에 집에 돌아갈 때 자동차 안에서 내가 무슨 말을 듣게 될지 뻔하군.'이라는 생각이 들었다.

그날 저녁, '잼'에서는 설교가 없었다. 그 대신 우리는 세속적인 음악을 경고하는 '지옥의 종소리'라는 비디오를 시청했다. 그 비디오는 세속적인 음악을 즐겨 듣다보면 마약에 중독되어 부모까지도 죽일 수 있다는 내용을 전했다. 물론 그 비디오는 록밴드 '저니'(Journey)처럼 우리가 듣지 않는 음악 밴드들만큼이나 오래된 것이었다. 나는 지미가 심지어 '저니'가 무엇인지조차 몰랐을 것이라고 생각한다.

비디오를 절반쯤 시청했을 때, 지미는 내게로 몸을 기울여 "이봐, 나도 그렇게 할까봐."라고 말했다. 그의 말은 "친구, 부모를 죽일 수는 없어."라고 말하는 것처럼 들렸다.

어쨌든, 그때부터 지미는 그리스도를 믿었다. 그는 '지옥의 종소리'를 보고 믿음을 가졌다. 코미디와 같은 일이었지만, 그는 믿었다.

지금 삼십 대에 접어든 지미는 아내와 자녀들과 함께 살고 있다. 하나님의 사람인 그는 댈러스의 한 개척 교회가 순조롭게 출발하도록 거들고 있다. 그는 내가 알고 있는 복음 전도자들 가운데 단연 최고다.

나는 그 과정에서 하나님이 얼마나 충실하셨는지를 강조하고 싶다. 지미는 멕시코 식당에서 일했고, 그곳의 종업원들에게 복음을 전하기 시작했다. 칼 브로워도 그 중에 한 사람이었다. 칼은 지미로부터 6개월 동안 복음의 소식을 전해듣고 나서, 예수 그리스도께 헌신하기로 결심했다. 그는 예수님과 사랑에 빠졌다. 몇 년 전, 우리는 그를 '빌리지 교회'의 직원으로 고용해 유치부 사역을 맡겼다. 참으로 은혜롭게도 칼은 나의 자녀 중에 둘을 보살피며, 아이들의 영혼을 위해 기도했다.

나는 복음 전도를 부끄러워하지 말자는 말을 들을 때면, 그 말이 생생하게 느껴진다. 그 이유는 누군가가 내게 다가와 나를 인도하는 것을 직접 경험했기 때문이다. 하나님은 그 사람을 내게 보내셨고, 그는 담대하게 "예수님에 관해 너에게 말하고 싶은데 언제쯤 괜찮겠니?"라고 말했다.

우리는 대부분 복음 전도에 대해 죄책감을 느낀다. 왜냐하면 마땅히 해야 할 일을 하지 않고 있다는 것을 알기 때문이다. 오늘날 우리의 문화가 갈수록 암울해지고 있고, 환경이 갈수록 적대적으로 변하고 있으며, 그리스도인이 되기가 점점 더 어려워지고 있다고 경고하는 설교나 뉴스가 얼마나 많은가?

내가 미국의 그리스도인들을 위해 크게 우려하는 것은, 성경을 통해 용기를 얻고 하나님이 잃어버린 자들을 구원하기 위해 행하실 일에 담대하게 뛰어들기보다 우리 자신을 연약하다고 생각하고 모두들 시대가 얼마나 암울해질 것인지에만 초점을 맞춰 말함으로써 더욱 움츠러들게 되는 것이다. 우리가 경험하고 있는 현실은 새로운 것이 아니다. 그리스도를 믿는 신자들에 대한 적대감이 갈수록 커지고 있는 것은 사실이다. 그렇지만 우리가 이런 상황을 감수해야 하는 첫 세대인 것처럼 생각해서는 안 된다. 그것은 사실이 아니다.

에베소의 상황이 더 악화되다

에베소 교회의 탄생은 성경에서 발견되는 가장 놀라운 사실 가운데 하나다. 바울이 아볼로의 뒤를 이어 에베소에 나타났다. 아볼로는 훌륭한 교사였지만, 책망을 들어야 했다. 바울은 그곳에서 몇 명의 제자들을 발견했고, 말씀을 전하기 시작했다. 그는 회당에서 두란노 서원으로 자리를 옮겨 그곳에서 2년 동안 사람들에게 복음을 가르쳤다. 성경은 유대인이든 헬라인이든 아시아에 사는 사람들이 모두 하나님의 말씀을 들었다고 증언한다(행 19:10).

복음이 에베소에 깊이 뿌리를 내리기 시작했다. 일부 유대인들이 귀신을 쫓으려고 하다가 오히려 악귀에 들린 자에게 두들겨 맞는 사건이 발생했다. 그 소식을 듣고 모두가 두려워했고, 예수님의 이름이 높임을 받았다(행 19:17). 성경은 그 이후의 상황을 이렇게 묘사한다.

"믿은 사람들이 많이 와서 자복하여 행한 일을 알리며 또 마술을 행하던 많은 사람이 그 책을 모아 가지고 와서 모든 사람 앞에서 불사르니 그 책 값을 계산한즉 은 오만이나 되더라 이와 같이 주의 말씀이 힘이 있어 흥왕하여 세력을 얻으니라"(행 19:18-20).

하나님의 말씀은 에베소에서 얼마나 강력하게 역사했는가? 우상을 만들어 팔아 돈을 벌던 사람들이 복음 신앙 때문에 더 이상 우상을 팔지 못하게 되자 소요를 일으켰을 정도로 그분의 말씀은 강력하게 역사했다.

불의한 소득으로는 더 이상 재물을 늘릴 수 없게 된 도시에서 복음이 왕성하게 전파된다면 과연 어떤 일이 벌어질까? 나는 댈러스의 도로 위를 오가면서 '스트립 클럽'을 자주 지나친다. 그럴 때면 클럽의 소유주들이 소요를 일으킬 정도로 복음이 우리의 문화 속에 철저히 스며들어, 아무도 댈러스 스트립 클럽에 돈을 쓰지 않는다면 어떻게 될지 궁금한 생각이 들곤 한다. 나는 그런 클럽이 눈에 띨 때마다 "돈줄이 끊어지게 하소서. 복음을 믿는 믿음으로 인해 돈줄이 끊어지게 하소서."라고 기도한다.

사도행전 19장에 나타나 있는 대로, 에베소에서 그런 일이 일어났다. 에베소 교회는 그렇게 시작되었다.

그러나 바울은 상황이 변할 것이라고 예고했다. 그는 사도행전 20장에서 에베소의 장로들에게 "내가 떠난 후에 사나운 이리가 여러분에게 들어와서 그 양떼를 아끼지 아니하며"(29절)라고 경고했다. 또한 그는 디모데후서에서 "아시아에 있는 모든 사람이 나를 버린 이 일을 네가 아나니"(1:15)라고 말했다. 분명히 상황이 크게 바뀌었다.

"아시아에 있는 사람들이 모두 하나님의 말씀을 들었고, 우상을 만드는 사람들이 크게 분노했다."로 시작해서 "나는 사슬에 묶여 로마에 갇혔고, 모든 사람이 나를 버렸다."로 끝났다. 상황이 사뭇 달라졌다.

그러나 바울은 그런 환경 속에서도 디모데에게 상황이 악화되었을 때 무엇을 해야 하는지를 일러 주었다.

"그러므로 너는 내가 우리 주를 증언함과 또는 주를 위하여 갇힌 자 된 나를 부끄러워하지 말고 오직 하나님의 능력을 따라 복음과 함께 고난을 받으라 하나님이 우리를 구원하사 거룩하신 소명으로 부르심은 우리의 행위대로 하심이 아니요 오직 자기의 뜻과 영원 전부터 그리스도 예수 안에서 우리에게 주신 은혜대로 하심이라 이제는 우리 구주 그리스도 예수의 나타나심으로 말미암아 나타났으니 그는 사망을 폐하시고 복음으로써 생명과 썩지 아니할 것을 드러내신지라 내가 이 복음을 위하여 선포자와 사도와 교사로 세우심을 입었노라 이로 말미암아 내가 또 이 고난을 받되 부끄러워하지 아니함은 내가 믿는 자를 내가 알고 또한 내가 의탁한 것을 그 날까지 그가 능히 지키실 줄을 확신함이라 너는 그리스도 예수 안에 있는 믿음과 사랑으로써 내게 들은 바 바른 말을 본받아 지키고 우리 안에 거하시는 성령으로 말미암아 네게 부탁한 아름다운 것을 지키라"(딤후 1:8-14).

부끄러워하지 말고, 고난을 기꺼이 받으라

바울의 권고는 8절에서부터 시작한다. 그는 디모데에게 "너는…우리 주를 증언함을…부끄러워하지 말고", "하나님의 능력을 따라 복음과 함께 고난을 받으라"라고 말했다.

대다수 목회자들은 상황이 나빠질 때 그런 식의 격려의 말을 별로 달가워하지 않을 것이 틀림없다. 바울의 말에는 "전에는 지지를 많이 받았지만, 이제는 모든 지지가 사라지고 있다. 그러나 나는 디모데 네가 고난을 기꺼이 감당하기를 원한다. 고난을 피하지 말라. 고난 속으로 뛰어들라. 고난을 받게 되리라는 것을 잊지 말라. 고난에 놀라지 말라. 하나님의 능력을 의지하고, 복음을 위해 고난을 받으라."라는 의미가 담겨 있다.

신약 성경에는 이런 식의 내용이 매우 많다. 나는 그리스도인들이 고난을 당해 놀라는 것을 보면 좀 혼란스럽다. 성경을 읽었는데도 어떻게 삶에 고난이 닥쳤다는 이유로 놀라워한단 말인가?

야고보는 "너희가 여러 가지 시험을 당하거든 온전히 기쁘게 여기라"(1:2)라고 말했다. 야고보여, 암을 의미하는 것인가? 그렇다. "여러 가지 시험"이라고 말했다. 사람들이 거짓으로 나를 속이는 것을 의미하는가? 물론이다. 그것도 포함된다. 그렇다면 박해는? 당연히 포함된다.

예수님은 "그때에 사람들이 너희를 환난에 넘겨주겠으며 너희를 죽이리니 너희가 내 이름 때문에 모든 민족에게 미움을 받으리라 그때에 많은 사람이 실족하게 되어 서로 잡아 주고 서로 미워하겠으며 거짓 선지자가 많이 일어나 많은 사람을 미혹하겠으며"(마 24:9-11)라고 말씀하셨다.

목회자들이여, 고난이 목회자의 직무에 포함된다면 그 이유는 오직 하나, 부르심을 받았기 때문이다. 그리스도인 유명인사, 곧 할리우드 난센스와 같은 사례는 거론조차 하지 말라. '고난을 받는 것'을 직무에 포함시키고, 예외인 사람이 누구인지 살펴보라. 바울이 지닌 지식은 모두가 좋아하지만, 바울의 고난을 좋아하는 사람은 많지 않다.

많은 사람이 무대의 중앙에 서기를 원한다. 모세처럼 뛰어난 인물이 되고 싶은가? 그는 불평불만을 일삼는 백성과 함께 광야에서 40년을 지내야 했고, 나중에는 약속의 땅에 발조차 들여놓지 못하고 산에서 죽어야 했다.

예레미야처럼 뛰어난 인물이 되고 싶은가? 하나님은 그를 다른 사람들과 함께 포로로 잡혀 가게 하셨다. 예레미야는 하나님이 자기를 속이고, 기만하고, 현혹시키지 않으셨는지 궁금해 했다.

고난의 개념을 놀랍게 생각해서는 안 된다. 신약 성경에는 환난, 죽음, 모든 민족들의 증오, 사람들의 배교, 배신, 서로 미워함, 거짓 선지자들의 출현과 같은 내용이 많이 발견된다.

사도행전의 경우도 예외가 아니다. 사도행전에서는 박해와 찬양이 끊임없이 반복된다. 한 무리의 사람들은 복음을 듣고, 하나님을 찬양한다. 하지만 다른 무리의 사람들은 그들을 박해하고, 억압하고, 죽이려고 애썼다. 오순절과 솔로몬의 행각에서 베드로가 전한 설교를 생각해 보라. 둘 다 구도자 친화적인 내용과는 거리가 멀다. 그러나 수천 명이 그리스도를 믿기에 이르렀다. 베드로는 한 병자를 치유했고, 그 때문에 체포되었다.

지금까지 항상 그런 식이었다. 우리는 상황이 악화일로를 걷고 있는 시대에 살고 있다. 우리는 고난을 당할 수 있다. 그러나 도망칠 곳은 어디에도 없다. 우리는 예수님의 이름을 위해 모든 민족에게 미움을 받게 될 것이다.

이전의 동료들에게 버림을 당한 상태로 감옥에 갇혀 있던 바울은 그런 사실을 너무나도 잘 알고 있었다. 그는 디모데에게도 아직 고난이 시작되지 않았으면 조만간에 반드시 상황이 악화될 때가 올 것이라고 말했다(딤후 3:1). 거짓 교사들과 불의한 사람들이 나타나 사람들을 그릇된 길로 이끌 것이다. 그는 디모데에게 "무릇 그리스도 예수 안에서 경건하게 살고자 하는 자는 박해를 받으리라 악한 사람들과 속이는 자들은 더욱 악하여져서 속이기도 하고 속기도 하나니"(딤후 3:12, 13)라고 말했다.

우리가 목회자라면 사람들이 믿음을 저버리는 것이나 우리가 가르친 하나님의 자녀들의 마음속에서 증오심이 불타오르는 것을 보는 것보다 더 가슴 아픈 일은 없을 것이다. 거짓 교사들은 진정 골치 아픈 존재가 아닐 수 없다.

바울은 디모데가 소심하고, 내성적인 성격을 지녔다는 것을 알고, 그의 영적 상태를 유심히 살펴보았다. 바울의 말은 "고난을 받을 준비를 하라. 고난을 피하지 못할 것이다. 준비를 단단히 하라."라는 의미를 담고 있었다. 그러면서 바울은 디모데에게 하나님의 능력으로 고난을 받으라고 당부했다. 그는 디모데에게 네 가지 사실을 언급함으로써 적대적인 상황에서도 예수님의 이름과 명예를 위해 부끄럽지 않은 태도로 담대하게 복음을 전할 수 있도록 도왔다.

1. 하나님이 우리를 구원하셨고 또한 부르셨다는 것을 기억하라

복음 전도를 부끄러워하지 않아야 할 첫 번째 이유는 하나님이 우리를 구원하셨고, 또한 부르셨다는 것을 알기 때문이다. 디모데후서 1장 8, 9절을 다시 읽어보자. "그러므로 너는 내가 우리 주를 증언함과 또는 주를 위하여 갇힌 자 된 나를 부끄러워하지 말고 오직 하나님의 능력을 따라 복음과 함께 고난을 받으라 하나님이 우리를 구원하사 거룩하신 소명으로 부르심은."

바울은 자신의 회심을 결코 잊을 수가 없었다. 왜 그랬을까? 그는 문을 박차고 들어가 사람들을 거리로 끌고나와 감옥에 가두었다.

그는 구도자가 아니었다. 그는 다메섹으로 가는 도중에 '팀 켈러'의 책을 읽지 않았다. 그는 '전제적 변증학'을 고려하지 않았다. 그는 자신을 "비방자요 박해자요 폭행자"(딤전 1:13)로 일컬었다. 비방자요 박해자란 사실이나 진실에 관해서는 아무런 관심이 없는 사람을 가리킨다. 결혼한 사람이라면 그것이 무엇을 의미하는지 잘 알 것이다. 만일 배우자와 진지하게 대화를 주고받는다면 스스로가 틀렸다는 것을 알 수 있다. 그러나 자신의 입장만을 끝까지 고수하다가 그 사실을 뒤늦게 깨달을 때가 많다. 바울의 태도가 그와 같았다.

그러나 그는 이제 디모데에게 누가 우리를 부르셨고, 구원하셨는지를 기억하라고 말했다. 새 탄생의 기적을 잊지 말아야 한다. 하나님이 우리를 사랑하는 독생자의 나라로 옮기시기 전만 해도 우리는 어둠 속에 갇혀 있었다. 하나님이 우리를 구원하셨다.

나는 제프가 내게 복음을 전하고, 나를 '잼'(JAM)에 데려갔을 때 순순히 응했던 이유를 종종 궁금해 하곤 한다. 왜 나는 계속 그를 따라갔던 것일까? 내게는 술에 취해 학대를 일삼던 아버지, 지나치게 엄격했던 어머니 등 세상에서 하나님의 선하심을 의심할 이유가 많았다. 나는 기독교를 난센스로 생각할 이유가 충분했다. 그러나 주님은 끊임없이 나를 부르시고, 나를 끝까지 쫓아오셨다. 이제 나는 하나님이 내게 하신 일을 다른 사람들에게도 똑같이 하실 것으로 알기에 부끄러워하지 않고 복음을 전할 수 있게 되었다. 우리는 우리 자신이 구원받고, 부르심을 받았다는 사실을 기억해야 한다.

2. 우리도 처음에는 훌륭한 상태가 아니었다는 것을 기억하라

둘째, 바울은 디모데후서 1장 9절에서 우리도 처음에는 조금도 훌륭한 상태가 아니었음을 상기시켜 준다. 우리는 부끄러워하지 않고, 하나님의 능력으로 고난을 받아야 한다. "하나님이 우리를 구원하사 거룩하신 소명으로 부르심은 우리의 행위대로 하심이 아니요 오직 자기의 뜻과…은혜대로 하심이라."

우리가 구원받은 이유는 명석하고, 뛰어난 일꾼이어서가 아니다. 하나님이 가장 뛰어나도 훌륭한 사람들을 통해서만 자신의 일을 이루실 수 있다면, 그분은 더 이상 하나님이 되실 수도 없고, 영광을 받으실 수도 없다.

복음 전도가 우리 자신의 능력에 달려 있다고 생각할수록 복음을 전하기가 어려워진다. 그럴 경우에는 항상 부족할 수밖에 없고, 충분히 명확하게 복음을 전할 수 없다. 복음 전도가 나와 나의 능력에 달려 있다고 생각하면, 부르시고, 구원하시는 하나님의 사역을 방해할 뿐이다.

당부하건대, 스스로의 힘을 의지하지 말라. 하나님은 지극히 뛰어나시다. 하나님은 우리가 뛰어나야 한다고 생각하지 않으신다. 그분은 단지 우리가 복종하기를 원하신다.

훌륭한 변증학은 여러 가지 난관을 극복하는 데 도움이 될 수 있다. 그러나 나는 그런 변증학으로 사람의 말문을 막고, "나는 죄인입니다. 나는 구원자가 필요합니다."라고 울부짖게 만든 적이 없었다. 그 일은 하나님의 소관이다. 하나님의 성령께서 마음을 열어 믿게 하신다. 우리의 임무는 단지 끊임없이 복음을 전하는 것뿐이다.

우리가 구원받은 이유는 훌륭해서가 아니다. 우리가 구원받은 이유는 하나님이 놀랄만한 분이시기 때문이다. 이 점을 이해하지 못하면 담대하게 복음을 전할 수 없다. 우리는 사람들이 복음을 거부하면 곧 하나님을 거부한 것인데도 마치 우리 자신이 거부당한 것인 양 못 견뎌한다. 그것은 우리 자신을 지나치게 높게 생각하는 것이다. 우리는 마치 농구 경기장에 들어서기도 전에 자신이 얼마나 훌륭한지를 마구 떠벌리는 사람과도 같다.

구원과 관련해 가장 놀라운 존재는 오직 하나님뿐이시다. 그분은 믿기 어려울 정도로 뛰어나고, 훌륭하시다. 우리가 아닌 그분이 능력이 있으시다. 우리는 우리 자신이 지성적으로 뛰어나다고 생각할지 모르지만, 실제로 사람들을 구원하는 분은 하나님이시다.

3. 사망이 정복되었다는 것을 기억하라

복음 전도를 부끄러워하지 않기 위해 우리가 기억해야 할 세 번째 사실은 사망이 정복되었다는 것이다(딤후 1:10). 부끄러워하지 말고 하나님의 능력으로 고난을 받으라. 왜냐하면 "우리 구주 그리스도 예수", 곧 "사망을 폐하시고 복음으로써 생명과 썩지 아니할 것을 드러내신" 분의 "나타나심으로 말미암아" 은혜가 우리에게 주어졌기 때문이다.

적대적인 상황에서 담대하고 싶은가? 그렇다면, 박해자들이 우리에게 실제로 아무 일도 할 수 없다는 것을 기억하라. 그들이 하려는 것이 우리를 비웃거나 감옥에 가두는 것인가? 바울은 빌립보서 1장 21절에서 사는 것이 그리스도니 죽는 것도 유익하다고 말했다. 죽는 것도 유익하다고 생각하면 가장 자유로울 수 있다. 과연 그들이 우리에게서 무엇을 빼앗아갈 수 있단 말인가?

바울 사도는 기독교의 원수들에게 큰 실망을 안겨주었을 것이 틀림없다. 그들은 그를 막을 수가 없었다. 그는 간수들을 회심시켰고, 고문을 당하면서도 찬양했다. 그를 죽이려고 하면 오히려 죽기를 바랐고, 살려두면 살려둔 대로 계속해서 복음을 전했다. 그는 그리스도께서 사망과 무덤을 정복하셨다는 것을 알았다.

나는 일전에 래비 재커라이어스가 "나사로에게 무슨 말을 해야 그를 놀라게 할 수 있을까?"라고 묻는 것을 들었다.

박해자: "우리는 너를 죽일 것이다."

나사로: "이미 경험했소이다."

그리스도께서 죽음을 정복하셨다면, 박해자들이 우리에게 무엇을 할 수 있겠는가?

4. 누가 우리를 보호하고 계시는지 기억하라

나는 사역과 고난을 부끄러워하지 않아야 할 이유를 밝힌 바울의 말이 무척 마음에 든다. 그는 "내가 이 복음을 위하여 선포자와 사도와 교사로 세우심을 입었노라 이로 말미암아 내가 또 이 고난을 받되 부끄러워하지 아니함은 내가 믿는 자를 내가 알고 또한 내가 의탁한 것을 그 날까지 그가 능히 지키실 줄을 확신함이라"(딤후 1:11, 12)라고 말했다.

하나님은 커지고 우리는 작아질수록, 그분이 명령하신 일을 담대히 행할 수 있는 용기는 더욱 커진다. 그러나 하나님은 작아지고 우리가 커질수록 복종할 수 있는 용기는 더 줄어든다.

복음을 전하는 과정에서 우리 자신을 높게 생각하려는 경향이 나타날 때가 많다. 비행기에서 옆자리에 앉아 있는 사람에게 복음을 전하지 않는 이유는 무엇일까? 길 건너편 이웃의 집을 찾아가기를 원하지 않는 이유는 무엇일까? 그 이유는 내 안에 내가 너무 가득하기 때문이다. 내가 그런 대화를 나누기를 원치 않는 이유는 나 자신이 거절당할지도 모른다는 생각 때문이다. 아직도 나를 너무 크게 생각하고 있는 것이다.

그러면 어떻게 해야 할까? 나는 욥기 38장을 좋아한다. 특히 두렵거나 부족함을 느끼거나 심신이 무기력하거나 자만심이 느껴질 때면 나는 그곳을 찾아 읽는다.

"그때에 여호와께서 폭풍우 가운데에서 욥에게 말씀하여 이르시되 무지한 말로 생각을 어둡게 하는 자가 누구냐 너는 대장부처럼 허리를 묶고 내가 네게 묻는 것을 대답할지니라 내가 땅의 기초를 놓을 때에 네가 어디 있었느냐 네가 깨달아 알았거든 말할지니라 누가 그것의 도량법을 정하였는지, 누가 그 줄을 그것의 위에 띄웠는지 네가 아느냐 그것의 주추는 무엇 위에 세웠으며 그 모퉁잇돌을 누가 놓았느냐 그때에 새벽 별들이 기뻐 노래하며 하나님의 아들들이 다 기뻐 소리를 질렀느니라 바다가 그 모태에서 터져 나올 때에 문으로 그것을 가둔 자가 누구냐 그때에 내가 구름으로 그 옷을 만들고 흑암으로 그 강보를 만들고 한계를 정하여 문빗장을 지르고 이르기를 네가 여기까지 오고 더 넘어가지 못하리니 네 높은 파도가 여기서 그칠지니라 하였노라 네가 너의 날에 아침에게 명령하였느냐 새벽에게 그 자리를 일러 주었느냐 그것으로 땅 끝을 붙잡고 악한 자들을 그 땅에서 떨쳐 버린 일이 있었느냐 땅이 변하여 진흙에 인친 것같이 되었고 그들은 옷같이 나타나되 악인에게는 그 빛이 차단되고 그들의 높이 든 팔이 꺾이느니라 네가 바다의 샘에 들어갔었느냐 깊은 물 밑으로 걸어 다녀 보았느냐 사망의 문이 네게 나타났느냐 사망의 그늘진 문을 네가 보았느냐 땅의 너비를 네가 측량할 수 있느냐 네가 그 모든 것들을 다 알거든 말할지니라 어느 것이 광명이 있는 곳으로 가는 길이냐 어느 것이 흑암이 있는 곳으로 가는 길이냐 너는 그의 지경으로 그를 데려갈 수 있느냐 그의 집으로 가는 길을 알고 있느냐 네가 아마도 알리라 네가 그때에 태어났으리니 너의 햇수가 많음이니라 네가 눈 곳간에 들어갔었느냐 우박 창고를 보았느냐 내가 환난 때와 교전과 전쟁의 날을 위하여 이것을 남겨 두었노라 광명이 어느 길로 뻗치며 동풍이 어느 길로 땅에 흩어지느냐 누가 홍수를 위하여 물길을 터 주었으며 우레와 번개 길을 내어 주었느냐 누가 사람 없는 땅에, 사람 없는 광야에 비를 내리며 황무하고 황폐한 토지를 흡족하게 하여 연한 풀이 돋아나게 하였느냐 비에게 아비가 있느냐 이슬방울은 누가 낳았느냐 얼음은 누구의 태에서 났느냐 공중의 서리는 누가 낳았느냐 물은 돌같이 굳어지고 깊은 바다의 수면은 얼어붙느니라 네가 묘성을 매어 묶을 수 있으며 삼성의 띠를 풀 수 있겠느냐 너는 별자리들을 각각 제 때에 이끌어 낼 수 있으며 북두성을 다른 별들에게로 이끌어 갈 수 있겠느냐 네가 하늘의 궤도를 아느냐 하늘로 하여금 그 법칙을 땅에 베풀게 하겠느냐 네가 목소리를 구름에까지 높여 넘치는 물이 네게 덮이게 하겠느냐 네가 번개를 보내어 가게 하되 번개가 네게 우리가 여기 있나이다 하게 하겠느냐 가슴 속의 지혜는 누가 준 것이냐 수탉에게 슬기를 준 자가 누구냐 누가 지혜로 구름의 수를 세겠느냐 누가 하늘의 물주머니를 기울이겠느냐 티끌이 덩어리를 이루며 흙덩이가 서로 붙게 하겠느냐 네가 사자를 위하여 먹이를 사냥하겠느냐 젊은 사자의 식욕을 채우겠느냐 그것들이 굴에 엎드리며 숲에 앉아 숨어 기다리느니라 까마귀 새끼가 하나님을 향하여 부르짖으며 먹을 것이 없어서 허우적거릴 때에 그것을 위하여 먹이를 마련하는 이가 누구냐."

계속 더 읽어내려 가도 좋다. 이어지는 장들도 하나님의 위대하심을 선언한다.

내가 이 말씀을 읽는 이유는 내가 아무것도 할 수 없다는 것을 일깨워 주기 때문이다. 이 말씀은 담요처럼 내 영혼을 포근히 감싼다. 하나님이 구원을 베푸신다는 사실을 상기시켜 자아로부터 벗어나게 해준다. 나의 전문 지식이 아니라 하나님이 이끄신다. 나의 능력이나 무능력은 중요하지 않다. 오직 하나님이 구원하신다. 나 자신을 믿지 않으려면 내가 누구를 믿고 있는지를 기억해야 할 필요가 있다.

우리는 복음 전도와 회심을 하나의 과정으로 축소하려는 유혹을 느낀다. 우리는 사람들을 체계적으로 훈련한다. 체계적인 것은 때로 적절하고, 또 유익하다. 그러나 그 어떤 프로그램이나 훈련 체계도 우리가 누구를 믿고 있는지를 아는 것보다 복음 전도의 열정을 더 강하게 부추기지는 못한다.

복음을 부끄러워하지 말아야 할 이유를 굳게 붙잡아라

바울은 디모데에게 복음을 부끄러워하지 않아야 할 네 가지 이유를 밝히고 나서 그 모든 가르침을 굳게 붙잡으라고 당부했다. 그는 "너는 그리스도 예수 안에 있는 믿음과 사랑으로써 내게 들은 바 바른 말을 본받아 지키고 우리 안에 거하시는 성령으로 말미암아 네게 부탁한 아름다운 것을 지키라"(딤후 1:13, 14)라고 말했다.

바울은 디모데에게 고난을 피하지 말고, 달게 받으라고 말했다. 그의 말은 댈러스에 있는 우리 교회의 교인들을 생각나게 한다. 우리 교인들 가운데는 복음을 전하는 것 때문에 직업을 잃을 위기에 처한 이들이 있다. 그들은 5년 전에는 복음을 전한다는 이유로 크리스마스 파티에 초대를 받지 못하고 따돌림을 당했고, 지금은 직업을 잃게 될지도 모르는 상황에 처해 있다. 바울은 어떻게 말했는가? 기꺼이 고난을 받아들이고, 바른 말을 본받아 지키며, 참된 것에서 떠나지 말라고 말했다.

바울은 바른 말에서 멀어지게 만드는 강한 유혹이 있을 것을 알았다. 우리 목회자들은 앞으로 그런 일이 있을 것을 점점 더 생생하게 느끼고 있다. 교인들이나 복음 전도에 관심이 있는 사람들을 보면 그것을 알 수 있다. 그들은 "이 가르침이 진정 필요합니까? 윤리적인 문제를 이런 식으로 끝까지 고수해야 합니까? 그렇게 하지 않으면 더 많은 사람이 교회에 나올 텐데요. 그것은 선의의 그리스도인들이 얼마든지 의견을 달리할 수 있는 문제가 아닐까요?"라고 물을 것이다.

상황이 변할 것을 염두에 두고, 바울은 그런 질문에 대해 "올바른 교리를 굳게 붙잡아야 한다."라고 대답했다.

아울러 그는 그것을 붙잡는 방법까지 일러주었다. 그는 믿음과 사랑으로 붙잡으라고 말했다. 믿음과 사랑으로 올바른 가르침을 붙잡으면, 위대하신 하나님을 굳게 의지할 수 있다. 하나님은 능력이 많으시고, 그분은 우리를 소유하신다. 하나님이 우리를 저버리실 것이라거나 그분이 실패하실 것이라고 생각할 수 있는 증거가 역사나 성경, 그 어디에 나타나는가?

고대 로마를 생각해 보라. 로마 제국은 영국에서부터 인도에까지 이르는 광활한 영토를 1,500년 동안 다스렸다. 아마도 로마인들이 미국을 본다면, "너희들은 겨우 2백 년밖에 안 되지 않느냐? 그런데도 스스로를 대단하게 여기는 것이냐?"라고 비웃을 것이 틀림없다.

로마인들이 그리스도인들을 죽여 없애려고 애썼던 시기가 있었다.

그들은 신자들을 두 토막으로 자르거나 산 채로 뜨거운 물에 집어넣거나 사자 우리에 던져 넣었다. 로마에는 '권리 장전'과 같은 것은 없었다. 그러나 한 역사책을 읽어보니, 351년경에 이르자 로마 제국의 50퍼센트가 예수님을 '주님'으로 불렀다고 한다.

적대적인 상황이 우리에게는 새롭게 느껴질지 모르지만, 하나님을 조금도 놀라시게 할 수 없다. 그분은 움츠러들거나 초조해 하지 않으신다. 그분은 "이런! 쿡아메리카를 잃을 것 같군. 이제 어떻게 해야 하지?"라고 고민하지 않으신다.

이 진리를 굳게 붙잡아라. 하나님이 승리하실 것이다. 우리는 우리가 믿는 분이 누구인지 알고 있다. 우리는 부족할지라도 하나님은 위대하시다. 하나님은 자신이 무엇을 하고 있는지 아신다. 그분은 우리를 위해 말씀 안에 자신의 뜻을 밝히셨다. 하나님은 결국 어둠을 뚫고, 하늘을 가르고, 다시 오실 것이다. 그때까지 우리는 고난을 피하지 말고, 우리가 전하는 복음의 메시지를 굳게 믿고 힘차게 전진해야 한다. 이웃들과 친구들과 동료들에게 복음을 전해야 한다.

목회자들이여, 복음 전도에 먼저 앞장서라

나는 목회자들에게 이렇게 조언하고 싶다. 다음번에 비행기에 탔을 때는 옆 사람과 이렇기 대화를 나눠라.

목회자: "일 때문에 가는 건가요, 아니면 집에 돌아가는 길인가요?"

옆 사람: "집으로 돌아가는 중입니다."

목회자: "여기에 일 때문에 왔다 가시는 것이군요."

옆 사람: "그렇습니다."

목회자: "실례지만, 무슨 일을 하시나요?"

옆 사람: "소프트웨어를 판매합니다. 그런데 선생님은 무슨 일을 하시나요?"

목회자: "저는 목사입니다. 잠시 예수님에 관해 이야기를 나눌 수 있을까요? 목사가 예수님에 관해 말하지 않는다면, 목사라고 할 수 있겠습니까?"

그 말은 사실이다. 목사가 그렇게 하지 않으면 과연 목사라고 할 수 있겠는가?

옆 사람이 헤드폰을 착용하고 있으면 어떻게 될까? 물론 옆 사람이 헤드폰을 착용하고 있다면, 그것을 떼어 내며 "지금은 나와 대화를 나눠야 합니다."라고 말할 필요까지는 없다. 여객기 보안 요원에게 제지를 당할 일은 하지 않는 것이 좋겠다. 내가 이런 말을 하는 것은 대화를 시작할 수 있는 용기를 가지라는 뜻이다.

교인들에게 본을 보여라. 이웃에게 복음을 전하는 것은 겁내하면서 강단에서만 스스로를 맹수라고 생각하는 것은 아무런 의미가 없다. 교인들에게는 복음을 전하라고 강조하면서 본인은 그렇게 하지 않는다면, 어떻게 그들을 도울 수 있겠는가.

때로 목회자들은 "내가 복음을 전하는 일차적인 방법은 강단에서 말씀을 전하는 것이다."라고 말한다. 사실일 수 있다. 그러나 하나님은 목회자에게도 이웃을 허락하셨다. 교인들에게 이웃과 동료들에게 복음을 전하라고 말한다면, 목회자도 마땅히 그렇게 해야 한다.

동료 목회자들이여, 복음 전도에 앞장서야 한다. 충실한 증인이 되어야 한다.

사람들이 이곳에 있다. 우리의 도시와 마을과 동네 등, 우리가 사는 그 어느 곳에나 피로 값 주고 사신 하나님의 자녀들이 존재한다. 예수님은 혹시 믿을지도 모르는 사람들을 위해 죽지 않으셨다. 그분은 반드시 믿을 사람들을 위해 죽으셨다. 그러므로 가라! 그들은 믿을 것이다. 그 소식을 전하고, 그들에게 말하라.

전하는 자가 없으면 그들이 어떻게 믿겠는가? 물론 그것은 두려운 일이다. 거절당할 수도 있다. 반발이 갈수록 더 거세지고, 심각해져 가고 있다. 그러나 담대해야 한다. 그래야 후회하지 않을 것이다. 희생이 뒤따를 수도 있지만, 나중에는 아무도 그것을 희생으로 여기지 않을 것이다. 왜냐하면 우리가 믿는 분이 어떤 분이신지 알기 때문이다.

CAHPTER. 2

우리 앞에 열려있는 문은
유일한 문이다

―

앨버트 몰러 주니어

'T4G'(Together for the Gospel, 투게더 퍼 가스펠) 콘퍼런스 1차 모임이 있었던 지난 2006년, 우리는 '주장과 부인에 관한 조항들'을 채택했다. 그 조항들은 이렇게 시작한다.

우리는 다 함께 복음을 지지하자는 하나의 큰 대의를 위해 그리스도 안에서 일치단결한 형제들이다. 그동안 많은 교회와 그리스도를 믿는다고 주장하는 수많은 사람들 사이에서 예수 그리스도의 복음이 잘못 제시되고, 그릇 이해되었으며, 과소평가되었다고 확신한다. 복음을 타협하는 행위는 거짓 복음을 가르치고, 그릇된 사상과 운동을 양산하고, 교회의 복음 증거를 약화시키는 결과를 낳았다. 우리는 이전에 교회 안에서 발생했던 영적, 신학적 위기의 때와 마찬가지로 복음의 새로운 확증과 전반적인 회복 및 이 부패한 세상에서 하나님의 영광을 반영하는 복음적인 교회들을 중심으로 한 신자들의 연합에서 이런 혼란과 타협의 위기를 극복하는 해결책을 찾을 수 있다고 믿는다.

복음의 성격과 그리스도의 진리 주장의 배타성을 고려할 때, 9항과 10항은 특별한 중요성을 지닌다. 9항은 다음과 같이 진술한다.

우리는 예수 그리스도의 복음이 자기 백성을 구원하시는 하나님의 수단이며, 죄인들에게 복음을 믿으라는 명령이 주어졌으며, 모든 민족에게 복음을 전하고, 가르치는 임무가 교회에게 부여되었다고 주장한다. 우리는 복음 전도가 그 어떤 프로그램이나 기술이나 마케팅 방식으로 축소될 수 있다는 것을 부인한다. 또한 우리는 구원이 하나님을 향한 회심과 주 예수 그리스도를 믿는 믿음과 따로 분리될 수 있다는 것을 부인한다.

10항을 계속 인용하면 다음과 같다.

우리는 예수 그리스도를 주님으로 진정으로 믿고, 고백하는 사람들이 구원을 받는다고 주장한다. 우리는 구원을 주는 다른 이름이 있다거나 구원 신앙이 주 예수 그리스도와 그분의 구원 행위를 의식적으로 믿는 믿음 외에 다른 형태를 취할 수 있다는 것을 부인한다.

우리가 2년마다 T4G 콘퍼런스로 함께 모이는 이유는 우리가 복음을 부끄러워하지 않는다는 것을 기뻐하고, 또 선포하기 위해서다. 우리는 그리스도께서 구원의 문이시라는 것을 알리고, 바울 사도처럼 복음 전도의 문이 열리기를 기도하기 위해 모인다. 또한 우리는 그 열린 문이 유일한 문이라고 함께 고백한다. 구원으로 인도하는 다른 문은 없다. 우리를 구원으로 인도하는 다른 이름은 없다. 오직 하나의 문, 한 분이신 주님, 하나인 믿음, 그리고 하나인 세례가 있을 뿐이다.

오직 하나의 문만을 선포하는 이유

요즘에 그리스도의 유일성에 관한 메시지를 탐탁하지 않게 여기게 된 원인을 몇 가지 설명하면 다음과 같다.

1. 후기 기독교 시대로 접어든 문화적 상황

첫 번째 원인은 후기 기독교 시대로 접어든 문화적 상황 때문이다. 물론 이것은 기독교가 사라졌다는 의미가 아니라 기독교가 하나의 세계관으로서, 더 이상 일반 사회에 큰 영향을 미치지 못하게 되었다는 의미다. 우리와 공동체 내에서 마주치게 되는 사람들, 곧 우리 옆에 앉아 '리틀리그 야구 경기'를 관람하는 부모나 이웃집 사람들의 세계관은 우리와는 근본적으로 다르다.

후기 기독교 시대의 문화적 상황은 종교를 한갓 인위적인 산물로 간주하는 경향이 갈수록 확대되고 있다. 배타적인 주장은 분열을 조장하는 위험하고, 순진한, 제국주의적인 견해로 간주된다. 예수 그리스도의 복음이 전하는 배타적인 주장은 이전보다 더욱 큰 사회적인 반발을 불러 일으키고 있다. 오늘날, 사람들은 예수님이 유일한 구원자라는 믿음을 전하는 것을 잘못된 신학이자 사회적 예의에 어긋나는 것으로 받아들인다.

2. '사회적 예의'를 중시하는 새로운 세대의 변화

두 번째 원인은 복음주의 내에서 나타난 세대적인 변화다. 1986년, 버지니아대학교의 제임스 데이비슨 헌터는 『복음주의: 앞으로 다가 올 세대』[1]라는 책을 출판했다. 헌터가 1986년에 언급한 세대는 앞으로 다가올 세대에 속하지 않는 것이 분명하다. 그는 가장 크게 수정해야 할 신학적인 문제는 복음의 배타성이라고 지적했다. 심지어 헌터는 1980년대 중반의 젊은 복음주의자들 사이에서조차 복음의 배타성이 가장 큰 변증학적 도전에 해당했다고 주장했다. 지금으로부터 거의 30년 전의 일이었다.

지금 우리는 상대주의라는 후기 기독교 시대의 지성적 분위기 안에서 성장한 젊은 복음주의자들의 세대에 속해 살아가고 있다. 그들은 사회적, 문화적 예의를 중시하는 태도, 곧 배타적인 주장을 무례하다고 생각해 더 이상 허용하지 않는 태도를 지니도록 훈련받았다.

크리스천 스미스는 흔히 '밀레니얼 세대'로 일컫는 세대를 바라보면서, 그들이 실제로 신봉하는 종교는 "도덕적이고, 정신적 위안을 주는 이신론"(理神論, 신이 세상을 창조한 이후에는 세상을 간섭하지 않는다는 사상. 자연에 내재하는 합리적인 법칙에 의해서 세상이 움직인다고 생각한다 - 편집자 주)이라고 말했다.

---

[1] *Evangelicalism: The Coming Generation.*

"도덕적이고, 정신적 의안을 주는 이신론"을 믿는다면, 예수 그리스도의 복음의 유일성을 인정하지 않을 것이 틀림없다.

이런 세대에서 복음의 유일성은 또래 집단을 가장 크게 분노하게 만드는 신념 가운데 하나로 간주된다.

복음주의 가정에서 자란 한 젊은 대학생이 미국의 유명한 대학이나 칼리지에 입학했다고 가정해 보자. 그와 다른 많은 젊은 학생이 기숙사로 거처를 옮겼다. 그가 만난 동료 학생 가운데 한 사람은 인도에서 온 힌두교 신자였다. 그들은 서로 대화를 나누면서 각자의 세계관과 종교적인 신념을 드러냈다. 마침내 인도에서 온 젊은 학생은 복음주의 신앙을 가진 학생에게 "지금 우리 부모와 조상들이 모두 지옥에 갈 것이라고 말하는 것인가요?"라고 물었다. 그쯤 되면 그런 문화적 환경 속에서 스스로를 복음주의자로 일컫는 사람들이 그리스도의 배타성이라는 '문제'에서 벗어날 수 있는 길을 도색하려고 애쓰는 이유를 충분히 이해할 수 있을 것이다.

3. 자유주의 신학의 영향

세 번째 원인은 1세기에 걸쳐 이루어진 자유주의 신학의 영향이다. 19세기 말에 시작된 자유주의 신학은 당시 유행하던 합리주의에 대한 신학적인 대응이었다. 자유주의 신학자들은 기독교의 배타적 진리 주장으로부터 벗어날 수 있는 방법을 모색했다.

그 방책 가운데 하나는 종교가 인위적인 산물, 곧 신성한 것과 관계를 맺으려는 인간의 노력에 의해 만들어졌다고 주장하는 것이었다. 그런 주장은 어떤 한 종교가 다른 종교보다 우월하다고 말하는 것을 불가능하게 만든다.

자유주의 신학자들이 긴급히 그런 견해를 확립해야 할 필요성을 느꼈던 이유는 성경의 권위를 인정하기를 거부했고, 기독교의 교리적 성격을 새롭게 정의했을 뿐 아니라 성경에서 발견되는 복음을 사회적 행위와 개인의 발전이라는 메시지로 바꾸어 놓았기 때문이다. 그들은 모든 종교가 똑같이 신성한 것으로 귀결된다고 주장하려면, 특수성의 문제를 해결하는 것이 급선무라고 생각했다.

지난 한 세기 동안, 자유주의 신학 교단 내에서 다양한 형태의 보편주의와 포용주의가 대세를 장악해 왔다. 자유주의 신학은 결국 모든 신앙 체계는 신성한 것에 대한 인간의 탐구에서 비롯한다는 견해를 확립했다. 이것은 스스로 선교를 중단하는 결과로 이어졌다.

그리스도의 말씀을 듣는 데서 믿음이 생겨나고, 예수 그리스도에 대한 구원의 지식을 깨달은 사람들에게만 구원이 주어진다는 것을 더 이상 믿지 않으면, 선교는 제국주의적인 침략 행위로 간주될 수밖에 없었다. 이것이 자유주의 신학자들이 지난 세기 동안 세계 선교를 중단했던 이유다. 그들은 선교를 제국주의, 인종차별주의, 신학적 우월주의의 산물로 이해했다.

개신교 주류 교단 내에서 보편주의와 포용주의는 더 이상 논쟁조차 되지 않을 만큼 확고하게 뿌리를 내렸다. 만일 누군가가 아직도 복음의 유일성을 주장한다면 모두들 크게 놀랄 것이 분명하다. 그러나 우리는 그렇게 믿지 않는다. 우리는 예수님이 세상의 유일한 구원자이며 하나님과 죄인인 인간 사이의 유일한 중보자, 곧 새롭고, 더 나은 약속에 근거한 새롭고 더 나은 언약의 유일한 중보자라고 믿고, 가르치고, 고백한다.

'유일'이라는 용어

오늘날과 같은 상황에서 '유일'은 진리의 운명이 걸린 문제를 다룰 때 가장 많은 논란을 야기하는 용어 가운데 하나다. 유일신 신앙이 근본적인 문제다. 요즘의 정치 철학자들은 인간 상호 간에 관계를 맺는 방식과 정치학의 가장 원천적인 죄과가 유일신 신앙에서 비롯했다고 목소리를 높인다.

예를 들어, '아이비리그'에 속하는 대학교에서 오랫동안 교수로 일한 스튜어트 햄프셔는 유일신 신앙이 온갖 폭력을 유발시키는 근본악이라고 주장했다. 작고한 소설가 고어 비달은 전지전능한 속성을 지닌 하늘의 유일신을 믿는 신봉자들이 압제와 폭압을 일삼았다고 말했다. 어떤 사람들은 세상에서 유일신 신앙을 제거할 수만 있다면 큰 충돌과 갈등을 없앨 수 있을 것이라고 말한다. 이런 문화 속에서 유일한 복음은 고사하고 유일한 하나님만 입 밖에 꺼내도 큰 곤란을 당할 것이 분명하다.

문화적으로 용납될 수 있는 방식으로 유일하신 하나님을 믿을 수 있는 길은 단 하나, 세상의 종교들은 신성한 것을 규정지으려는 연약하고 나약한 인간적인 시도라는 것, 곧 모든 종교는 각자 최선을 다하고 있다는 것을 인정하는 것뿐이다. 다시 말해 종교적인 체계는 무엇이든 인간의 선천적인 종교적 열망을 제한된 관점에서 윤리적으로 개념화하려는 노력의 일환으로 받아들여야 한다.

그러나 기독교의 복음은 단지 유일신 신앙만이 아니라 유일한 구원의 메시지를 주장한다. 우리는 그리스도의 이름으로 구원받을 뿐 아니라 다른 이름으로는 구원받을 수 없다고 믿는다.

성경의 증언

예수님은 오직 하나뿐인 구원의 이름을 가르치셨다. 그분은 요한복음에서 제자들에게 이렇게 말씀하셨다.

"너희는 마음에 근심하지 말라 하나님을 믿으니 또 나를 믿으라 내 아버지 집에 거할 곳이 많도다 그렇지 않으면 너희에게 일렀으리라 내가 너희를 위하여 거처를 예비하러 가노니 가서 너희를 위하여 거처를 예비하면 내가 다시 와서 너희를 내게로 영접하여 나 있는 곳에 너희도 있게 하리라 내가 어디로 가는지 그 길을 너희가 아느니라 도마가 이르되 주여 주께서 어디로 가시는지 우리가 알지 못하거늘 그 길을 어찌 알겠사옵나이까 예수께서 이르시되 내가 곧 길이요 진리요 생명이니 나로 말미암지 않고는 아버지께로 올 자가 없느니라 너희가 나를 알았더라면 내 아버지도 알았으리로다 이제부터는 너희가 그를 알았고 또 보았느니라"(요 14:1-7).

요한복음 14장은 이 문제를 간단하게 결정짓는다. 예수님은 유일한 길, 유일한 진리, 유일한 생명이시다. 그러나 그분은 오해가 없게 하기 위해 "나로 말미암지 않고는 아버지께로 올 자가 없느니라"라는 부정적인 주장으로 요점을 더욱 명확하게 드러내셨다. 예수님은 주장과 부정의 논법을 사용하셨다. 이 본문을 외면하려면 진실을 부인하거나 본문의 권위를 부정하는 수밖에 없다. 그 두 가지를 모두 다 부정하는 사람들이 있지만 우리는 그렇게 할 수 없다.

예수님은 자신이 떠나실 때를 대비해 제자들을 준비시키셨다. 그분은 자신과 영원히 함께 거할 것이라는 약속으로 그들을 준비시키셨다. 제자들은 예수님과 함께 있음으로써 안전함, 평화, 교제, 교통, 은혜, 구속을 알고, 또 구원을 알았다. 예수님을 아는 것은 유일한 길과 진리와 생명을 아는 것이다. 더욱이 요한복음 14장 1-7절은 삼위일체적인 진리를 담고 있다. 이 점을 간과해서는 안 된다. 우리에게는, 예수님과 함께 거할 것이라는 약속은 물론, 성부 하나님과 함께 있을 것이라는 약속이 주어졌다. 예수님은 자기를 통하지 않으면 아무도 성부 하나님께로 나올 수 없다고 분명하게 밝히셨다.

신약 성경의 다른 곳, 특히 요한복음에서 "내가(나는)…"로 시작되는 문장들로 구성된 본문에서도 이런 사실을 똑같이 확인할 수 있다. 요한복음 10장 1-11절은 이렇게 말씀한다.

"내가 진실로 진실로 너희에게 이르노니 문을 통하여 양의 우리에 들어가지 아니하고 다른 데로 넘어가는 자는 절도며 강도요 문으로 들어가는 이는 양의 목자라 문지기는 그를 위하여 문을 열고 양은 그의 음성을 듣나니 그가 자기 양의 이름을 각각 불러 인도하여 내느니라 자기 양을 다 내놓은 후에 앞서 가면 양들이 그의 음성을 아는 고로 따라오되 타인의 음성은 알지 못하는 고로 타인을 따르지 아니하고 도리어 도망하느니라 예수께서 이 비유로 그들에게 말씀하셨으나 그들은 그가 하신 말씀이 무엇인지 알지 못하니라 그러므로 예수께서 다시 이르시되 내가 진실로 진실로 너희에게 말하노니 나는 양의 문이라 나보다 먼저 온 자는 다 절도요 강도니 양들이 듣지 아니하였느니라 내가 문이니 누구든지 나로 말미암아 들어가면 구원을 받고 또는 들어가며 나오며 꼴을 얻으리라 도둑이 오는 것은 도둑질하고 죽이고 멸망시키려는 것뿐이요 내가 온 것은 양으로 생명을 얻게 하고 더 풍성히 얻게 하려는 것이라 나는 선한 목자라 선한 목자는 양들을 위하여 목숨을 버리거니와."

요한복음 11장 17-27절도 마찬가지다.

"예수께서 와서 보시니 나사로가 무덤에 있은 지 이미 나흘이라 베다니는 예루살렘에서 가깝기가 한 오리쯤 되매 많은 유대인이 마르다와 마리아에게 그 오라비의 일로 위문하러 왔더니 마르다는 예수께서 오신다는 말을 듣고 곧 나가 맞이하되 마리아는 집에 앉았더라 마르다가 예수께 여짜오되 주께서 여기 계셨더라면 내 오라버니가 죽지 아니하였겠나이다 그러나 나는 이제라도 주께서 무엇이든지 하나님께 구하시는 것을 하나님이 주실 줄을 아나이다 예수께서 이르시되 네 오라비가 다시 살아나리라 마르다가 아르되 마지막 날 부활 때에는 다시 살아날 줄을 내가 아나이다 예수께서 이르시되 나는 부활이요 생명이니 나를 믿는 자는 죽어도 살겠고 무릇 살아서 나를 믿는 자는 영원히 죽지 아니하리니 이것을 네가 믿느냐 이르되 주여 그러하외다 주는 그리스도시요 세상에 오시는 하나님의 아들이신 줄 내가 믿나이다."

성경에서 정관사 없이 구원자, 그리스도, 부활, 문, 선한 목자와 같은 용어가 사용된 사례는 어디에도 없다. 그리스도 안에서 이루어진 하나님의 구원 행위와 관련된 내용에는 항상 정관사가 사용되었다.

사도행전 4장 5-12절도 예외가 아니다.

"이튿날 관리들과 장로들과 서기관들이 예루살렘에 모였는데 대제사장 안나스와 가야바와 요한과 알렉산더와 및 대제사장의 문중이 다 참여하여 사도들을 가운데 세우고 묻되 너희가 무슨 권세와 누구의 이름으로 이 일을 행하였느냐 이에 베드로가 성령이 충만하여 이르되 백성의 관리들과 장로들아 만일 병자에게 행한 착한 일에 대하여 이 사람이 어떻게 구원을 받았느냐고 오늘 우리에게 질문한다면 너희와 모든 이스라엘 백성들은 알라 너희가 십자가에 못 박고 하나님이 죽은 자 가운데서 살리신 나사렛 예수 그리스도의 이름으로 이 사람이 건강하게 되어 너희 앞에 섰느니라 이 예수는 너희 건축자들의 버린 돌로서 집 모퉁이의 머릿돌이 되었느니라 다른 이로써는 구원을 받을 수 없나니 천하 사람 중에 구원을 받을 만한 다른 이름을 우리에게 주신 일이 없음이라 하였더라."

위의 내용은 베드로가 이미 으순절에 전한 내용과 일맥상통한다.

"형제들아 내가 조상 다윗에 대하여 담대히 말할 수 있노니 다윗이 죽어 장사되어 그 묘가 오늘까지 우리 중에 있도다 그는 선지자라 하나님이 이미 맹세하사 그 자손 중에서 한 사람을 그 위에 앉게 하리라 하심을 알고 미리 본 고로 그리스도의 부활을 말하되 그가 음부에 버림이 되지 않고 그의 육신이 썩음을 당하지 아니하시리라 하더니 이 예수를 하나님이 살리신지라 우리가 다 이 일에 증인이로다 하나님이 오른손으로 예수를 높이시매 그가 약속하신 성령을 아버지께 받아서 너희가 보고 듣는 이것을 부어주셨느니라 다윗은 하늘에 올라가지 못하였으나 친히 말하여 이르되 주께서 내 주에게 말씀하시기를 내가 네 원수로 네 발등상이 되게 하기까지 너는 내 우편에 앉아 있으라 하셨도다 하였으니 그런즉 이스라엘 온 집은 확실히 알지니 너희가 십자가에 못 박은 이 예수를 하나님이 주와 그리스도가 되게 하셨느니라 하니라 그들이 이 말을 듣고 마음에 찔려 베드로와 다른 사도들에게 물어 이르되 형제들아 우리가 어찌할꼬 하거늘 베드로가 이르되 너희가 회개하여 각각 예수 그리스도의 이름으로 세례를 받고 죄 사함을 받으라 그리하면 성령의 선물을 받으리니 이 약속은 너희와 너희 자녀와 모든 먼 데 사람 곧 주 우리 하나님이 얼마든지 부르시는 자들에게 하신 것이라 하고 또 여러 말로 확증하며 권하여 이르되 너희가 이 패역한 세대에서 구원을 받으라 하니 그 말을 받은 사람들은 세례를 받으매 이 날에 신도의 수가 삼천이나 더하더라"(행 2:29-41).

베드로는 구원의 약속이 하나님이 부르시는 모든 사람을 위한 것이라고 분명하게 말했다.

그렇다면 하나님은 어떻게 사람들을 부르실까? 오직 자신의 아들을 통해 부르신다. 바꾸어 말해, 열린 문은 유일한 문이다. 기독교의 배타성은 종종 변증학적인 과제를 요구한다. 그 이유는 교회의 충실한 방어와 설명을 필요로 하기 때문이다. 만일 그 일을 기독교적 의무로 알아 어렵고, 힘들고, 부담스럽게 받아들인다면, 그것은 곧 복음을 모욕하는 것이다.

우리는 복음의 모든 차원, 심지어는 그 배타성까지 굳게 옹호하려고 노력해야 한다. 구원은 오직 유일하신 그리스도를 통해 주어진다.

보편주의와 포용주의

잠시 현상학자들의 주장이 옳고, 종교가 본질적으로 신성한 것을 이해하려는 문화적으로 조건화된 인위적인 노력의 산물이라고 가정해 보자. 우리가 계시를 알 수도 없고, 특별한 정보를 알고 있지도 않다고 상상해 보자.

우리가 주목해야 할 첫 번째 사실은 종교가 매우 다양하다는 것이다. 조로아스터교, 자이나교, 불교, 힌두교, 이슬람교, 바하이교, 시크교, 오스트레일리아 원주민 종교, 고대의 이방 종교, 뉴에이지, 기독교 이후 시대의 자아 계발을 추구하는 서구 사회의 다양한 종교, 유대교, 기독교 등이 있다. 그 외에도 무수히 많다. 단지 몇 가지 종교만을 언급한 것이다.

유사점이 상이점보다 더 많다고 주장하는 사람들이 많다. 대다수의 종교가 경전을 소유하고 있고, 종교적인 스승들을 신봉한다. 모두 신자들에게 축복을 약속하고, 대부분 율법이나 예전이나 삶의 윤리에 복종하라고 가르친다. 그러나 유사점은 그것으로 끝난다. 각 종교는 본질적으로는 완전히 다르다. 모두 다 유신론을 주장하는 것도 아니다. 불교는 유신론을 주장하지 않는 것이 분명하고, 힌두교는 다신론을 주장한다.

유신론을 주장하는 종교들도 성경적인 하나님의 속성과는 조화를 이루지 못한다.

하나님의 속성은 선한가, 악한가? 아니면 선악의 혼합인가? 선하면서 동시에 악한 신이 존재하는가? 하나님은 말씀하시는가? 그렇다면 어떤 형태로 말씀하시는가? 하나님은 자신을 말씀으로 계시하시는가, 아니면 수수께끼와 퍼즐과 같은 방식으로 계시하시는가?

다양한 형태의 종교는 기원에 있어서도 공통점이 없고, 인간적인 것이 의미하는 것에 대해서도 공통점이 없으며, 인간이 직면하는 문제의 본질에 대해서도 공통점이 없다. 종교는 역사의 의미, 인간에게 요구되는 것, 우리를 구원할 수 있는 존재, 역사가 나아가는 방향에 대해서도 제각각 의견이 다르다. 다시 말해, 모든 종교가 사실상 똑같다고 주장하는 것은 곧 종교에 관해 아무것도 모른다는 증거다.

자유주의 신학은 다양성을 존중하고, 모든 사람이 각자의 길을 발견하도록 허용해야 한다고 주장한다. 그들은 기독교의 배타성에 관한 주장을 중단하고, 회심이나 선교적 야심을 포기해야 한다고 말한다. 자유주의 신학은 보편주의와 포용주의를 수용하는 합의에 도달했다. 보편주의는 성향이나 도덕성과 무관하게, 또 복음을 듣고, 믿었느냐와 상관없이 결국에는 모든 사람이 구원을 받게 될 것이라고 믿는다. 대다수 기독교 교파들은 물론이고, 심지어는 자유주의 신학자들을 비판적으로 바라보는 교파들 가운데서조차 모든 신앙 세계는 결국 동일한 것을 추구하지만, 마지막 날에는 예수 그리스도께서 궁극적인 스승이셨다는 사실이 드러날 것이라고 믿는 포용주의가 통용되고 있다.

이번에는 잠시 로마 가톨릭 교회를 생각해 보자. 제2차 바티칸 공의회 이전만 해도, 초기 교회 시대에 키프리아누스가 주장한 '교회 밖에는 구원이 없다.'(extra ecclesiam nulla sa.us)는 것이 로마 가톨릭 교회의 공식적인 교리였다. 그러나 제2차 바티칸 공의회를 기점으로 가톨릭주의 내에서 엄청난 신학적 변화가 일어났다. 제2차 바티칸 공의회는 이렇게 선언했다.

> 이 모든 것이 그리스도인들만이 아니라 보이지 않는 방식으로 그 마음속에서 은혜가 역사하는 선량한 모든 사람에게 적용된다. 그리스도께서는 모든 사람을 위해 죽으셨고, 인간의 궁극적인 소명은 사실상 유일하고 신성하기 때문에 우리는 성령께서 오직 하나님만이 아시는 방식으로 모든 사람에게 이 부활의 신비와 관계를 맺을 수 있는 가능성을 부여한다고 믿는다.

제2차 바티칸 공의회는 여러 문서를 통해 많은 곳에서 포용주의의 입장을 공식적으로 채택했다. 그것은 종교에 상관없이 선량한 사람은 모두 그리스도의 구원 사역을 향해 나아가는 것으로 이해해야 한다는 급진적인 포용주의였다.

이 입장을 가장 강력하게 옹호했던 인물은 요한 바오로 2세 교황이었다. 그는 1979년에 『인간의 구원자』[2]라는 교황 회칙에서 이렇게 말했다. "인간, 곧 예외 없는 모든 인간이 그리스도를 통해 구원받았다. … 왜냐하면 그리스도께서 인간이 의식하지 못하더라도 인간, 곧 예외 없

---

2) *Redemptor Hominis.*

는 모든 인간과 어떤 식으로든 연합하시기 때문이다." 로마 가톨릭 교회는 포용주의는 수단으로, 보편주의는 목적으로 가르친다.

제2차 바티칸 공의회의 고문이었던 칼 라너라는 독일 신학자는 그리스도인들은 다른 세계 종교의 신자들을 '익명의 그리스도인'으로 간주해야 한다고 말했다. 그는 "기독교는 기독교 이외의 종교를 믿는 사람을 불신자로 대하지 않고, 이미 이런저런 관점에서 익명의 그리스도인으로 간주할 수 있고, 또 그렇게 간주해야 할 사람으로 대한다."라고 말했다. 또한 그는 "교회는 이제 스스로를 구원을 독점하는 배타적인 공동체가 아니라 역사적으로 확인할 수 있는 선봉이자 기독교의 희망이 '보이는 교회' 밖에서조차 감추어진 현실로서 나타나고 있다는 것을 명확히 보여주는 역사적, 사회적 구성체로 인식할 것이다."라고 주장했다.[3]

그런 주장이 사실이라면 매우 편리할 것이다. 기독교 이외의 종교를 믿는 사람들을 볼 때면 그들이 '익명의 그리스도인'이라는 것을 알고 안심할 수 있기 때문에 마음의 부담감이 크게 줄어들 것이 틀림없다. 앞서 말한 힌두교 신자를 룸메이트로 둔 대학 초년생도 자신의 새 친구를 '익명의 그리스도인'으로 받아들이면 어색한 분위기를 훨씬 쉽게 털어낼 수 있을 것이다.

온 세상이 '익명의 그리스도인들'로 이루어져 있다면, 실제로 복음을 듣지 못한 사람은 아무도 없을 것이다. 모두 익명의 그리스도인인 사람들만 있을 것이다. 우리의 임무는 단지 그들에게 가서 그들이 이미 그

---

3) Carl E. Braaten, Robert W. Jenson, eds., *A Map of Twentieth-Century Theology: Readings from Karl Barth to Radical Pluralism* (Minneapolis, MN: Fortress, 1995), 244-45.

리스도인이라는 사실을 깨우쳐 주는 것뿐이다.

이런 입장이 지니는 문제점은 한 가지, 곧 신약 성경 그 어디에서도 익명의 그리스도인을 언급하지 않는다는 것이다. 그리스도와 사도들은 그리스도의 말씀을 들음으로써 믿음이 생겨난다고 가르쳤다. 성경의 가르침은 분명하다. 복음을 듣지 않으면 믿을 수 없고, 믿지 않으면 구원받을 수 없다.

그러나 로마 가톨릭 교회만 보편주의를 채택한 것은 아니다. 복음주의자로 알려진 사람들 가운데도 그런 입장을 취하는 이들이 있다. 롭 벨의 『사랑이 승리한다』[4]나 브라이언 맥클라렌의 『관대한 정통주의』를 생각해 보라. 맥클라렌은 이렇게 말했다.

> 나는 제자를 만드는 것이 기독교의 신봉자를 만드는 것과 똑같은 일이라고 생각하지 않는다. 모든 상황은 아니더라도 많은 상황에서 사람들이 불교나 힌두교나 유대교의 상황 속에 그대로 머물면서 예수님을 따르는 사람이 되도록 돕는 것이 현명할 수도 있다.[5]

그런 주장과 진리를 판별하는 궁극적인 기준은 신약 성경이다. 우리는 이 문제를 생각할 때 그리스도의 유일성을 포기하는 대가가 많은 사람이 생각하는 것보다 훨씬 더 크다는 것을 이해해야 할 필요가 있다.

20세기에 스스로 '기독교의 비(非)절대성'으로 일컬은 것을 앞장서서

---

4) *Love Wins*.
5) Brian D. McLaren, *A Generous Orthodoxy* (Grand Rapids, MI: Zondervar/Youth Specialities, 2004), 260.

주창했던 존 히크는 기독교는 비절대성의 입장을 채택하기 위해 삼위일체, 그리스도의 신성, 성육신, 대리 속죄와 같은 교리를 포기해야 한다고 역설했다. 한마디로 기독교를 포기하자는 주장이었다.

오직 예수님만 우리를 구원하실 수 있다

우리의 상태가 구원자를 필요로 하지 않는다면, 지금까지의 주장은 모두 아무런 문제가 없다. 그러나 우리는 구원자를 필요로 한다. 구원자는 오직 한 분뿐이고, 오직 그분의 이름으로만 구원을 얻을 수 있다. 그분은 유일하신 구원자요 유일하신 중보자, 곧 살아 계신 하나님의 아들이요 부활과 길과 진리와 생명이 되시는 그리스도이시다.

만일 우리가 깨달음의 스승을 필요로 한다면 부처 하나로 충분하다. 만일 우리가 모든 상황에 적용할 수 있는 온갖 신들을 필요로 한다면 힌두교 하나로 족하다. 만일 우리가 부족신을 필요로 한다면 부족신을 믿으면 그만이다. 만일 우리가 율법 수여자를 필요로 한다면 모세만으로 충분하다. 만일 우리가 일련의 규칙과 헌신의 방법을 필요로 한다면 무함마드나 요셉 스미스만 있으면 된다. 만일 우리가 주권적인 자아에 대한 통찰력과 영감을 필요로 한다면 오프라 윈프리 하나로 족하다.

그러나 우리가 구원자를 필요로 한다면 오직 예수님만이 우리를 구원하실 수 있다.

이것이 우리가 복음을 부끄러워하지 않는 이유다. 우리는 바울 사도와 함께 온 세계, 모든 민족을 향해 복음이 모든 믿는 자, 곧 먼저는 유대인에게, 그 다음은 헬라인에게 구원을 주시는 하나님의 능력이 된다고 선언해야 한다. 우리가 복음을 부끄러워하지 않는 이유는 그 안에 구원에 이르는 하나님의 능력이 있기 때문이다.

열린 문은 유일한 문이다. 유일한 문은 항상 열려 있다. 우리는 그리스도를 구주로 선포한다. 그분은 십자가에서 죽으시고 장사되었다가 사흘 만에 하나님의 능력으로 다시 살아나셨다. 우리는 주님의 이름을 부르는 사람은 누구나 구원받는다고 선언한다. 복음을 듣고, 믿는 사람은 그 믿음으로 구원받는다.

우리는 그리스도를 세상의 구원자로 선포한다. 우리는 성부 하나님이 모든 방언과 종족과 백성들과 민족들 가운데서 사람들을 자기에게로 부르신다는 것을 알고, 온 세상에 구원의 복음을 열심히 전파한다. 이것은 우리가 감내해야 할 짐도 아니고, 우리를 괴롭게 하는 변증학적 도전도 아니다. 이것은 구원의 좋은 소식이다.

우리는 구원자를 필요로 한다. 감사하게도, 예수님이 구원자가 되신다. 하나님은 자신의 독생자를 내주실 만큼 세상을 사랑하셨다. 누구든지 그분을 믿는 자는 멸망하지 않고 영생을 얻는다(요 3:16 참조). 열린 문은 유일한 문이다. 유일한 문은 항상 열려 있다. 오직 예수님의 이름으로만 구원받는다. 다른 이름으로는 구원받지 못한다. 예수님은 길이요 진리요 생명이시다. 그분을 통하지 않고서는 아무도 성부 하나님께 나올 수 없다. 그분은 부활이요 생명이시다. 그분 앞에 나오면 생명을 얻는다. 이것이 우리가 부끄러워하지 않는 복음이다. 우리는 그 복음 안에 함께 서 있다.

CAHPTER. 3

불신자들에게 복음을 전할 것인가, 교회를 복음화해야 할 것인가

—

존 맥아더

나는 목회자의 가정에서 성장했다. 아버지는 주님과 성경과 교회를 사랑했다. 아버지가 담임했던 교회는 영적 부흥을 중시하고, 성경을 믿는 전형적인 교회였다. 나는 교회에 나오는 모든 사람이 구원받았다고 믿었다.

나는 신자가 되려면 예배당 앞에 걸어 나와 등록카드에 서명하거나 기도를 드리면 된다고 생각했다. 그러나 고등학교에 다닐 무렵에는 교회의 일부 교인들의 구원이 의심스러워지기 시작했다. 그들의 삶은 그들의 고백과 일치하지 않았다. 기독교의 가르침 안에는 그런 사람들에게서 발견되는 것보다 더 중요한 무엇인가가 있다는 생각이 들었지만, 어디에서 그것을 발견할 수 있는지 알지 못했다.

이해할 수 없는 배교 행위

그러던 중, 나는 신비주의에 관한 책을 몇 권 접하게 되었다. 나는 고등학교 2학년 때부터 『삶의 모방』[1]을 비롯해 이안 바운즈가 쓴 책들을 읽기 시작했다. 나는 마룻바닥에 홈이 생길 정도로 열심히 무릎을 꿇고 기도하는 사람들에 관한 이야기를 읽었다. 어디에 진정한 영성이 있는지 몹시 궁금했다.

나는 이른바 '결신 행위를 중시하는 복음 전도', 곧 구원과 칭의와 성화의 교리는 분명하게 전하지 않고 단지 손을 들거나 예배당 앞으로 걸어 나가거나 의자 위에 무릎을 꿇거나 하는 행동을 요구하는 전도 방식을 지켜보며 성장했다. 어떤 사람들의 삶은 그들의 진정한 구원을 의심하게 만들기에 충분했다. 그런 의심은 그들이 결국 교회를 떠나는 것을 보았을 때 확실한 사실로 드러났다.

나와 가까운 친구이자 고등학교 동창생이었던 랄프도 그런 사람들 가운데 하나였다. 그와 나는 로스앤젤레스의 퍼싱스퀘어에 가서 사람들을 지켜보며 시간을 보내곤 했다. 우리는 함께 고등학교를 졸업했다. 그는 대학교에 진학하더니 무신론자를 자처했다. 나는 랄프를 이해할 수가 없었다.

나도 대학에 진학했고, 그곳에서 한 친구를 사귀었다. 그는 미식축구 팀의 공동 주장이었던 던이었다. 그와 나는 함께 성경 공부를 인도했고, 그는 신학교에 갔다. 하지만 그는 신학교에서 철학박사 학위를 취

---

[1] *The Imitation of Life.*

득하고 난 후 나중에는 믿음까지 부인했다. 그리고 음탕한 행위를 한 죄로 체포되기까지 했다. 나는 귄을 이해할 수가 없었다.

나도 신학교에 입학했고, 그곳에서 또 한 친구를 사귀었다. 그의 아버지는 신학교의 유력한 교수 가운데 한 사람이었다. 그런데 그는 신학교를 졸업하더니 집 안에 불교 제단을 만들었다. 나는 도무지 이해하기 어려웠다.

신학교 졸업반이 된, 나는 졸업 논문 제목을 골라야 했다. 나는 달리 선택할 주제가 생각나지 않아 가룟 유다에 관한 논문을 쓰기로 결정했다. 왜냐하면 유다도 이해하기 어렵기는 마찬가지였기 때문이다. 나는 유다가 그리스도와 3년을 함께 지냈는데 어떻게 그분을 버리고, 배신했는지 그 이유를 이해할 수가 없었다. 나는 그리스도께 등을 돌린 사람들을 이해하기가 몹시 어려웠다.

빌리 그레이엄 선교 단체가 급속히 성장했던 것을 지켜본 기억이 난다. 나는 세계 곳곳에서 열린 그들의 전도대회에 사람들이 떼를 지어 강단 앞으로 걸어 나가는 광경을 목격했지만, 그들은 그 후에 교회에 나가지 않았다. 빌리 그레이엄 선교 단체는 실제로 구원받은 사람이 얼마나 되는지 확신할 수 없다고 말했다.

불신자들에게 복음을 전할 것인가, 교회를 복음화해야 할 것인가

신학교를 졸업하고 나서 '그레이스 커뮤니티 교회'에 온 이후에도 나는 그런 사실이 여전히 고민스러웠다. 1969년 2월 9일, 그레이스 커뮤니티 교회에서 내가 처음 전한 설교의 본문은 마태복음 7장 21-23절이었다. "나더러 주여 주여 하는 자마다 다 천국에 들어갈 것이 아니요"(21절). 채 몇 달도 안 되어 장로들, 집사들, 성가대원들 등, 교회 안에 있는 온갖 종류의 사람들이 주님을 알지 못하는 것으로 드러났다.

그때로부터 일 년 후에, 존 워윅 몽고메리라는 이름이 약간 괴상한 신학자가 저술한 『교회를 통해 빛이 밝아오다』[2]라는 책이 출판되었다. 그는 교회에 영향을 미쳐 그 안에 있는 사람들을 오염시킨 이단의 역사를 연대순으로 다루었다. 그의 책은 교회 안에 불신자들이 존재한다는 나의 확신을 더욱 강화시켜 주었다.

이런 경험 때문에, 나는 목회 사역 초창기부터 교회 안에서 복음 전도자의 일을 하는 것이 필요하다고 생각했다. 바울은 디모데에게 쓴 편지에서 "전도자의 일을 하며 네 직무를 다하라"(딤후 4:5)라고 당부했다. 누군가는 복음을 듣지 못한 사람들에게 복음을 전해야 할 테지만, 나는 이미 복음을 전해들은 사람들을 상대로 복음을 전하려고 노력하기 시작했다.

나는 『사영리』[3]처럼 예수님이 구원자일 뿐, 주님은 아니라고 가르치는 내용들을 의심하기 시작했다. 나는 육신적인 기독교에 대해 큰 의구심을 품고, 『지금, 여기에서 이루어지는 왕국 생활과 팔복』[4]이라는 작은 책을 펴냈다. 그 책은 많은 사람의 심기를 불편하게 만들었다. 또한 나는 『예수님이 전하신 복음』[5]이라는 책을 저술해 참된 구원의 문제를

---

2) Damned through the Church.
3) the Four laws Book.
4) Kingdom Living Here and Now and the Beatitudes.
5) The Gospel According to Jesus.

다루었고, 『사도들이 전한 복음』[6]과 『복음을 부끄러워하지 않는 그리스도인』[7], 『진리 전쟁』[8], 『값비싼 기독교』[9], 『친절한 척하지 않은 예수』[10]를 잇달아 펴냈다.

  나는 주님이 교회를 복음화하도록 나를 훈련하셨다고 생각한다. 복음 전도의 그런 측면을 의식한 사람은 그리 많지 않았다. 나도 예배당 앞으로 걸어 나가 기도를 드리면, 어떻게 살든 상관없이 구원받는다고 생각하면서 자랐다. 그러나 지금은 교회 안에 거짓 회심자들이 존재한다는 것을 안다. 분명히 말하지만, 복음을 전혀 듣지 못한 사람들보다 복음을 들었지만 회심하지 않은 사람들에게 더 가혹한 지옥의 형벌이 주어질 것이다. 그런 사람들을 깨우치지 못하고, 값싼 복음과 겉만 그럴싸하게 포장한 예수를 전하는 관행이 교회 안에 더 만연한 것이 심히 우려된다. 그런 교인들에게 고백의 진정성을 생각해 보도록 독려하지도 않고, 죄 중에서 가장 큰 죄, 곧 복음을 알고 있으면서도 외면한 죄가 영원한 멸망을 가져올 것이라고 경고하지도 않는 것이 참으로 걱정스럽다.

  이런 사실은 나의 사역을 조금이나마 이해할 수 있게 도와준다. 내가 항상 교회를 오염시키는 그릇된 복음을 옳게 바로 잡는 데 깊은 관심을 기울이는 이유가 여기에 있다. 나는 교회를 위한 복음 전도자다. 이것이 하나님이 내 마음속에 허락하신 확신인 듯싶다.

---

6) *The Gospel According to the Apostles.*
7) *Ashamed of the Gospel.*
8) *The Truth War.*
9) *Hard to Believe.*
10) *The Jesus You Can't Ignore.*

하나님은 신자들이 구원을 확신하기를 원하신다. 히브리서 10장 19-22절은 "그러므로 형제들아 우리가 예수의 피를 힘입어 성소에 들어갈 담력을 얻었나니 그 길은 우리를 위하여 휘장 가운데로 열어 놓으신 새로운 살 길이요 휘장은 곧 그의 육체니라 또 하나님의 집 다스리는 큰 제사장이 계시매…참 마음과 온전한 믿음으로 하나님께 나아가자"라고 말씀한다. 히브리서 저자는 계속해서 "또 약속하신 이는 미쁘시니 우리가 믿는 도리의 소망을 움직이지 말며 굳게 잡고 서로 돌아보아 사랑과 선행을 격려하며 모이기를 폐하는 어떤 사람들의 습관과 같이 하지 말고 오직 권하여 그날이 가까움을 볼수록 더욱 그리하자"(10:23-25)라고 덧붙였다.

"그 날"은 심판의 날을 가리킨다. 그리스도인들이 구원을 확신해야 하는 이유는 만일 참된 믿음이 없으면 심판을 당하게 될 것이기 때문이다.

존 파이퍼는 삶 속에서 거룩함을 추구하지 않으면 지옥에 갈 것이라고 말한 바 있다. 내 경험에 비춰보면, 누군가가 그리스도를 저버리는 것을 지켜보는 것보다 목회 사역에서 더 가슴 아픈 일은 없다. 죽어가는 어린아이들과 배우자, 자녀를 잃고 슬퍼하는 사람들, 인생의 온갖 괴로움이나 질병은 모두 그런대로 감당할 수 있다. 그러나 누군가가 그리스도께 등을 돌리고, 믿음을 저버릴 때는 마음속에서 견딜 수 없는 고통이 느껴진다. 그런 일은 드물지 않다. 나는 항상 그런 일을 목격한다. 우리가 오랫동안 애써 전한 모든 경고와 모든 희망이 영원히 물거품처럼 사라지는 것이 참으로 두렵다.

거짓 믿음

예수님도 그런 일을 경험하셨다. 요한복음 6장에 보면 다음의 내용이 발견된다.

"제자 중 여럿이 듣고 말하되 이 말씀은 어렵도다 누가 들을 수 있느냐 한대 예수께서 스스로 제자들이 이 말씀에 대하여 수군거리는 줄 아시고 이르시되 이 말이 너희에게 걸림이 되느냐 그러면 너희는 인자가 이전에 있던 곳으로 올라가는 것을 본다면 어떻게 하겠느냐 살리는 것은 영이니 육은 무익하니라 내가 너희에게 이른 말은 영이요 생명이라 그러나 너희 중에 믿지 아니하는 자들이 있느니라 하시니 이는 예수께서 믿지 아니하는 자들이 누구며 자기를 팔 자가 누구인지 처음부터 아심이러라 또 이르시되 그러므로 전에 너희에게 말하기를 내 아버지께서 오게 하여 주지 아니하시면 누구든지 내게 올 수 없다 하였노라 하시니라"(60-66절).

67-71절을 계속 읽어보자.

"예수께서 열두 제자에게 이르시되 너희도 가려느냐 시몬 베드로가 대답하되 주여 영생의 말씀이 주께 있사오니 우리가 누구에게로 가오리이까 우리가 주는 하나님의 거룩하신 자이신 줄 믿고 알았사옵나이다 예수께서 대답하시되 내가 너희 열둘을 택하지 아니하였느냐 그러나 너희 중의 한 사람은 마귀니라 하시니 이 말씀은 가룟 시몬의 아들

유다를 가리키심이라 그는 열둘 중의 하나로 예수를 팔 자러라."

66절은 또한 "그때부터 그의 제자 중에서 많은 사람이 떠나가고 다시 그와 함께 다니지 아니하더라"라고 말씀한다. 이것은 매우 강력한 표현이다. 원어의 의미는 최종적이고, 결정적인 개념을 담고 있다. 이와 동일한 개념이 누가복음 9장 62절에서도 발견된다. "예수께서 이르시되 손에 쟁기를 잡고 뒤를 돌아보는 자는 하나님의 나라에 합당하지 아니하니라 하시니라."

예수님께 등을 돌린 제자들이 있었다는 사실은 그분의 생애 가운데 참으로 불행한 사건이 아닐 수 없었다. 요한은 나중에 자신의 서신에서 주 예수님을 저버린 거짓 제자들을 이렇게 묘사했다. "그들이 우리에게서 나갔으나 우리에게 속하지 아니하였나니 만일 우리에게 속하였더라면 우리와 함께 거하였으려니와 그들이 나간 것은 다 우리에게 속하지 아니함을 나타내려 함이니라"(요일 2:19).

우리는 대부분 이 구절을 잘 알고 있다. 그러나 이 구절 바로 앞 구절을 알고 있는지 궁금하다. 요한일서 2장 18절은 그런 배교자들을 "적그리스도"로 일컬었다. 어떤 사람들은 마음속으로 그리스도를 저버린다. 우리는 심판을 통해 그 사실이 드러나기 전까지는 그들이 누구인지 알 수 없다. 마태복음 13장 24-30절에서 알 수 있는 대로, 천사들이 하나님의 명령을 받들어 알곡과 가라지를 분리할 날에 그 사실이 밝혀질 것이다. 그날이 오기 전에는 누가 거짓 제자인지 알 수 없다. 그러나 참으로 안타깝게도 우리가 이미 알고 있는 경우도 적지 않다.

나는 1969년부터 그레이스 커뮤니티 교회를 인도해 왔다. 나는 한동안 좋게 보였지만 아무런 열매도 맺지 못하는 토양을 확인하기에 충분할 만큼 오랜 시간을 지내왔다. 예수님은 누가복음 8장 13절에서 "잠깐 믿다가…배반하는 자요"라고 말씀하셨다. 나는 그런 사람들이 오고가는 모습을 많이 지켜보았다. 7장 확고하고, 분명한 성경적 진리가 선포되고, 가장 충실하고, 사랑스런 교인들이 모여 있는 교회에도 온전히 회심하지 못한 사람들, 곧 시련을 견디지 못하고, 죄를 붙잡은 손을 놓지 못하고, 세상과 돈과 재물에 집착하는 이들이 존재한다. 나는 그들에게 수년 동안 고린도전서 10장 1-12절을 거듭 상기시켜 주었다. 바울은 그곳에서 광야에서 불충실하게 행동했던 이스라엘 백성을 예로 들면서 "그런즉 선 줄로 생각하는 자는 넘어질까 조심하라"(12절)라고 경고했다.

나는 그들에게 골로새서 1장을 근거로 "끝까지 충실하려면 그리스도의 십자가 사역을 스스로에게 적용하라."고 간곡히 당부했다. 나는 그동안 수없이 그들을 성찬에 초대하면서 자기 성찰이 필요하니 스스로를 살피라고 권고했다.

나는 고린도후서 13장 5절에 내 마음을 가득 담아 "너희는 믿음 안에 있는가 너희 자신을 시험하라"고 말했고, 히브리서 2, 3, 4, 6장의 경고를 전했다. "우리가 이같이 큰 구원을 등한히 여기면 어찌 그 보응을 피하리요"(2:3). 율법을 무시한 자들에게도 무서운 형벌이 주어지는데, 복음을 무시한 자들은 과연 어떻게 되겠는가? 나는 그들에게 자주 히브리서 10장 23절을 들려주며, 흔들리지 말고 믿음의 소망을 굳게 붙잡는 것이 중요하다고 강조했다. 또한 나는 히브리서 10장 26절("우리가 진리를 아는 지식을 받은 후 짐짓 죄를 범한즉 다시 속죄하는 제사가 없고")을 통해 배교의 현실을 상기시켜 주었다. 무엇이 배교인가? 배교는 진리를 아는 지식을 받고 난 뒤에도 여전히 부패한 죄를 일삼는 것을 의미한다. 그것이 곧 배교다.

배교의 결과

배교의 결과는 무엇인가? 그 결과는 다시 죄를 속죄하는 제사가 남아 있지 않다는 것이다. "오직 무서운 마음으로 심판을 기다리는 것과 대적하는 자를 태울 맹렬한 불만 있다"(히 10:27).

히브리서 10장 29절은 "하물며 하나님의 아들을 짓밟고 자기를 거룩하게 한 언약의 피를 부정한 것으로 여기고 은혜의 성령을 욕되게 하는 자가 당연히 받을 형벌은 얼마나 더 무겁겠느냐"라고 말씀한다. 히브리서 저자는 교회에 속한 사람들에게 그렇게 말했다. 교회를 향한 말 가운데 이보다 더 강력한 말은 없다.

배교의 결과는 무엇인가? 그 결과는 지옥에서 말로 형용할 수 없는 형벌을 당하는 것이다. 주님은 자기 백성을 심판하실 것이다. 예레미야가 통곡한 이유를 아는가? 예수님이 누가복음 19장에서 이스라엘을 위해 눈물을 흘리신 이유를 아는가? 그 이유는 가장 큰 영적 특권이 주어졌는데도 그 특권을 저버릴 경우에는 영원토록 가장 무서운 형벌을 받을 것이기 때문이다.

이것이 히브리서 10장 31절이 교회를 향해 "살아 계신 하나님의 손에 빠져 들어가는 것이 무서울진저"라고 경고하는 이유다. 만일 우리가 그 진리를 알고 있다면, 이는 특별히 더 두려운 일이 아닐 수 없다.

히브리서 10장 35, 36절은 "그러므로 너희 담대함을 버리지 말라 이것이 큰 상을 얻게 하느니라 너희에게 인내가 필요함은 너희가 하나님의 뜻을 행한 후에 약속하신 것을 받기 위함이라"라고 권고한다.

하나님의 뜻을 모두 행한 후에 약속하신 것을 받으려면 인내가 필요하다. 약속하신 것을 영원히 받아 누리려면 어떻게 해야 할까? 인내해야 한다. 인내하며 하나님의 뜻을 행해야 한다. 거짓 제자들은 영원한 멸망을 향해 되돌아가고, 참된 제자들은 믿음으로 끝까지 인내한다. 모두들 각자의 교회에서 이렇게 전하고 있는지 궁금하다. 그러나 반드시 이 진리를 전해야 한다.

거짓 제자들의 특징

참으로 강력하면서도 슬프고도 예리한 내용을 전하고 있는 요한복음 6장을 살펴보면, 참 제자와 거짓 제자의 특징을 분명하게 알 수 있다. 66절에서부터 다시 시작해 보자. "그때부터 그의 제자 중에서 많은 사람이 떠나가고 다시 그와 함께 다니지 아니하더라." 그런 일의 징후는 무엇일까? 그런 일은 어떻게 탄생할까? 거짓 제자의 특징을 살펴보면 이 질문에 대한 대답을 알 수 있다.

모든 것은 6장의 서두에 기록된 오병이어의 기적에서부터 시작되었다. 사복음서가 모두 이 역사적인 사건을 기록하고 있다. 갈릴리 사역의 마감을 알리는 이 사건은 참여자들의 숫자로 볼 때 예수님이 행하신 기적 가운데 가장 광범위한 기적이었다. 한 사람의 소경이나 귀머거리를 고치는 기적과 2만 명 내지 2만 5천 명에 달하는 군중을 먹인 기적은 차원이 다르다.

마태는 예수님이 "무리를 보시고 불쌍히 여기시니 이는 그들이 목자 없는 양과 같이 고생하며 기진함이라"(9:36)라고 기록했다. 예수님의 마음에는 기쁨이 가득했을 것이 틀림없다. 처음에는 모든 것이 너무나도 경이로웠다. 그러나 우리는 절정에 달한 그런 분위기 속에서 거짓 제자들의 특성이 드러나는 것을 발견할 수 있다.

1. 군중에 이끌린다

주목해야 할 첫 번째 사실은 거짓 제자들은 군중에 이끌리는 경향이 있다는 것이다. 대다수 사람들은 군중이 모여드는 이유를 알지 못하면서 군중을 따라 움직인다. 군중이 모인 것을 보면 어떻게 하는가? 다른 길로 비켜 가는가? 그렇지 않을 것이다. 자동차를 타고 가다가 길거리에 군중이 모여 있는 것을 보면 어떻게 하는가? 대부분 속도를 줄이거나 때로는 멈추어 선다. 우리는 군중에 이끌리는 경향이 있다. 갑작스런 일이 발생한 현장이나 록 콘서트나 대형 교회에는 군중이 모여들고, 군중은 그 자체로 힘을 발휘한다. 군중의 익명성, 열광, 힘, 관심 등이 사람들의 이목을 사로잡는다. 군중의 규모가 클수록 군중에 이끌리는 사람들이 매료될 가능성은 더욱 커진다.

2. 초자연적인 것에 이끌린다

주목해야 할 두 번째 사실은 거짓 제자들은 초자연적인 것에 이끌리는 경향이 있다는 것이다. 나는 요즘의 문화가 좀 기괴하다고 생각한다. 왜냐하면 온통 초자연적인 것에 매료되어 있기 때문이다.

나는 사실 초자연적인 것에 관심이 별로 없다. 그 이유는 내가 환상의 세계에서 사는 것을 원하지 않기 때문이다. 나는 텔레비전을 지배하는, 기괴하고 비현실적인 존재들과 어울려 살고 싶지 않다.

오늘날의 문화는 초자연적인 것에 열광함으로써 정신적인 도피처를 찾으려고 애쓴다. 고대 사회의 사람들도 기적에 매료되기는 마찬가지였다. 사람들은 지금도 여전히 초자연적인 현상을 일으킬 수 없으면서도 그런 현상을 일으킬 수 있다고 주장하는 거짓 기적 행위자들에게 열광한다.

하지만 요한복음 6장의 기적은 사실이었다. 귀신과 질병과 죽음과 자연을 다스리는 예수님의 권능은 참으로 경이로웠다. 인류의 역사상 그런 기적은 한 번도 일어난 적이 없었다.

오병이어의 기적을 행한 예수님의 권능에 관해 생각해 보라. 나는 우리 교회의 한 과학자에게 "2만 명이나 되는 사람들에게 약 200그램의 음식을 만들어 주려면 얼마나 많은 에너지가 필요합니까?"라고 물었다. 그는 잠시 계산을 해보더니 "지구상에 있는 모든 전력을 4천 년 동안, 매일 24시간, 100퍼센트 가동해야 합니다."라고 대답했다. 듣기만 해도 상당히 많은 에너지가 필요한 일인 것이 틀림없다. 그러나 예수님께는 그리 어려운 일이 아니었다. 그 이유는 무엇일까? 그 이유는 그분이 태양을 창조하셨기 때문이다. 태양은 초당 대략 6억 톤의 물질을 태워 단 1초 만에 미국이 130억 년 동안 필요로 하는 에너지를 생산한다. 많은 군중을 먹이신 분은 바로 온 우주를 창조하신 창조주셨다.

그런 놀라운 권능은 수많은 군중을 매료시켰다. 사람들은 초자연적인 기적 행위자에게 매료되는 경향이 있다. 마술사 시몬은 돈을 주고 그런 능력을 사려고 시도했다(행 8:9-24). 사람들은 초자연적인 것에 강하게 이끌리는 경향이 있기 때문에 거짓 기적 행위자들은 군중을 끌기 위해 속임수를 사용한다. 이처럼 거짓 제자들은 기적에 이끌리는 경향이 있다.

3. 속된 이익을 탐한다

거짓 제자의 세 번째 특징은 요한복음 6장 14, 15절에 언급되어 있다.

"그 사람들이 예수께서 행하신 이 표적을 보고 말하되 이는 참으로 세상에 오실 그 선지자라 하더라 그러므로 예수께서 그들이 와서 자기를 억지로 붙들어 임금으로 삼으려는 줄 아시고 다시 혼자 산으로 떠나 가시니라."

거짓 제자들은 속된 이익을 탐한다.

사람들은 예수님을 왕으로 세우고 싶어 했다. 그들은 속된 마음으로 열광했다. 음식을 영원히 거저 얻어먹고 싶었던 것이다. 그들은 예수님이 행하신 것이 앞으로 계속해서 하실 일의 맛보기라고 생각했다. 군중은 안락함을 원했고, 항상 양식을 공급받아 생계를 위한 고된 싸움에서 자유롭게 되기를 원했다. 그들은 '예수님이 우리를 위해 무엇을 해주실 수 있을까?'를 생각했다. 그런 생각은 번영의 복음과 일맥상통한다. 왜냐하면 번영의 복음은 사람들의 육신적인 욕망을 자극하기 때문이다.

군중은 예수님께 담대하게 "우리가 어떻게 하여야 하나님의 일을 하오리이까"(요 6:28)라고 물었다. 그들은 무슨 의도로 그렇게 물었을까? 그것은 영적인 질문이 아니었다. 그들의 질문은 "우리에게 그런 권능을 주소서."라는 의미를 담고 있었다. 마술사 시몬이 사도행전 8장 19절에서 구했던 것과 비슷했다. 군중은 말로 필요한 것을 만들어 낼 수 있는 능력을 원했다. 그들은 자신들의 세상을 창조하고, 스스로를 만족시킬 수 있는 능력을 갖고 싶어 했다. 그들은 기적 행위자가 되기를 원했다.

예수님은 그런 그들에게 "하나님께서 보내신 이를 믿는 것이 하나님의 일이니라"(요 6:29)라고 대답하셨다. 예수님의 말씀은 "너희가 기적에 참여할 수 있는 유일한 방법은 하나님이 보내신 자를 믿는 기적에 참여하는 것이다."라는 의미였다. 기적은 예수님과 사도들에게만 국한된 것이었다. 우리가 참여할 수 있는 기적, 곧 우리가 참여할 수 있는 하나님의 일은 믿음으로 예수님을 의지하는 것이다. 예수님은 군중에게 거듭 믿으라고 요구하셨다. 그분은 '진실로 진실로 너희에게 이르노니 믿는 자는 영생을 가졌나니'(요 6:47)라고 말씀하셨다.

다시 간단히 요약하면 이렇다. 사람들은 "우리에게 권능을 주소서."라고 요구했다. 예수님은 "너희는 권능을 가질 수 없다. 너희가 하나님의 권능에 참여할 수 있는 유일한 방법, 곧 그분의 일에 참여할 수 있는 유일한 방법은 그분이 보내신 자를 믿는 것이다."라고 대답하셨다.

그러자 그들은 "우리에게 권능을 주지 않으시려면, 우리가 보고 믿을 수 있게 하기 위해 어떤 표적을 행하실 것입니까?"라고 말했다(요 6:30). 예수님은 그들에게 권능을 주실 의사가 없으셨는데도, 그들은 여전히 그분이 양식을 주시기를 기대했다. 그들은 예수님이 자신들이 원하는 일을 하시도록 계속 요구했다.

아마도 '이상한 일이네. 예수님은 방금 전에 음식을 만들어 주셨는데, 또다시 스스로를 입증하실 필요가 있을까?'라는 생각이 들 것이다. 당시의 군중은 예수님이 막 행하신 기적을 과소평가했다. 그들은 "기록된 바 하늘에서 그들에게 떡을 주어 먹게 하였다 함과 같이 우리 조상들은 광야에서 만나를 먹었나이다"(요 6:31)라고 말했다. 그들의 말은 마치 "모세는 수십 년 동안 양식을 제공했습니다. 당신이 선지자라는 것을 보증하고 싶으면 한 번의 기적만으로는 부족합니다. 우리에게 항상 음식을 제공해야 합니다."라고 말하는 듯했다.

그들은 "주여 이 떡을 항상 우리에게 주소서"(34절)라고 말했다. 지금까지 말한 대로, 거짓 제자들은 군중에게 이끌리고, 초자연적인 것에 이끌리고, 일시적으로 개인적인 욕망을 만족시킬 수 있는 수단을 찾는 특징을 지닌다. 그들은 하나님께 요구하며, 그분이 자신들의 요구를 충족시켜 참 하나님이라는 증거를 보여 주기를 기대한다.

4. 예수님의 인격에 아무런 관심이 없다

거짓 제자의 네 번째 특징은 주 예수님께 진정한 관심을 기울이지 않는다는 것이다. 우리는 위에서 예수님이 한밤중에 물 위를 걸으신 사건을 기록한 요한복음 6장 6-21절은 건너뛰었다. 배 안에 타고 있던 제자들의 반응이 마태복음 14장 33절에 기록되어 있다. "배에 있는 사람들이 예수께 절하며 이르되 진실로 하나님의 아들이로소이다 하더라."

참 제자는 예수님이 누구신지 안다. 그들은 주 예수님께 관심을 기울인다. 그들은 마태복음 13장 44-46절에 기록된 비유에 묘사된 사람들, 곧 보물을 얻기 위해 모든 소유를 팔아 밭을 사고, 값진 진주를 사기 위해 모든 소유를 파는 사람들과 같다.

그러나 요한복음 6장의 군중은 예수님께 아무런 관심이 없었다. 예수님은 요한복음 6장 35, 36절에서 "나는 생명의 떡이니 내게 오는 자는 결코 주리지 아니할 터이요 나를 믿는 자는 영원히 목마르지 아니하리라 그러나 내가 너희에게 이르기를 너희는 나를 보고도 믿지 아니하는도다 하였느니라"라고 말씀하셨다. 이것이 문제의 핵심이다. 그들은 군중에게 이끌렸고, 초자연적인 것에 이끌렸다. 그들은 권능과 만족, 곧 기적을 행하는 능력과 육신적인 욕망을 만족시킬 수 있는 것을 원했다. 그들은 생명의 떡이신 그리스도께는 아무런 관심이 없었다. 그분께 관심을 기울인 사람은 아무도 없었다.

예수님은 51절에서도 생명의 떡을 언급하셨다. "나는 하늘에서 내려온 살아 있는 떡이니 사람이 이 떡을 먹으면 영생하리라 내가 줄 떡은 곧 세상의 생명을 위한 내 살이니라." 예수님은 "내 살을 먹고, 내 피를 마시라."고 말씀하셨다. 이것이 곧 죄, 회개, 대리, 전가의 의미를 지닌 속죄의 교리다. 이 교리를 개인적으로 받아들이는 것이 필요하다. 참 제자는 십자가를 받아들인다. 그러나 거짓 제자는 그리스도나 십자가에 관심을 기울이지 않는다.

십자가는 치욕이고, 걸림돌이다. 본문에서 지금까지 발견된 거짓 제자의 특징은 다음과 같다. 거짓 제자는 군중에게 이끌리고, 초자연적인 것에 이끌리고, 속된 이익을 따르고, 그리스도께 무관심하고, 속죄의 진리를 거부한다.

59절은 이 사건이 예수님이 가버나움 회당에서 가르치실 때 일어났다고 설명한다. 예수님은 마태복음 11장 23, 24절에서 가버나움에 대해 이렇게 말씀하셨다. "가버나움아 네가 하늘에까지 높아지겠느냐 음부에까지 낮아지리라 네게 행한 모든 권능을 소돔에서 행하였더라면 그 성이 오늘까지 있었으리라 내가 너희에게 이르노니 심판 날에 소돔 땅이 너보다 견디기 쉬우리라." 예수 그리스도를 거부한 가버나움의 유대인들보다 차라리 천사들을 강간하려고 했던 소돔의 동성애자들이 더 나을 것이라는 말씀이다.

집단적 배신

군중의 배신은 신속히 이루어졌다. "제자 중 여럿이 듣고 말하되 이 말씀은 어렵도다 누가 들을 수 있느냐 한대"(요 6:60).

"어렵도다"로 번역된 헬라어는 '불쾌하다, 못마땅하다, 비위에 거슬린다, 심하다, 거칠다, 무례하다, 역겹다.'와 같은 의미를 지닌다. 『새 미국 표준역 성경』(NASB)의 '어려운 말'이라는 번역은 '그 말이 혼란스럽다.'는 의미가 아니다. 예수님의 말씀은 그들에게 너무나도 분명했다. 한 헬라어 사전을 살펴보면, '스클레로스'라는 말이 '신경을 거스르다.'라는 비유적인 의미로 사용되었다고 한다. 무엇이 그들의 신경에 거슬렸을까? 예수님은 자신이 하늘에서 왔다고 말씀하셨다. 그분은 자신이 영생을 주는 유일한 참된 양식이며, 죄인들을 위한 희생 제물로서 속죄의 죽음을 당하게 될 것이라고 말씀하셨다. 그것은 듣기에 매우 거북한 메시지였다. 그들이 불쾌하게 생각한 이유는 예수님이 행하신 행위가 아니라 그분이 가르치신 말씀 때문이었다.

예수님의 기적을 목격한 군중은 그분을 기꺼이 선지자로 인정했다. 니고데모는 참 신자들이 아닌 사람들을 대표해, "우리가 당신은 하나님께로부터 오신 선생인 줄 아나이다"(요 3:2)라고 말했다. 그러나 그것만으로는 충분하지 않았다. 예수님은 하나님께로부터 온 선생이 아니라 하나님 자신이라고 주장하셨다. 그분은 자신이 영원하며, 하늘로부터 왔고, 생명의 근원이며, 인자이자 하나님의 아들이고, 영생을 주는 자이며, 죽은 자를 살리신 자이고, 죄의 속죄를 이룬 자라고 말씀하셨다. 보통 사람과 똑같이 생긴 나사렛 출신의 목수의 입에서 그 모든 주장이 쏟아졌다.

말씀의 거부

군중이 예수님의 문제라고 생각했던 것은 그분의 행위가 아닌 말씀과 연관이 있다. 우리는 이따금 "복음을 전파하라. 필요하면 말을 사용하라."라는 이상한 말을 듣곤 한다. 나는 누가 그런 말을 했는지 알지 못한다. 그런 말은 너무나도 어리석기 때문에 그런 잘못된 말을 꺼낸 사람을 치하할 생각은 조금도 없다. 말을 하지 않고 복음을 전하는 것은 불가능하다. 그런 말은 거짓이다. 복음을 전하려면 항상 말을 사용해야 한다. 음식으로 사람들을 섬기면 환영을 받을 것이다. 의약품을 제공하고, 병을 치료해 주면 많은 인기를 누릴 것이다. 그러나 사람들에게 그들이 원하는 것을 제공할 때 환영받는 것처럼, 회개와 믿음을 권유할 때도 똑같이 환영받을 것이라고 착각해서는 곤란하다.

사람들이 우리를 거부하는 이유는 우리의 행위가 아닌 우리의 말 때문이다. 물론 그런 사역은 얼마든지 행해도 좋다. 그러나 그런 사역과 복음 전도 사이에 직접적인 연관성은 없다. 예수님은 요한복음 8장 31, 32절에서 "너희가 내 말에 거하면 참으로 내 제자가 되고 진리를 알지니 진리가 너희를 자유롭게 하리라"라고 말씀하셨다.

예수님이 그런 말씀을 가르치셨을 때 더러 믿는 사람들이 있었다. 그러나 조금 더 읽어 내려가면 그들에 관해 더 많은 것을 알 수 있다. 예수님은 그들을 향해 "나도 너희가 아브라함의 자손인 줄 아노라 그러나 내 말이 너희 안에 있을 곳이 없으므로 나를 죽이려 하는도다 나는 내 아버지에게서 본 것을 말하고 너희는 너희 아비에게서 들은 것을 행하느니라"(요 8:37-38)고 하셨다. 이는 "너희는 너희 아비 마귀에게서 났으니"(요 8:44)라는 예수님의 말씀에서 비롯되었다.

예수님은 45절과 47절에서도 "내가 진리를 말하므로 너희가 나를 믿지 아니하는도다", "하나님께 속한 자는 하나님의 말씀을 듣나니"라고 말씀하셨다. 누가복음 4장 16-30절에서 알 수 있는 대로, 예수님은 자신이 자랐던 나사렛의 회당에 돌아와서 복음을 전하심으로써 이사야서 61장을 성취하셨다. 그분은 "가난한 자, 포로된 자, 눈 먼 자, 압제당하는 자에게 복음을 전한다."고 말씀하셨다. 그들은 그분의 말씀에 분노한 나머지, 말씀이 거의 끝날 즈음에는 그분을 낭떠러지에 떨어뜨려 죽이려고 했다.

사람들은 기적만을 원하고, 말씀을 전하면 죽이려고 달려든다. 요한복음 7장 1절의 마지막 부분에 보면, 유대인들이 예수님을 죽이려고 했다는 내용이 발견된다. 그들은 요한복음 8장 59절에서는 돌을 집어 들어 예수님을 치려고 했다. 항상 그분의 말씀 때문에 그런 일이 일어났다. 요한복음 6장 61절에는 "예수께서 스스로 제자들이 이 말씀에 대하여 수군거리는 줄 아시고 이르시되 이 말이 너희에게 걸림이 되느냐"라는 내용이 기록되어 있다. 그들은 걸려 넘어졌다. 그 이유는 그분의 말씀이 걸림돌이 되었기 때문이다.

그러나 예수님의 말씀은 생명이다. "살리는 것은 영이니 육은 무익하니라 내가 너희에게 이른 말은 영이요 생명이라"(요 6:63). 복음을 전하려면 예수님처럼 복음의 말씀을 전해야 한다.

"사람이 내 말을 지키면 영원히 죽음을 보지 아니하리라"(요 8:51).
"나를 저버리고 내 말을 받지 아니하는 자를 심판할 이가 있으니 곧 내가 한 그 말이 마지막 날에 그를 심판하리라"(요 12:48).
"너희도 내 계명을 지키면 내 사랑 안에 거하리라"(요 15:10).
"내가 이것을 너희에게 이름은 내 기쁨이 너희 안에 있어 너희 기쁨을 충만하게 하려 함이라"(요 15:11).

구원은 말씀을 믿는 것과 관련된다. 믿음은 들음으로, 곧 그리스도에 관한 메시지를 들음으로써 생겨난다(롬 10:17). 요한복음 6장 64절은 "그러나 너희 중에 믿지 아니하는 자들이 있느니라 하시니 이는 예수께서 믿지 아니하는 자들이 누구며 자기를 팔 자가 누구인지 처음부터 아심이러라"라고 말씀한다. 이 말씀에서 나의 관심을 사로잡는 것은 예수님이 처음부터 믿지 않을 자들이 누구인지 알고 계시면서도 그들에게 믿음을 권유하셨다는 사실이다. 예수님은 요한복음 8장 21-24절에서 "너희가 믿지 않으면 죄 가운데서 죽겠고, 내가 가는 곳에는 너희가 오지 못할 것이다."라고 말씀하셨다. 예수님은 요한복음 6장 62절에서도 그들에게 떠나지 말고 머물라는 취지의 말씀을 전하셨다. 그분은 마치 "내가 하늘로 올라갈 때까지 왜 머물려고 하지 않느냐? 정녕 내가 하늘로 올라갈 때까지 머물지 않으려느냐? 나는 하늘로부터 왔다. 너희가 떠나지 않고 머문다면 내가 다시 오는 것을 보게 될 것이다. 그러면 모든 것을 알게 될 것이다. 머물거라."라고 말씀하시는 것 같았다.

요한복음 6장 66절을 다시 읽어보자. "그때부터 그의 제자 중에서 많은 사람이 떠나가고 다시 그와 함께 다니지 아니하더라." 결과는 불신앙이었다. 그들은 자신들이 들었던 하늘에서 온 말씀을 믿지 않았고, 더 이상 듣기를 거부했다. 군중은 자신의 속된 이익 때문에 주 예수 그리스도를 저버렸다. 그들은 영원히 그분을 떠났다. 그들은 모두 물러갔다. 그것이 거짓 제자의 특징이다.

참 제자

요한복음 6장 67-69절은 참 제자의 특징을 묘사한다. 예수님은 크게 상심하셨다. 어쩌면 눈물을 흘리셨는지도 모른다. 그분은 피로와 실망감을 느끼며 근심어린 어조로 남아 있는 몇몇 제자들에게 "너희도 가려느냐"(67절)라고 물으셨다. 열두 제자의 대변자였던 베드로가 "주여 영생의 말씀이 주께 있사오니 우리가 누구에게로 가오리이까 우리가 주는 하나님의 거룩하신 자이신 줄 믿고 알았사옵나이다"(68, 69절)라고 대답했다.

"하나님의 거룩하신 자"는 이사야가 즐겨 사용했던 하나님의 칭호였다. 그 이름이 성육하신 그리스도께 적용되었다. 베드로의 말은 "저희는 주님이 누구신지 압니다. 주님은 그리스도, 하나님의 아들이십니다. 우리는 주님이 하나님의 거룩하신 자라는 것을 알고 있습니다."라는 의미였다.

참 제자는 예수님이 가르치신 모든 진리와 주장을 믿는다. 그로써 참 제자는 영생을 얻는다. 우리는 여기에서 그리스도께 온전히 헌신하는 참 제자의 귀한 모습을 발견한다. 그러나 그 복된 고백을 오래 음미할 겨를이 없다. 왜냐하면 우리의 초점은 본문의 핵심인 거짓 제자직과 집단 이반이라는 불행한 문제에 있기 때문이다. "예수께서 대답하시되 내가 너희 열둘을 택하지 아니하였느냐 그러나 너희 중의 한 사람은 마귀니라 하시니 이 말씀은 가룟 시몬의 아들 유다를 가리키심이라 그는 열둘 중의 하나로 예수를 팔 자러라"(요 6:70, 71).

이 말씀이 기록된 이유는 유다의 실체를 파헤치기 위해서가 아니라 6장 전체의 요점(제자들 가운데서 즉 그리스도와 마귀의 수하들이 나타날 것이라는 점)을 주지시키기 위해서다. 유다의 정체는 그 후로도 6개월이나 감추어져 있었다. 그는 위선에 능했기 때문에 열두 제자는 "너희 중의 한 사람은 마귀니라"라는 예수님의 말씀을 듣고 제각기 그것이 자기일 수도 있다고 생각했을 것이 분명하다.

대조적인 두 사람

요한복음 6장 마지막에 두 사람의 이름이 거론되었다. 그들은 베드로와 유다였다. 두 사람 모두 예수님께 관심을 기울였고, 개인적으로 그분의 부르심을 받았으며, 그분의 가르침을 들었다. 또한 그들은 그분께 대한 헌신을 다짐했고, 사역의 훈련을 받았으며, 그분과 함께 일했다. 두 사람 모두 성경을 가르쳤고, 소그룹으로 모여 예수님께 성경을 배웠으며, 주님의 거룩하심과 완전하심을 경험했고, 그분의 기적을 목격했으며, 갖가지 신학적인 질문에 대해 그분이 참되고, 온전하고, 명확하게 대답하시는 것을 들었고, 날마다 죄의 본질과 죽음과 심판 및 회개와 은혜의 필요성을 인식했다. 그들은 지옥과 천국의 현실에 관한 말씀을 들었고, 심지어는 예수님을 하나님의 아들이요 메시아요 구원자로 선포하기까지 했다.

두 사람은 각자 자신의 부패함을 알고 있었고, 극심한 죄책감을 느꼈으며, 사탄에게 이용당했고, 주님을 배신했으며, 대담하고, 단호하고, 노골적으로 그분을 부인했다. 그들은 자신의 배신으로 인해 크게 당황했으며, 깊은 죄책감을 느꼈다.

그러나 한 사람은 명예로운 사람이 되었다. 그의 배신행위에도 불구하고 많은 사람이 그의 이름을 따라 이름을 짓는다. 그와는 달리 다른 한 사람은 불명예스러운 사람이 되었다. 아무도 그의 이름을 따라 이름을 짓지 않는다. 한 사람은 양심의 가책을 못 이겨 자살을 선택했고, 다른 한 사람은 순교를 당했다. 둘 다 잘못을 인정했지만, 그 주된 차이는 무엇이었을까? 베드로에게 예수님의 말씀은 생명이었다. 그는 말씀을 받아들여 믿었고, 복종했고, 즐거워했고, 널리 전파했다.

유다에게 예수님의 말씀은 죽음이었다. 그분의 말씀은 그의 야심을 죽였고, 그의 기대를 무너뜨렸으며, 그를 분노하게 만들었다. 말씀은 항상 그런 두 가지 결과를 가져온다. 따라서 교회에서 경고의 말을 전하는 것은 참으로 중대한 복음 전도 사역에 해당한다. 아마도 복음을 전혀 듣지 못한 사람보다 들은 사람이 장차 지옥에서 훨씬 더 큰 형벌을 받게 될 것이다.

무리들이 집단적으로 나를 떠날 때

예수님은 무리들이 자신을 집단적으로 떠나는 상황에서 무엇을 떠올리셨을까? 그분은 그런 상황에서 마땅히 떠올려야 할 현실을 떠올리셨다(우리도 그런 상황에서 얼마든지 그렇게 할 수 있다). 예수님은 "그러므로 전에 너희에게 말하기를 내 아버지께서 오게 하여 주지 아니하시면 누구든지 내게 올 수 없다 하였느라"(요 6:65)라고 말씀하셨다. 예수님은 그 전에도 이미 이 진리를 언급하셨다.

"아버지께서 내게 주시는 자는 다 내게로 올 것이요 내게 오는 자는 내가 결코 내쫓지 아니하리라 내가 하늘에서 내려온 것은 내 뜻을 행하려 함이 아니요 나를 보내신 이의 뜻을 행하려 함이니라 나를 보내신 이의 뜻은 내게 주신 자 중에 내가 하나도 잃어버리지 아니하고 마지막 날에 다시 살리는 이것이니라"(요 6:37-39).

예수님은 어디에서 마음의 평안을 찾으셨을까? 그분은 하나님의 주권적인 선택에서 안식을 찾으셨다. 이 진리가 없었다면, 나는 목회 사역을 감당하지 못했을 것이다. 왜냐하면 나는 종종 그런 실패를 내 탓으로 돌리는 경향이 있기 때문이다.

"나를 보내신 아버지께서 이끌지 아니하시면 아무도 내게 올 수 없으니 오는 그를 내가 마지막 날에 다시 살리리라"(요 6:44).

나도 칼빈이 평안을 발견했던 곳(즉 하나님의 주권)에서 마음의 쉼을 발견한다. 예수님은 그런 상황에서 인간의 책임과 하나님의 주권을 완벽하게 조화시켜 가르치실 능력이 충분했지만 한마디도 하지 않으셨다. 그분은 아무 말 없이 그곳을 떠나셨다.

집단적으로 사람들이 나를 떠날 때, 우리는 어디에서 평화를 발견할 수 있을까? 하나님의 뜻 안에서 발견할 수 있다. 변함없는 사랑으로 주 예수 그리스도를 사랑하는 모든 이들에게 은혜가 넘치기를 기도한다. 아멘.

Unashamed of the Gospel

PART. 2

복음을 부끄러워하지 말아야 할 이유

: 복음은 하나님의 능력이다

Unashamed of the Gospel

CAHPTER. 4

죄인의 회개를
기뻐하시는 하나님

—

타비티 애니야브위레

'부끄럽지 않은.' 이것이 이 책의 주제다. 하지만 잠시 생각해 보자. 우리 자신의 개인 전도 사역과 관련해 부끄럽지 않다고 당당히 말할 수 있는 사람이 과연 얼마나 될까?

설교자는 누구나 인격이 순전해야 한다. 설교자는 정직하고, 겸손한 태도로 마땅히 전해야 할 하나님의 말씀을 전해야 한다.

이 말은 내게도 똑같이 적용되기 때문에 나에 관한 고백에서부터 시작하는 것이 마땅할 듯 싶다. 나는 세상에서 가장 뛰어난 복음 전도자가 아닌 것은 물론이고, 심지어는 이 책에 글을 기고한 여러 명의 저자들 가운데서조차도 가장 뛰어난 복음 전도자라고 자신할 수 없다. 나는 내가 과거에 일했던 교회나 현재 일하고 있는 교회에서도 가장 뛰어난 복음 전도자가 못 된다. 만일 내가 홀로 방 안에 있더라도 과연 그 방 안에서 가장 뛰어난 복음 전도자가 될 수 있을지 의문이다.

나는 복음 전도자의 일을 한다. 물론 나는 즐겁게 그 일을 하지만, 그렇게 하지 못할 때가 자주 있다. 나는 내 마음이 어떤 상태인지를 알아가는 중이다. 나는 두 가지 갈등에 시달린다. 어쩌면 그것이 무엇인지 짐작할 수도 있을 것이다.

첫째, 나는 구원받지 못한 사람들에 대해 충분히 관심을 기울이지 않는다. 물론 관심이 아예 없지는 않다. 그러나 구원받지 못한 사람들에 대한 나의 관심과 사랑은 개인 전도에 좀 더 많은 열정을 기울일 수 있는 동력을 제공할 만큼 충분하지 못하다. 둘째, 내가 복음을 전하는 방식에 문제가 있을 수 있다. 두 번째 문제는 좀 더 설명이 필요할 듯하다. 월터 챈트리는 1970년에 펴낸 『사라진 복음』에서 이렇게 말했다.

> 교회는 20세기를 지나면서 말은 적게 하면서 회심자를 얻을 수 있는 방법을 찾으려고 노력해 왔다. 여기에는 메시지를 최소화시키면 우리의 힘도 절약되고, 복음도 더 오래 전할 수 있고, 복음주의자들의 유대도 더욱 강화시킬 수 있다는 전제가 깔려 있다. 그런 노력은 결국 세상의 눈에 띄지 않을 만큼 진리를 빈약하게 전하는 성과(?)를 거두었다. 거듭 되풀이되는 네 가지 원리는 우리 주위의 죄인들을 지루하게 만들었고, 교회마저 약화시켰다.[1]

나는 평생을 챈트리가 지적한 삶을 살아왔다. 나는 교리적으로 빈약하고, 갑작스런 회심에 초점을 맞춘 복음 전도로 특징되는 시대에 예수

---

1) Walter J. Chantry, *Today's Gospel: Authentic, or Synthetic?* (Carlisle, PA: Banner of Truth, 1970), 45-46.

님을 믿었고, 지금까지 신앙생활을 해 왔다. 바꾸어 말하면, 이것은 내가 의도는 좋지만 그다지 성경적이지 못한 복음 전도 방식과 신념과 태도를 극복해야 할 필요가 있다는 의미다. 나는 회개의 요청과 같은 복음의 '어려운 부분'을 전해야 할 때 뒷걸음치며 얼굴을 찌푸리는 나 자신을 발견한다. 내가 나누는 복음의 대화에서 회개는 대부분 지나가면서 슬쩍 던지는 각주오 같은 것에 불과하다.

나는 나만 그렇다고는 생각하지 않는다. 유명한 텔레비전 복음 전도자들이 전국에 방송되는 토크쇼에 출연해 죄와 지옥의 중요성을 경시하는 말을 남발하는 탓에 우리의 복음 전도에는 치명적인 약점이 존재하게 되었다. 중요한 기독교 지도자들이 회개를 촉구하지 않고 특정한 죄를 용인하는 길을 모색하는 바람에 나와 다른 많은 사람들의 복음 전도가 제대로 이루어지지 않고 있다.

내가 이번 장에서 다루고 싶은 문제는, "우리가 복음 전도의 동기와 방법을 그릇 이해하면, 천국의 동기와 방법을 무시하는 결과가 발생할 수밖에 없다."는 것이다.

아울러 내가 누가복음 15장을 통해 말하려는 요점은, "복음 전도에 있어 죄인의 회개보다 하나님을 더 기쁘게 만들고, 또 더 힘써 강조해야 할 사안은 존재하지 않는다."는 것이다. 하나님이 죄인의 회개를 그토록 기뻐하는 이유를 이해하면, 소심하고 조급한 태도를 버릴 수 있고 복음 전도의 '어려운 부분'을 능히 감당할 수 있다. 다시 말해, 복음 전도를 부끄러워하지 않을 수 있다.

그러면 먼저 누가복음 15장을 읽어보자.

"모든 세리와 죄인들이 말씀을 들으러 가까이 나아오니 바리새인과 서기관들이 수군거려 이르되 이 사람이 죄인을 영접하고 음식을 같이 먹는다 하더라 예수께서 그들에게 비유로 이르시되 너희 중에 어떤 사람이 양 백 마리가 있는데 그 중의 하나를 잃으면 아흔아홉 마리를 들에 두고 그 잃은 것을 찾아내기까지 찾아다니지 아니하겠느냐 또 찾아낸즉 즐거워 어깨에 메고 집에 와서 그 벗과 이웃을 불러 모으고 말하되 나와 함께 즐기자 나의 잃은 양을 찾아내었노라 하리라 내가 너희에게 이르노니 이와 같이 죄인 한 사람이 회개하면 하늘에서는 회개할 것 없는 의인 아흔아홉으로 말미암아 기뻐하는 것보다 더하리라 어떤 여자가 열 드라크마가 있는데 하나를 잃으면 등불을 켜고 집을 쓸며 찾아내기까지 부지런히 찾지 아니하겠느냐 또 찾아낸즉 벗과 이웃을 불러 모으고 말하되 나와 함께 즐기자 잃은 드라크마를 찾아내었노라 하리라 내가 너희에게 이르노니 이와 같이 죄인 한 사람이 회개하면 하나님의 사자들 앞에 기쁨이 되느니라 또 이르시되 어떤 사람에게 두 아들이 있는데 그 둘째가 아버지에게 말하되 아버지여 재산 중에서 내게 돌아올 분깃을 내게 주소서 하는지라 아버지가 그 살림을 각각 나눠 주었더니 그 후 며칠이 안 되어 둘째 아들이 재물을 다 모아 가지고 먼 나라에 가 거기서 허랑방탕하여 그 재산을 낭비하더니 다 없앤 후 그 나라에 크게 흉년이 들어 그가 비로소 궁핍한지라 가서 그 나라 백성 중 한 사람에게 붙여 사니 그가 그를 들로 보내어 돼지를 치게 하였는데 그가 돼지 먹는 쥐엄 열매로 배를 채우고자 하되 주는 자가 없는지라 이에 스스로 돌이켜 이르되 내 아버지에게는 양식이 풍족한 품꾼이 얼마나 많은가 나는 여기서 주려 죽는구나 내가 일어나 아버지께 가서 이르기를 아버지 내가 하늘과 아버지께 죄를 지었사오니 지금부터는 아버지의 아들이라 일컬음을 감당하지 못하겠나이다 나를 품꾼의 하나로 보소서 하리라 하고 이에 일어나서 아버지께로 돌아가니라 아직도 거리가 먼데 아버지가 그를 보고 측은히 여겨 달려가 목을 안고 입을 맞추니 아들이 이르되 아버지 내가 하늘과 아버지께 죄를 지었사오니 지금부터는 아버지의 아들이라 일컬음을 감당하지 못하겠나이다 하나 아버지는 종들에게 이르되 제일 좋은 옷을 내어다가 입히고 손에 가락지를 끼우고 발에 신을 신기라 그리고 살진 송아지를 끌어다가 잡으라 우리가 먹고 즐기자 이 내 아들은 죽었다가 다시 살아났으며 내가 잃었다가 다시 얻었노라 하니 그들이 즐거워하더라 맏아들은 밭에 있다가 돌아와 집에 가까이 왔을 때에 풍악과 춤추는 소리를 듣고 한 종을 불러 이 무슨 일인가 물은대 대답하되 당신의 동생이 돌아왔으매 당신의 아버지가 건강한 그를 다시 맞아들이게 됨으로 인하여 살진 송아지를 잡았나이다 하니 그가 노하여 들어가고자 하지 아니하거늘 아버지가 나와서 권한대 아버지께 대답하여 이르되 내가 여러 해 아버지를 섬겨 명을 어김이 없거늘 내게는 염소 새끼라도 주어 나와 내 벗으로 즐기게 하신 일이 없더니 아버지의 살림을 창녀들과 함께 삼켜 버린 이 아들이 돌아오매 이를 위하여 살진 송아지를 잡으셨나이다 아버지가 이르되 얘 너는 항상 나와 함께 있으니 내 것이 다 네 것이로되 이 네 동생은 죽었다가 살아났으며 내가 잃었다가 얻었기로 우리가 즐거워하고 기뻐하는 것이 마땅하다 하니라."

누가복음 15장의 배경은 1, 2절에 나타나 있다. 1절은 "모든 세리와 죄인들이 말씀을 들으러 가까이 나아오니"라고 기록한다. 참으로 놀라운 말씀이요, 경이로운 일이 아닐 수 없다. 아담과 하와가 에덴동산에서 죄를 짓고 난 후로 죄인인 인간은 무화과나무 잎사귀로 옷을 만들어 입고, 하나님 앞에서 몸을 숨기는 일을 반복해 왔다. 그러나 본문의 죄인들은 예수님께 나왔다. 그들은 그분의 가르침을 듣고 싶어 했다. 이사야서 53장의 한 대목을 기억한다면, 그것은 참으로 놀라운 일이었다.

"그는…고운 모양도 없고 풍채도 없은즉 우리가 보기에 흠모할 만한 아름다운 것이 없도다 그는 멸시를 받아 사람들에게 버림받았으며… 우리도 그를 귀히 여기지 아니하였도다"(2, 3절).

그럼에도 불구하고 죄인들은 예수님의 말씀을 들으려고 그분께 나아왔다.

아울러 누가복음 15장은 처음부터 갈등을 예고했다. "바리새인과 서기관들이 수군거려 이르되 이 사람이 죄인을 영접하고 음식을 같이 먹는다 하더라"(2절). 바리새인들은 눈앞의 상황이 몹시 당혹스러웠다. 그들이 볼 때는 온통 죄인들뿐이었다. 그들은 죄인들을 부정하게 여겼고, 거룩한 랍비가 그런 사람들과 어울려 스스로를 더럽히는 것이 부적절하다고 판단했다. 그들은 "이 사람이 죄인을 영접하고…"라고 말했다. 그들은 그런 상황을 매우 못마땅하게 생각했다. 예수님이 죄인을 영접하신다는 그들의 말은 진정 귀하기 이를 데 없는 말이었지만, 그들의 의도는 예수님을 칭찬하기 위한 것이 아니라 죄인들과 그분을 함께 싸

잡아 정죄하기 위한 것이었다.

바리새인들은 "모든 세리와 죄인들이 말씀을 들으러 가까이 나아온" 상황을 보고, 아름답고 귀한 영적 현실을 깨닫지 못했다. 예수님은 그런 그들의 태도를 보고, 세 가지 비유를 가르치셨다. 그 비유들의 핵심은 "죄인이 회개할 때마다 하나님이 기뻐한다."는 것이었다. 처음 두 가지 비유는 핵심적인 요점을 간결하게 진술하고, 세 번째 비유는 그 요점을 구체적으로 묘사했다.

이 생생한 세 가지 비유는 바리새인들의 닫힌 눈을 열어주기 위한 목적으로 주어졌다. 바라건대, 이 비유들이 가르치는 진리가 회개의 필요성과 아름다움에 초점을 맞춘 복음 전도를 독려하는 계기가 될 수 있기를 기도한다.

죄인이 회개할 때마다 하나님이 기뻐하신다

세 가지 비유는 모두 죄인이 회개할 때마다 하늘이 기뻐한다고 가르친다. 이 비유들은 강조점만 약간씩 다를 뿐 많은 점에서 동일한 가르침을 전한다. 먼저 각 비유의 요점을 밝힌 구절을 간추려 정리하면 다음과 같다.

- 7절: "내가 너희에게 이르노니 이와 같이 죄인 한 사람이 회개하면 하늘에서는 회개할 것 없는 의인 아흔아홉으로 말미암아 기뻐하는 것보다 더하리라."

- 10절: "내가 너희에게 이르노니 이와 같이 죄인 한 사람이 회개하면 하나님의 사자들 앞에 기쁨이 되느니라."
- 22, 23절: "아버지는 종들에게 이르되 제일 좋은 옷을 내어다가 입히고 손에 가락지를 끼우고 발에 신을 신기라 그리고 살진 송아지를 끌어다가 잡으라 우리가 먹고 즐기자 이 내 아들은 죽었다가 다시 살아났으며 내가 잃었다가 다시 얻었노라 하니 그들이 즐거워하더라."

바리새인들은 회개가 '기쁜 일'이라는 것을 간과했다. 어쩌면 우리도 그 점을 생각하지 못할 때가 많을지도 모른다. 회개는 하나님을 기쁘게 한다. 회개는 단지 인간이 수행해야 할 의무가 아니다. 회개는 '어려운 부분', 곧 신자들이 죄인들에게 복음을 전할 때의 불쾌한 대화 내용과는 아무런 관계가 없다. 회개는 하나님을 즐겁게 하는 기쁨의 원천이다. 한 영혼이 죄에서 돌이켜 구세주께로 나가는 것보다 천국을 더 기쁘게 만드는 것은 없다.

숫자상의 불균형이 눈에 띈다. 7절은 아흔아홉 명의 의인보다 죄를 버리고 하나님께로 돌이키는 죄인 한 사람이 하나님을 더 기쁘게 만든다고 말씀한다. 한 영혼이 회개하면 천사들이 노래하며 축하한다.

그렇다면 이 기쁨은 무엇일까? 무엇이 하늘의 기쁨일까? 그 기쁨은 어떤 기쁨일까?

하늘의 기쁨은 애매하거나 일시적이고, 순간적인 기쁨이 아니다. 세상에서의 기쁨은 일시적이고, 쉽게 사라진다. 가장 긴 행복도 한순간에 지나지 않은 것처럼 보인다. 마음이 차갑게 식고, 기억이 희미해지면서 기쁨이 사라지기까지는 그리 오랜 시간이 걸리지 않는다. 우리는 세상에서 기쁨을 끊임없이 유지할 수 있는 능력이 없다.

회심을 통해 영생을 얻는 것과 같은 영광스러운 기적이 일어났을 때도 우리의 마음은 하나님 안에서 그렇게 큰 기쁨을 누리지 못한다. 이는 나 자신의 경험에서도 확인되는 사실이다. 가끔씩은 누군가가 회심을 통해 믿음을 갖는 것을 보고 감동을 받지만, 말 그대로 그런 일은 가끔일 뿐이다. 부끄러운 일이지만 그런 경험은 그렇게 많지 않고, 또 기억에서 쉽게 사라진다. 나는 나의 회심을 가능하게 한 하나님의 주권적인 사역을 추억할 때도 아무런 감동을 느끼지 못할 때가 많다.

그러나 하늘의 기쁨은 쉽게 사라지는 우리의 기쁨과는 다르다. 하늘의 기쁨은 충만하고, 영원하며, 지속적이다. 죄인의 회개로 인한 하늘의 기쁨은 사라지거나 줄어들지 않는다.

하늘의 기쁨은 질적으로 확대된다. 조금도 줄어들지 않고, 영원하며, 항상 경이감을 자아내는 기쁨이다. 이 기쁨은 풍요롭고, 깊고, 강하고, 만족스럽고, 충만하고, 유쾌하고, 복스럽고, 즐겁게 고양되며, 영원토록 생생하게 지속된다.

하늘의 기쁨은 양적으로도 확대된다. 6절, 9절, 23절을 다시 읽어보자. "집에 와서 그 벗과 이웃을 불러 모으고 말하되 나와 함께 즐기자 나의 잃은 양을 찾아내었노라 하리라." "또 찾아낸즉 벗과 이웃을 불러 모으고 말하되 나와 함께 즐기자 잃은 드라크마를 찾아내었노라 하리라." "우리가 먹고 즐기자."

죄인이 회개하고, 안전하게 집으로 돌아올 때마다 축하하는 사람들의 환호성은 점차 커진다. 친구들과 이웃들과 천사들이 함께 모여 기쁨에 동참한다.

친구와 이웃은 누구를 가리킬까? 그것은 우리, 곧 복음을 전하는 그리스도인들을 가리킨다. 우리는 복음 전도를 통해 하늘을 기쁘게 하는 수단일 뿐 아니라 그 기쁨에 동참하도록 초대된 손님들이다. 우리가 복음을 전하고, 사람들에게 회개를 촉구하는 것은 곧 우리 자신의 영원한 기쁨을 쌓아 놓는 것이다. 왜냐하면 장차 영원히 그 기쁨에 참여할 것이기 때문이다. 하나님은 언젠가 우리를 만찬 장소로 불러 복음 전도를 통해 잃었다가 다시 찾은 죄인들, 곧 회개한 죄인들이 예수 그리스도의 품에 안겨 집으로 오게 된 기적을 기뻐하라고 명령하실 것이다. 하나님이 죄인의 회개를 기뻐할 때, 복음 전도자들도 죄인들에게 회개를 권유한 것 때문에 그 행복에 동참하게 될 것이다.

하나님은 죄인이 회개할 때마다 기뻐하신다. 복음을 전하며 회개를 권유할 때마다 그 기쁨에 동참하게 될 것을 기대하는가?

회개가 하나님을 기쁘시게 하는 일곱 가지 이유

여기에서 "회개가 하늘을 그토록 기쁘게 하는 이유는 무엇일까? 바리새인들과 일부 복음 전도자들이 간과하는 회개의 본질 가운데서 하나님은 무엇을 발견하시는 것일까?"라는 질문을 생각해 볼 필요가 있다.

이 세 가지 비유는 하나님이 회개하는 죄인들을 기뻐하는 일곱 가지 이유를 제시한다. 우리는 그 일곱 가지 이유를 복음 전도의 동기로 삼아야 한다.

1. 죄인의 회개가 복음의 목적이기 때문이다

예수님은 잃어버린 양과 잃어버린 동전의 비유에서 청중을 이야기에 참여시키셨다. "너희 중에"(4절)와 "어떤 여자"(8절)는 모든 남자와 여자를 포함한다. 예수님은 모든 사람이 쉽게 이해할 수 있는 이야기를 선택해 청중에게 하늘나라의 관점을 일깨워 주셨다. 바리새인들은 그것을 간과했다. 그들은 이야기 속의 목자와 여자의 입장에 서서 상황을 바라봐야 마땅했다. 만일 그랬다면, '하나님이 잃어버린 자를 찾아 자신의 목적을 이루기까지 많은 희생과 수고를 마다하지 않으신다.'는 사실을 깨달았을 것이 틀림없다.

4절은 어떤 희생이 있었다고 말하는가? 목자는 "아흔아홉 마리를 들에 두고 그 잃은 것을 찾아내기까지 찾아다녔다." 어떤 주석학자들은 아흔아홉 마리가 안전한 곳에 있었기 때문에 목자가 자유롭게 잃어버린 양을 찾아 나설 수 있었다고 설명한다. 그러나 본문은 그렇게 말하지 않는다. 양떼는 '들'에 있었다. 공격을 당할 수도 있고, 무리에서 이탈할 수도 있었다. 요점은 아흔아홉 마리가 안전했기 때문에 목자가 부담 없이 한 마리를 찾아 나섰다는 것에 있지 않다. 요점은 목자가 한 마리의 잃어버린 양을 찾기 위해 큰 위험을 기꺼이 감수할 정도로 그 양을 사랑했다는 데 있다. 그는 자신의 양떼에 속한 양이라면 어떤 양을 위해서든 기꺼이 그렇게 했을 것이다.

더욱이 하나님은 잃어버린 양을 부지런히 찾으신다. 이 점은 잃어버린 동전을 찾기 위한 여인의 노력을 통해 분명하게 드러난다. 8절을 다시 읽어보자. "어떤 여자가 열 드라크마가 있는데 하나를 잃으면 등불을 켜고 집을 쓸며 찾아내기까지 부지런히 찾지 아니하겠느냐." 동전은 한 드라크마, 곧 하루 품삯에 해당하는 돈이었다. 열 드라크마 중에 하나를 잃는다는 것은 결코 적지 않은 손실이었다. 현금이 가득한 지갑 속에서 5달러 지폐가 없는 것을 발견한다면 어떻게 하겠는가? 여전히 많은 현금이 고스란히 간직되어 있지만, 누구라도 분주하게 없어진 지폐를 찾을 것이 틀림없다. 그렇지 않은가? 비유의 여인은 등불을 켜고, 온 집을 쓸며 부지런히 찾았다.

그 결과, 목자와 여인은 자신들이 찾는 것, 곧 잃어버린 양과 동전을 찾았다. 회개는 하나님이 잃어버린 자들을 찾는 것을 가리키는 또 하나의 용어다.

기억해야 할 것은 위의 두 비유가 회개를, 찾는 자가 이루는 사역으로 간주하고 있다는 점이다. 회개는 죄인 안에서 이루어지는 하나님의 사역이다. '뉴햄프셔 신앙고백'은 "우리는 회개와 믿음이 성령의 거듭나게 하시는 사역을 통해 우리 안에서 이루어지는 거룩한 의무요 서로 나누어질 수 없는 은혜라고 믿는다."라고 이 개념을 옳게 묘사했다.

'도르트 신조' 제10항도 "회심은 하나님의 사역"이라는 제목으로 아래와 같이 진술했다.

(교만한 펠라기우스 이단의 주장과는 달리) 회심은 마치 믿음과 회개에 필요한 은혜가 충분하거나 동일하게 주어진 상태에서 한 사람이 자유로운 선택을 통해 다른 사람들로부터 스스로를 구별함으로써 완성되는 인간의 공적이 아니다. 절대 그렇지 않다. 회심의 공적은 전적으로 하나님의 것이다. 하나님이 영원 전에 그리스도 안에서 자기 백성을 선택하신 것처럼, 역사 속에서 그들을 효과적으로 부르시어 믿음과 회개를

허락하시고, 그들을 어둠의 나라에서 구원해 자기 아들의 나라로 옮기신다.

우리 주님의 사명은 잃어버린 백성을 부지런히 찾아 구원하는 것이었다. 예수님은 누가복음 19장에서 "인자가 온 것은 잃어버린 자를 찾아 구원하려 함이니라"(10절)라고 말씀하셨다. 복음 전도는 잃어버린 자들을 찾아 구원하는 사역의 연장일 뿐이다. 복음 전도자가 성공을 거두어 죄인이 회개할 때마다 하늘은 기뻐한다. 그 이유는 그때마다 하늘의 사명이 조금씩 이루어지기 때문이다.

2. 하늘나라의 관점에서 볼 때, 회개하지 않은 죄인이 큰 가치를 지니기 때문이다

하나님이 기뻐하는 이유는 하늘나라의 관점에서 볼 때, 회개하지 않은 죄인이 큰 가치를 지니기 때문이다.

하나님은 왜 이미 소유한 많은 숫자의 사람들로 만족하지 않으실까? 그분은 왜 아흔아홉 마리의 양을 바라보면서 흐뭇해하지 않으실까? 그분은 왜 동전 하나쯤 대수롭지 않게 여기고, 아흔아홉 개의 동전을 손으로 꼭 움켜쥐지 않으시는 것일까? 그분은 왜 그렇게 부지런히 잃은 것을 찾으시는 것일까?

그것은 하나님이 자기에게 속한 영혼에게 큰 가치를 두고 계시기 때문이 아닐까? 양떼와 동전들은 모두 소유주에게 속한다. 길을 잃고 헤매는 양은 목자의 소유이고, 잃어버린 동전은 여인의 소유다. 그것들이 가치를 지니는 이유는 제각각 소유주가 있기 때문이다.

그것을 잃으면 소유주는 가난해진다. 소유주의 마음속에 공백이 생겨난다. 소유주는 상실감을 느낀다. 그것이 아흔아홉 마리의 양과 머물지 않고, 길을 잃은 양을 찾아 나서는 이유다. 그것이 집 안에서 편안하게 쉬지 않고, 잃어버린 동전을 찾을 때까지 온 집을 샅샅이 뒤지는 이유다. 따라서 양과 동전을 발견했을 때, 소유주는 다시금 그것들의 귀한 가치를 느낀다. 그것들을 다시 소유하게 된 데서 만족감이 느껴진다. 소유주의 눈에 그것들의 가치가 생생하게 드러난다.

5절을 읽어보자. "또 찾아낸즉 즐거워 어깨에 메고." 목자는 그 양을 안전한 곳에 둔다. 오랫동안 힘든 노력을 기울여 양을 찾은 목자는 행복감 때문에 새로운 활력을 얻는다. 어떤 짐이든 모두 가볍게 느껴진다. 그리스도께서 회개를 통해 잃어버린 양을 되찾으셨을 때도 마찬가지다. "그는 목자같이 양떼를 먹이시며 어린 양을 그 팔로 모아 품에 안으시며 젖먹이는 암컷들을 온순히 인도하시리로다"(사 40:11).

영혼의 소유주이신 하나님은 회개하지 않은 자를 발견하실 때마다 그들의 가치를 새롭게 느끼시고, 또한 귀히 여기신다. 죄인이 회개할 때마다 하늘이 기뻐하는 이유는 죄인이 하나님께 큰 가치를 지닌 존재이기 때문이다.

3. 하나님을 떠난 삶은 극도로 황폐한 삶이기 때문이다(12-16절)

하늘이 기뻐하는 이유는 하나님을 떠난 삶은 극도로 황폐한 삶이기 때문이다. 회개의 아름다움은 죄의 어두운 배경을 등지고 볼 때 가장 분명하게 드러난다. 12-16절에서 알 수 있는 대로, 탕자의 삶은 계속 곤두박질쳐 극도로 불결한 상태로 전락하고 말았다.

"그 둘째가 아버지에게 말하되 아버지여 재산 중에서 내게 돌아올 분 깃을 내게 주소서 하는지라 아버지가 그 살림을 각각 나눠 주었더니 그 후 며칠이 안 되어 둘째 아들이 재물을 다 모아 가지고 먼 나라에 가 거기서 허랑방탕하여 그 재산을 낭비하더니 다 없앤 후 그 나라에 크게 흉년이 들어 그가 비로소 궁핍한지라 가서 그 나라 백성 중 한 사람에게 붙어 사니 그가 그를 들로 보내어 돼지를 치게 하였는데 그가 돼지 먹는 쥐엄 열매로 배를 채우고자 하되 주는 자가 없는지라."

탕자는 모든 것을 갖춘 상태에서 시작했다. 그러나 그는 감사할 줄도 모르고, 인내할 줄도 몰랐다. 그는 아버지를 저버렸다(12절). 그는 자신의 정욕을 만족시키기 위해 고향을 등지고 "먼 나라에 갔다"(13절). 그는 자제력이 없이 즉각적인 만족을 추구했기 때문에 무일푼의 신세로 전락하고 말았다(14절). 즐국 그는 친구도 없고, 먹을 것도 없는 상황에 처했다(15, 16절).

그 즈음, 그는 빌리 홀리데이의 노래를 읊조려야 할 신세로 전락했다. "돈이 있을 때는 친구들이 많았네. 그들이 그대의 문 앞에 몰려들었지. 그런데 돈이 다 떨어져 더 쓸 수 없게 되자 그들은 더 이상 찾아오지 않았네." 그의 삶은 불결하고 외로운 상태가 되고 말았다. 자기 자신만을 위해 살면, 머지않아 홀로 고독하게 살게 된다.

이것이 하늘나라의 시각으로 바라본 우리들의 삶이다. 성부 하나님은 부유하지만 반항적인 자녀들이 멀리 도망쳐 자신의 사랑과 부를 낭비하는 모습을 지켜보고 계신다.

죄인들은 하나님을 떠나 피조 세계의 온갖 풍요로움과 삶의 자유를 누리고 싶어 한다. 그들은 하나님을 원하지 않는다. 그들은 하나님의 부성애를 이해하지 못한다. 그들은 하나님의 사랑에 보답하기를 거부한다. 하나님이 억제하지 않으시면, 그들은 온갖 욕망을 추구하며 삶을 헛되이 낭비한다.

이런 현실을 고려하면, 회개는 진정 아름답기 그지없다. 회개가 얼마나 선하고, 아름다운 것인지가 분명하게 드러난다. 죄의 쓰디 쓴 맛이 사라지고 성화의 달콤함이 찾아온다. 하나님을 떠난 삶이 서서히 사라진다. 하나님이 없는 삶은 죽기 위한 삶일 뿐이다. 그러나 회개는 살기 위해 죽는다. 회개는 자아에 대해 죽음으로써 그리스도 안에서 생명을 발견한다. 이것이 회개가 천국의 눈에 그토록 아름답고, 그토록 큰 기쁨을 가져다주는 이유다.

4. 회개는 하나님의 가치를 옳게 인식하는 것이기 때문이다(17-20절)

회개가 하늘나라의 시각으로 볼 때, 그토록 아름다운 이유는 하나님의 가치를 옳게 인식하는 것이기 때문이다. 17-20절에서 탕자에게 어떤 변화가 일어났는지에 주목하라.

첫째는 '깨달음'이었다. "이에 스스로 돌이켜 이르되 내 아버지에게는 양식이 풍족한 품꾼이 얼마나 많은가 나는 여기서 주려 죽는구나"(17절). 회개는 하나님의 선하심을 인정하는 데서부터 시작한다. 탕자는 들판에서 돼지가 먹는 쥐엄 열매를 구걸했던 종의 신세였다. 그러나 그의 아버지의 집에는 양식이 풍부한 품꾼들이 많았다. 탕자의 아버지는 먼 나라의 주인과는 달리 자기를 섬기는 자들에게 관대했다. 탕자는 아버지의 선함을 새롭게 인식하기 시작했다.

둘째는 '결심'이었다. "내가 일어나 아버지께 가서 이르기를 아버지 내가 하늘과 아버지께 죄를 지었사오니"(18절). 탕자는 아버지 곁에 있기로 결심했다. 그의 고백은 성경에 등장하는 가장 위대한 고백 중에 하나였다. 그는 자신이 아버지는 물론 하늘, 곧 하나님께 죄를 지었다고 고백했다. 한 주석 학자는 "탕자는 하나님의 거룩하심과 율법을 거역한 사실을 깨달았다."라고 말했다.[2] 또 다른 한 주석 학자는 "그는 아무런 조건이나 단서를 붙이지 않고 고백했다. 그는 변명하지도 않았고, 이런 저런 설명을 늘어놓지도 않았다. 죄를 지었다는 고백, 그것이 전부였다. 대다수의 고백이 지니는 문제는 죄 자체에 대한 후회보다 죄의 결과에 대한 후회를 먼저 언급한다는 데 있다."라고 말했다.[3]

셋째는 '체념'이었다. "지금부터는 아버지의 아들이라 일컬음을 감당하지 못하겠나이다 나를 품꾼의 하나로 보소서 하리라 하고"(19절). 그는 자신과 자신의 죄를 하나님의 선하심과 위대하심에 비춰 보았다. 그는 스스로의 부패함을 깨닫고, 아들이라는 생각을 버렸다. 그는 아버지의 집에서 종이 되기로 결심했다. 그는 자신이 지은 죄를 생각할 때 아들이라고 주장할 수가 없었다. 그는 종이 되어 섬기기를 바랐을 뿐이다. 스펄전은 이 점에 대해 이렇게 말했다.

탕자는 "일어나 아버지께 가서"라고 말하는 순간부터 어느 정도 변화되었다. 그 증거는 무엇일까? 그는 돼지우리를 떠났을 뿐 아니라 술

---

2) Walter J. Chantry, *Today's Gospel: Authentic, or Synthetic?*, 48.
3) Terry Johnson, *The Parables of Jesus: Entering, Growing, Living and Finishing in God's Kingdom* (Scotland: Christian Focus, 2007), 286.

잔과 창기들을 버렸다. 그는 창기를 품에 품고, 술잔을 손에 든 채로 "나는 이것들과 함께 아버지에게 가겠다."라고 말하지 않았다. 그럴 수가 없었다. 그는 그 모든 것을 버렸다. 그는 가져갈 수 있는 좋은 것은 아무것도 없었지만, 계속 죄를 짓는 상태로 그리스도께 나가려고 하지 않았다.[4]

그것이 참된 회개다. 하나님께로 돌이킨 사람들은 그분을 전과는 전혀 다른 관점으로 바라본다. 그들은 하나님의 위대한 사랑과 그분의 관대한 성품을 깨닫기 시작하고, 그분의 거룩하심과 죄의 비참함을 의식하기 시작한다. 그들은 낮아지고, 겸손해진다. 그들은 하나님이 관대하시다는 것을 알고 그분 앞에 나온다. 그와 동시에 그들은 스스로의 죄가 참으로 크다는 것을 의식하고, 하나님께 아무것도 요구하지 않는다. 겸손한 회개는 많은 것을 바라지 않고, 단지 자기를 받아주기만을 바란다. 회개한 사람은 종의 신분을 원할 따름이다.

이 모든 것을 통해 찬양받을 만한 하나님의 성품이 드러난다. 회개가 아름다운 이유는 탕자가 아버지의 훌륭함을 깨달았던 것처럼 하나님의 아름다우심을 인식하기 때문이다.

5. 회개는 하나님의 풍성한 은혜를 드러내기 때문이다(22, 23절)

탕자는 아버지에게 돌아가서 자신의 잘못을 고백했다(21절). 그는 누더기를 걸친 더러운 모습이었다. 한때는 잔치의 주인공처럼 세련된 자

---

4) Charles H. Spurgeon, Sermon #1000, or "Bread Enough and to Spare," *Miracles and Parables of Our Lord, Vol. 3* (Grand Rapids., MI: Baker, reprinted 2003), 340.

태를 뽐냈지만 이제는 죄로 인해 스스로를 고아로 생각하며 비렁뱅이가 되어 돌아왔다. 그는 자녀의 신분을 주장하지 않았고, 그렇게 대접받기를 기대하지 않았다.

그러나 그의 회개는 하나님의 풍성한 은혜가 드러나는 계기가 되었다. 아버지가 탕자를 어떻게 대우했는지를 생각해 보라. "이에 일어나서 아버지께로 돌아가니라 아직도 거리가 먼데 아버지가 그를 보고 측은히 여겨 달려가 목을 안고 입을 맞추니"(20절). "아버지는 종들에게 이르되 제일 좋은 옷을 내어다가 입히고 손에 가락지를 끼우고 발에 신을 신기라 그리고 살진 송아지를 끌어다가 잡으라 우리가 먹고 즐기자"(22, 23절).

아버지의 탁월한 성품에 주목하라. 그는 탕자를 불쌍히 여겼다. 그는 탕자를 부드럽게 안고, 입을 맞추었다. 그는 탕자를 아들로 받아들였고, 관용을 베풀었다. 그는 탕자에게 좋은 옷을 입히고, 손에 가락지를 끼웠으며, 살진 송아지를 잡아 축하 잔치를 열었다. 큰 기쁨이 있었다.

복음은 인간의 모든 기대를 초월한다. 우리는 탕자가 징벌을 받았어야 마땅하고, 또 아버지가 그를 종으로만 받아주었어도 충분히 관대했을 것이라고 생각한다. 우리는 탕자가 문전박대를 당해야 마땅했다고 생각한다. 그는 유산을 모두 탕진했다. 그런데 어떻게 다시 돌아올 생각을 할 수 있단 말인가?

그러나 비유의 아버지는 회개하고 돌아오는 아들의 모습을 발견한 순간, 은혜와 긍휼의 곳간을 활짝 열어젖혔다(그는 성부 하나님을 상징한다). 하나님은 죄인이 돌아오는 것을 멀리서 보기만 해도 사랑을 샘솟듯 쏟아내신다. 회개하고 돌아온 죄인은 활짝 벌린 하나님의 품에 곧장 안긴다. 하나님은 회개하는 자에게 하늘의 온갖 좋은 것, 곧 그리스도의 겉옷, 자녀의 신분을 나타내는 반지, 구원의 만찬을 베푸신다. 회개한 걸인을 위한 왕국, 그것이 곧 하나님의 나라다. 회개는 하나님의 풍성한 은혜를 더욱 영광스럽게 빛낸다.

복음 전도자인 우리는 사람들에게 풍성하고, 자비로운 하나님의 품으로 돌아오라고 말해야 한다. 사람들에게 회개를 촉구하는 것은 그들의 삶에 무례하게 침입하는 것이 아니다. 그것은 하나님의 긍휼과 사랑을 얻으라는 선의의 초청이다.

6. 회개는 새 탄생의 기적을 입증하는 것이기 때문이다(24절)

"이 내 아들은 죽었다가 다시 살아났으며 내가 잃었다가 다시 얻었노라"(24절). 회개가 하나님을 기쁘게 하는 이유는 새 탄생을 입증하는 증거, 곧 그 열매이기 때문이다. 회개한 사람을 보면 새로운 부활이 일어난 것을 알 수 있다. 한때 허물과 죄로 죽었던 사람이 그리스도를 통해 다시 살아난 것이다.

잃어버렸다는 것은 단지 잘못 놓아둔 것을 의미하지 않는다. 그것은 곧 죽음을 의미한다. 탕자는 아버지에 대해 죽었다. 그러나 그는 회개의 기적을 통해 새로운 생명을 얻었다. 그는 장례식을 치러야 할 시체가 아니라 만찬을 열어 축하해야 할 살아 있는 영혼으로 되돌아 왔다. 하나님이 회개를 아름답게 여기는 이유는 죄로 인해 죽은 자들을 다시 살리기 때문이다.

7. 죄인의 회개는 자기 의를 주장하는 사람들의 강퍅함을 드러내기 때문이다(25-30절)

하나님이 회개를 아름답게 여기는 마지막 이유는 죄인의 회개가 회개하지 않고, 자기 의를 주장하는 사람들의 강퍅함을 드러내기 때문이다. 우리는 이 점을 25-30절에서 확인할 수 있다.

비유에 맏아들이 등장한다. 그는 잔치 소리를 듣고(25절), 그 이유를 물었다(26절). 그는 동생이 돌아왔다는 소식과, 그가 '건강한 모습으로 안전하게' 돌아왔다는 이유로 아버지가 살진 송아지를 잡았다는 소식을 전해듣고는 잔치 자리에 들어가기를 거부했다. "그가 노하여 들어가고자 하지 아니하거늘"(28절).

아버지가 부드럽게 권유했지만, 맏아들은 오로지 자신의 의로움만을 생각했다. 레온 모리스는 "스스로를 의롭게 여기는 교만한 사람들은 항상 자신이 마땅히 받아야 할 대접을 받고 있지 못하다고 생각한다."라고 말했다.[5] 맏아들은 아버지에게 자신의 의로움을 주장했다. "내가 여러 해 아버지를 섬겨 명을 어김이 없거늘 내게는 염소 새끼라도 주어 나와 내 벗으로 즐기게 하신 일이 없더니 아버지의 살림을 창녀들과 함께 삼켜 버린 이 아들이 돌아오매 이를 위하여 살진 송아지를 잡으셨나이다"(29, 30절).

맏아들의 주장이 잘못되었다고 생각하는 사람이 과연 우리 중에 얼마나 될까? 또 그에게 동정심을 느낄 사람이 우리 가운데 얼마나 될까? 바리새인들은 그랬을 것이 틀림없다. 레온 모리스는 이렇게 말했다.

---

[5] Leon Morris, *Luke* (Grand Rapids, MI: Eerdmans, 1974), 267.

"익히 상상할 수 있는 대로, 맏아들이 아버지에게 한 말은 '이 사람이 죄인을 영접하고 음식을 같이 먹는다.'라는 말과 일맥상통했다."[6]

아버지의 대답은 맏아들의 마음 상태를 고스란히 드러낸다. 맏아들은 자신이 무엇을 가지고 있는지 깨닫지 못했다. "아버지가 이르되 얘 너는 항상 나와 함께 있으니 내 것이 다 네 것이로되"(31절). 다시 한 번 레온 모리스의 말을 인용해 보자. "그는 아들이 된다는 것이 무엇을 의미하는지 진정으로 깨닫지 못했다. 아마도 그것이 그가 아버지가 된다는 것이 무엇을 의미하는지를 이해하지 못했던 이유일 것이다. 그는 아버지가 탕자가 돌아온 것을 보고 그토록 기뻐했던 이유를 알지 못했다."[7] 그는 축하 잔치가 필요하다는 것을 이해하지 못했다. 아버지는 32절에서 "이 네 동생은 죽었다가 살아났으며 내가 잃었다가 얻었기로 우리가 즐거워하고 기뻐하는 것이 마땅하다"라고 말했다.

죄인의 회개는 스스로를 의롭다고 생각하는 사람들의 강퍅함을 드러낸다. 성도의 마음은 죄인의 회개를 기쁘게 생각한다. 우리는 우리 자신을 둘째 아들과 같다고 생각하기를 좋아하지만, 실제로는 맏아들과 같을 때가 많다. 우리는 스스로를 의롭다고 믿고, 자신의 힘으로 의롭게 살 수 있다고 생각하는 경향이 있다. 우리는 죄로 인해 자신을 망친 사람들이 스스로 행위를 고쳐 삶을 개선해야 한다고 생각한다. 그리고 그들이 영적으로 빈곤해져야 마땅하다고 생각한다. 그래야만 우리는 비로소 그들의 회개를 기쁘게 받아들인다.

그러나 하나님의 관점으로 바라볼 때, 우리는 회개의 징후가 조금만

---

6) Ibid.
7) Ibid.

보여도 그것을 기쁘게 여겨야 한다. 회개는 교회의 기쁨을 위한 것이며, 우리의 영적 회복과 즐거운 축제이기도 하다.

적용

누가복음 15장의 연구를 토대로 내가 복음 전도자로서 잊지 않으려고 애쓰는 것은 모두 다섯 가지다. 이 다섯 가지는 소심하게 움츠러들지 않고, 담대히 복음을 전하며 회개를 촉구할 수 있도록 도와준다.

1. 회개는 하늘과 교회와 죄인을 기쁘게 한다. 사람들에게 회개를 촉구하는 것은 곧 기쁨을 되찾으라는 의미를 지닌다. 우리는 관련된 모든 사람을 만족시켜 줄 영원한 기쁨 속으로 사람들을 초대하는 일을 결코 부끄럽게 생각해서는 안 된다.
2. 사람들에게 죄를 회개하라고 촉구하는 것은 그들이 하나님 앞에서 지니는 가치를 새롭게 발견하라는 의미를 지닌다. 죄는 하나님의 형상으로 창조된 인간의 존엄성과 가치를 파괴한다. 그 가치를 회복하는 것이 곧 회개다.
3. 사람들에게 회개를 촉구하는 것은 단지 삶의 쾌락을 버리라는 것이 아니라 하늘나라의 더 큰 즐거움에 참여하라는 의미를 지닌다. 주님이 임하신 곳에 영원한 즐거움이 있다. 회개는 잃어버린 사람을 주님이 있는 곳으로 되돌려 그분을 즐거워하게 만든다.
4. 회개를 강조하는 것은 단순히 신앙생활과 관련해 해야 할 일과 해

서는 안 될 일을 깨우쳐 주기 위한 목적이 아니라 하나님을 비롯한 모든 삶의 현실을 있는 그대로 바라봐야 한다는 좀 더 근본적인 목적을 지닌다. 기독교와 도덕주의는 서로 다른 두 개의 종교라고 할 수 있다. 그리스도인은 높은 도덕성을 유지해야 하지만, 그의 도덕성이 그를 그리스도인으로 만드는 것은 아니다. 그를 그리스도인으로 만들고, 또 하나님을 영원히 즐거워할 수 있게 만드는 것은 하나님과의 독특한 언약의 관계다. 회개는 그의 눈을 열어 하나님을 보고, 또 맛보게 만든다.

5. 사람들에게 회개를 촉구하는 것은 하나님이 아름답게 생각하시는 것을 받아들이라는 의미를 지닌다.

Unashamed of the Gospel

CAHPTER. 5

확실한 하나님의 최후 승리

—

마크 데버

당장은 상황이 좋지 않다.

악하고, 냉혹한 속성을 지닌 죄가 사방에서 우리를 짓누른다. 우리 자신의 죄와 맞서 싸워야 하고, 아무런 제재도 받지 않는 거짓 교사들과 같은 교회의 문제로 고민해야 한다. 영화와 텔레비전은 복음적이고, 성경적인 가르침을 비웃고, 조롱한다. 언론은 그리스도인들을 어리석거나 심지어는 적대적이고, 위협적인 존재로 묘사한다. 곳곳의 연방 법원에서는 지난 십 년 동안 동성애자의 결혼을 합법화하려는 시도들이 있어왔고, 그 결과 그 문제에 대한 대법원의 승인 판결이 이루어졌다. 미국의 경제계는 대통령 자신이 불과 몇 년 전에 믿는다고 말했던 것(그러나 지금은 더 이상 믿지 않는 것), 즉 결혼은 이성 간에 이루어져야 한다고 확신하는 경영자들을 강제로 퇴출시켰다. 그 당시만 해도 대다수 사람들에게 이성 간의 결혼은 거의 논란의 여지가 없는 문제였다. 변화의 속도가 그야말로 전광석화처럼 빠르다. 이른바 관용이 일방적으로 이루어지고 있는 것처럼 보인다. 그 외에 다른 견해들은 관용적이지 않다는 판단을 받는다. 그리스도인의 삶은 일종의 '대안 생활방식'으로 간주되는 추세다.

세계의 다른 곳에서는 격렬한 폭력에 직면한 그리스도인들도 있다. 이집트의 그리스도인들은 700년 역사 이래 최악의 박해에 시달리고 있다. 이집트의 기독교는 그곳에서는 소수 종교에 속하지만 중동지역 전체를 놓고 보면 최대의 신자를 거느리고 있다. 그들은 전체 인구의 10퍼센트를 차지한다. 수많은 무슬림 시민들이 그들을 나라 밖으로 쫓아내려고 애쓰고 있다. 지난 8월의 어느 날에는 불과 몇 시간 만에 40개가 넘는 예배당이 파괴되기도 했다.

나이지리아에서는 그리스도인들이 살해를 당하고 있다. 가족들이 시신을 수습하려고 하면, 살인자들이 죽이겠다고 협박한다. 그들이 시신을 묻지 않고 버려두기를 원하는 이유는 누구든 그리스도를 믿으면 그렇게 된다고 경고하기 위해서다.

아프가니스탄에서는 기독교가 불법으로 간주된다. 무슬림이 다른 종교로 회심하는 것은 범죄 행위에 해당한다. 탈레반은 항상 그리스도인으로 의심되는 사람들을 죽이려고 애쓴다. 그런 불행한 일들이 매일 계속되고 있다. 아프리카 에리트레아나 파키스탄이나 이란에서는 그리스도의 복음을 들어보지 못한 수많은 사람들에게 복음을 전하겠다는 말조차 꺼내지 못하는 실정이다.

이런 상황에서 복음 전도를 주제로 글과 책을 쓰고, 집회를 열고, 설교를 하는 것은 별로 실효성이 없는 것처럼 느껴진다. 그보다는 차라리 예배당을 세우고, 벽을 수선하고, 법률가를 요청하는 편이 낫다는 생각이 든다.

그런 냉소와 절망을 토로하기 전에, 바울이 에베소 교회에게 했던 말을 다시금 생각해 볼 가치가 있다. 그는 "우리의 씨름은 혈과 육을 상대하는 것이 아니요 통치자들과 권세들과 이 어둠의 세상 주관자들과 하늘에 있는 악의 영들을 상대함이라"(엡 6:12)라고 말했다. 그렇다면 우리의 싸움은 더 큰 현실, 곧 희망의 근거를 제공하는 현실을 일깨우는 역할을 할 수 있지 않을까?

희망이란 미래에 좋은 일이 일어날 것이라는 확신을 의미한다. 성경은 마귀는 물론, 하나님도 종종 우리들이 붙들고 있는 희망을 사라지게 하신다고 가르친다. 구체적으로 말해, 마귀의 목적은 아무것도 희망하지 못하게 하기 위해서고, 하나님의 목적은 세상의 일시적인 것에 희망을 두지 못하게 하기 위해서다. 하나님은 더 큰 희망, 곧 우리가 창조된 본래의 목적을 위해 우리가 붙들고 있는 작은 희망들을 하나씩 버리게 만드신다.

하나님은 자기 백성을 인간적인 희망이 모두 사라진 상황에 처하게 하실 때가 많다. 감옥에 갇힌 요셉이나 애굽의 군대와 홍해 사이에서 진퇴양난의 상황에 처한 이스라엘 백성을 생각해 보라. 골리앗 앞에 선 다윗이나 물고기 뱃속에 있는 요나를 생각해 보라. 무엇보다도 겟세마네 동산에서 깊이 고뇌하시다가 십자가를 짊어진 예수님을 생각해 보라.

복음 전도라는 주제는 많은 사역자들의 마음속에 두려움과 절망감을 불러일으킨다. 개인적으로 패배감을 느끼거나 부족함이 느껴질 수 있다. 우리는 T4G 콘퍼런스가 처음 열렸던 2006년보다 복음에 대해 더욱 적대적인 상황에 직면해 있다. 혹시 하나님은 더 큰 것에 희망을 두게 하기 위해, 곧 그분이 우리와 함께 하시면 우리는 실패하지 않는다는 것을 굳게 확신하도록 하기 위해 이런 상황을 통해 우리의 작은 희망을 버리도록 이끌고 계시는 것은 아닐까?

우리는 이사야서 36, 37장에서, 이사야 당시에 일어났던 '큰 사건'을 하나 발견할 수 있다. 남북전쟁이 미국에 살고 있는 사람들에게 19세기의 운명을 갈라놓은 역사적 사건이었던 것처럼, 그 사건도 당시의 운명을 갈라놓은 거대한 사건이었다. 그것은 곧 앗수르 군대에 의한 예루살렘 침공과 그로 인한 극적인 결말이었다.

이사야의 사역은 처음 40년 동안은 그 사건을 위해 백성들을 준비시키는 일에, 그 후 10년은 그로 인한 결과들을 알리는 데 각각 초점을 맞추었다. 그것은 모세의 사역이 이스라엘 역사의 또 다른 사건을 위해 백성들을 준비시켰고, 그 후에는 그로 인한 결과를 설명하는 데 초점을 맞춘 것과 비슷했다. 그렇다면 이사야의 사역이 가르치는 기본적인 교훈은 무엇일까? 그것은 하나님의 심판과 구원이 모두 그분에 대한 신뢰로부터 비롯한다는 것이다.

이제부터 본문을 중심으로 열 가지 상황을 하나씩 차례로 살펴볼 생각이다. 나는 우리 모두가 각자의 구원과 사역은 물론, 복음 전도를 위해서도 오로지 하나님만을 신뢰할 수 있기를 기도한다.

상황 1: 앗수르의 침공

이사야서 36장은 "히스기야 왕 십사 년에 앗수르 왕 산헤립이 올라와서 유다의 모든 견고한 성을 쳐서 취하니라"(1절)라는 말씀으로 시작된다.

이 구절은 BC 701년의 남 왕국 유다로 우리를 인도한다. 그러나 그보다 좀 더 넓은 역사적 배경을 잠시 들여다 볼 필요가 있다. 앗수르는 약 40년 전인 BC 745년에 다메섹과 아람(수리아)을 정복함으로써 팔레스타인 남쪽으로 전진할 수 있는 교두보를 확보했다. 그로부터 2년 후인 BC 743년에 북 왕국 이스라엘은 앗수르 왕에게 조공을 바치며 보호를 요청했다(왕하 15:19). 그러다가 앗수르 왕이 BC 727년에 사망하자 이스라엘은 조공을 중단했다. 하나님은 그 무렵 수세기 동안 우상 숭배를 저질러온 이스라엘 왕국을 심판하기로 결정하셨다. 앗수르는 BC 724년에 이스라엘 왕국을 침공해 2년 동안 수도인 사마리아를 상대로 포위공격을 펼치다가 BC 722년에 완전히 함락시켰다.

앗수르 제국은 민족적인 정체성을 약화시키고, 각 나라의 종교를 없애기 위해 점령국 백성들을 이주시키는 정책을 펼쳤다(왕하 17장 참조). 앗수르의 기록에 따르면, 앗수르가 BC 722년에 이스라엘을 점령한 후에 이스라엘 사람 27,290명을 제국의 다른 지역으로 이주시켰다고 한다. 앗수르는 이스라엘을 무력화시키고, 살아남은 생존자들을 복종시켰다. 그들은 바벨론에서 사람들을 데려다가 이스라엘에 정착시키기도 했다(왕하 17:24). 북 왕국 이스라엘은 철저히 무너졌다.

그러는 동안, 남 왕국에서는 BC 740년(52년 동안 나라를 다스렸던 웃시야 왕이 사망했던 해)을 기점으로 이사야의 사역이 시작되었다. 웃시야의 아들 요담이 잠시 그의 뒤를 계승했고, 그 뒤에는 요담의 아들 아하스가 왕위에 올라 16년을 다스렸다. 아하스는 BC 735년에 북 왕국 이스라엘과 아람 왕국의 침공으로부터 유다 왕국을 보호할 요량으로 신하 국가를 자처해 앗수르와 그들의 신에게 복종하기로 서약했다(왕하 16:7-9). 아하스는 사람을 죽여 바알에게 제물로 바쳤다. 그러는 동안 유다 왕국은 크게 쇠퇴했고, 영토의 일부를 블레셋과 에돔과 아람에게 빼앗겼다.

마침내 아하스가 죽고, 그의 아들 히스기야가 왕위에 올랐다. 이사야는 히스기야 왕에게 앗수르에게 조공을 바치는 것을 중단하라고 조언했다(왕하 18:7 참조). 그러자 유다 왕국이 가장 두려워하던 일이 벌어지기 시작했다. 앗수르는 바벨론에서 일어난 반란을 진압하고 난 후에 팔레스타인 지역을 장악하는 일에 총력을 기울였다. 그들은 블레셋과 두로를 정복하고, 애굽의 군대를 패주시켰다. 그러고 나서 그들은 대군을 이끌고 유다 왕국을 침공했다. "앗수르 왕 산헤립이 올라와서 유다의 모든 견고한 성을 쳐서 취하니라"(사 36:1)라는 말씀대로, 그들은 상당한 승리를 거두었다.

앗수르인들은 애굽인들이나 헬라인들과는 달리 단순한 정복자나 제국 건설자가 아니었다. 그들은 잔인하기로 유명했다. 그들은 적군들을 고문하고, 토막을 내 살해했으며, 산 채로 불태워 사람들에게 공포심을 심어주었다. 또한 그들은 때로 패배한 통치자들의 가죽을 벗겨 그것을 정복한 도시의 벽에 걸어 놓았고, 죄수들을 말뚝을 박아 죽였으며, 많은 사람들의 목을 잘랐다. 이 모든 사실은 그들이 새겨놓은 기록에 잘 나타나 있다. 그들은 자랑하기를 좋아했으며, 앗수르인들이 죽은 모습을 보여주는 기록이 전혀 발견되지 않는데 이는 그들이 스스로를 불사의 존재로 생각했기 때문이다.

산헤립이 유다를 침공했을 때, 예루살렘의 백성들은 어떤 심정이었을까? 하나님이 자신들을 버리셨다고 생각했을까?

유다 왕국은 히스기야의 지도 아래 개혁을 단행했다. 히스기야는 성전을 보수하고, 제사장들을 다시 세우고, 유월절 절기를 회복하고, 북왕국의 생존자들을 받아들였다. 성경은 이렇게 말씀한다.

"예루살렘에 큰 기쁨이 있었으니 이스라엘 왕 다윗의 아들 솔로몬 때로부터 이러한 기쁨이 예루살렘에 없었더라…이 모든 일이 끝나매 거기에 있는 이스라엘 무리가 나가서 유다 여러 성읍에 이르러 주상들을 깨뜨리며 아세라 목상들을 찍으며 유다와 베냐민과 에브라임과 므낫세 온 땅에서 산당들과 제단들을 제거하여 없애고"(대하 30:26, 31:1).

이스라엘 백성이 그토록 충실했는데 왜 하나님은 본문과 같은 두려운 일을 허락하셨을까? 이사야는 수십 년 동안 그들에게 하나님만을 신뢰하라고 권고했다. 그들이 그렇게 한 것이 어리석었던 것일까?

여기에서 우리의 두려움과 관련된 교훈을 한 가지 발견할 수 있다. 이 타락한 세상에 사는 한, 우리의 두려움이 항상 잘못된 착각인 것은 아니다. 어떤 두려움은 현실이 되어 나타나기도 한다. 회개했다고 해서 모든 시련으로부터 자유로운 것은 아니다. 교회 위원회가 복음 전도에 관한 우리의 생각을 거부할 수도 있고, 친구들에게 복음을 전한 뒤로부터 그들과의 관계가 소원해질 수도 있다. "형제들아 세상이 너희를 미워하여도 이상히 여기지 말라"(요일 3:13)는 말씀을 기억하라. 세상이 나를 미워하는 것이 두려운가? 그럴 수 있다. 우리가 느끼는 어떤 두려움은 현실이 되어 나타날 수도 있다.

그러나 우리의 두려움은 항상 우리를 속여 불필요한 공포에 사로잡히게 만드는 경향이 있다.

상황 2: 앗수르 총사령관의 위협

예루살렘의 두려움은 과연 현실이 되어 나타날 것인가? 앗수르 총사령관의 말은 그렇게 생각하도록 부추긴다.

"앗수르 왕이 라기스에서부터 랍사게를 예루살렘으로 보내되 대군을 거느리고 히스기야 왕에게로 가게 하매 그가 윗못 수도 곁 세탁자의 밭 큰 길에 서매 힐기야의 아들 왕궁 맡은 자 엘리아김과 서기관 셉나와 아삽의 아들 사관 요아가 그에게 나아가니라 랍사게가 그들에게 이르되 이제 히스기야에게 말하라 대왕 앗수르 왕이 이같이 말씀하시기를 네가 믿는 바 그 믿는 것이 무엇이냐 내가 말하노니 네가 족히 싸울 계략과 용맹이 있노라 함은 입술에 붙은 말뿐이니라 네가 이제 누구를 믿고 나를 반역하느냐 보라 네가 애굽을 믿는도다 그것은 상한 갈대 지팡이와 같은 것이라 사람이 그것을 의지하면 손이 찔리니 애굽 왕 바로는 그를 믿는 모든 자에게 이와 같으니라 혹시 네가 내게 이르기를 우리는 우리 하나님 여호와를 신뢰하노라 하리라마는 그는 그의 산당과 제단을 히스기야가 제하여 버리고 유다와 예루살렘에 명령하기를 너희는 이 제단 앞에서만 예배하라 하던 그 신이 아니냐 하셨느니라 그러므로 이제 청하노니 내 주 앗수르 왕과 내기하라 내가 네게 말 이천 필을 주어도 너는 그 탈 자를 능히 내지 못하리라 그런즉 네가 어찌 내 주의 종 가운데 극히 작은 총독 한 사람인들 물리칠 수 있으랴 어찌 애굽을 믿고 병거와 기병을 얻으려 하느냐 내가 이제 올라와서 이 땅을 멸하는 것이 여호와의 뜻이 없음이겠느냐 여호와께서 내게 이르시기를 올라가 그 땅을 쳐서 멸하라 하셨느니라 하니라 이에 엘리아김과 셉나와 요아가 랍사게에게 이르되 우리가 아람 방언을 아오니 청하건대 그 방언으로 당신의 종들에게 말하고 성 위에 있는 백성이 듣는 데에서 우리에게 유다 방언으로 말하지 마소서 하니 랍사게가 이르되 내 주께서 이 일을 네 주와 네게만 말하라고 나를 보내신 것이냐 너희와 함께 자기의 대변을 먹으며 자기의 소변을 마실 성 위에 앉은 사람들에게도 하라고 보내신 것이 아니냐 하더라 이에 랍사게가 일어서서 유다 방언으로 크게 외쳐 이르되 너희는 대왕 앗수르 왕의 말씀을 들으라 왕의 말씀에 너희는 히스기야에게 미혹되지 말라 그가 능히 너희를 건지지 못할 것이니라 히스기야가 너희에게 여호와를 신뢰하게 하려는 것을 따르지 말라 그가 말하기를 여호와께서 반드시 우리를 건지시리니 이 성이 앗수르 왕의 손에 넘어가지 아니하리라 할지라도 히스기야의 말을 듣지 말라 앗수르 왕이 또 이같이 말씀하시기를 너희는 내게 항복하고 내게로 나아오라 그리하면 너희가 각각 자기의 포도와 자기의 무화과를 먹을 것이며 각각 자기의 우물물을 마실 것이요 내가 와서 너희를 너희 본토와 같이 곡식과 포도주와 떡과 포도원이 있는 땅에 옮기기까지 하리라 혹시 히스기야가 너희에게 이르기를 여호와께서 우리를 건지시리라 할지라도 속지 말라 열국의 신들 중에 자기의 땅을 앗수르 왕의 손에서 건진 자가 있느냐 하맛과 아르밧의 신들이 어디 있느냐 스발와임의 신들이 어디 있느냐 그들이 사마리아를 내 손에서 건졌느냐 이 열방의 신들 중에 어떤 신이 자기의 나라를 내 손에서 건져냈기에 여호와가 능히 예루살렘을 내 손에서 건지겠느냐 하셨느니라 하니라 그러나 그들이 잠잠하여 한 말도 대답하지 아니하였으니 이는 왕이 그들에게 명령하여 대답하지 말라 하였음이었더라"(사 36:2-21).

2절에 언급된 라기스는 유다 왕국에서 두 번째로 큰 도시였다. 예루살렘을 고립시켜 정복하려면 먼저 그곳을 정복해야 했다. 대영박물관에 가보면, 라기스를 포위 공격해 함락시키는 장면을 부조로 새긴 조각을 볼 수 있다(그 부조는 니느웨에 있는 산헤립의 궁궐에서 떼어 온 것이다).

위의 본문은 히스기야의 사신들이 하나님이 히스기야의 아버지인 아하스에게 믿음으로 굳게 서라고 말씀하신 곳에서 산헤립의 총사령관 랍사게를 만나는 장면에서부터 시작한다(사 7:3).

앗수르의 총사령관은 모든 이야기의 발단이 될 질문을 제기했다. 그것은 "너희가 믿는 것이 무엇이냐?"라는 질문이었다. 마치 하나님이 친히 그의 입을 빌려 그들에게 다시 말씀하시는 것처럼 들렸다. 그것은 이사야가 행하게 될 사역의 방향을 암시하는 의미를 지녔다. 앗수르의 총사령관은 5절에서도 "네가 이제 누구를 믿고 나를 반역하느냐"라고 물었다.

그는 만일 애굽을 의지한다면 아무 소용이 없을 것이라고 말했다. 그러나 그는 도를 넘어 히스기야의 개혁을 오판하는 잘못을 저지르고 말았다. 그는 개혁의 사실만 알았을 뿐 그 의미와 중요성을 이해하지 못했다. 히스기야가 바알과 다른 우상 제단들을 헐어버린 것은 앗수르에서 있었던 것과 같은 단순히 다른 종교에 대한 공격이 아니었다. 히스기야의 개혁은 참 하나님, 곧 이스라엘의 거룩하신 분에 대한 헌신을 독려하기 위한 것이었다.

아무튼 앗수르의 총사령관은 듣는 자들의 두려움을 이용할 줄 아는 지략이 있었다. 그는 성문에 있는 군인들이 들을 수 있는 거리에서 히브리어를 사용해 히스기야의 사자들이 듣기에 몹시 불안해 할 말을 쏟아냈을 뿐 아니라 15절과 18절에서는 마치 사탄처럼 말했다. 그는 하나님을 신뢰하는 것이 어리석다고 말했다.

또한 19, 20절에서는 하나님을 우상들과 동등하게 취급했고, 그분이 예루살렘을 앗수르 군대로부터 구원하실 능력이 없다고 말했다. 사실과 거짓을 적당히 혼합하였다. 애굽이 의지할 수 없는 나라라는 것은 사실이었다. 히스기야가 많은 제단을 무너뜨리고, 앗수르가 많은 나라를 정복한 것도 사실이었다. 그러나 그런 사실을 언급한 이유는 하나님이 자기 백성을 버리셨다는 거짓을 말하기 위해서였다. 하나님은 결단코 자기 백성을 버리지 않으신다. 하나님이 자기 백성, 곧 우리를 버리신다는 것은 스스로의 약속을 저버리시는 것과 같다. 하나님은 결코 자신의 약속을 저버리지 않으신다.

여기에서 신뢰에 관한 교훈을 하나 발견할 수 있다. 가장 중요한 것은 신뢰의 대상이다.

"네가 이제 누구를 믿고"(5절). 앗수르 총사령관의 말은 그 무엇도 의지할 데가 없는 유다 백성의 절망적인 상황을 드러낸다. 그러나 그런 절망적인 상황이 하나님을 온전히 신뢰하는 계기가 되었다.

우리의 경우도 마찬가지다. 바울은 고린도 신자들에게 "이는 내가 약한 그때에 강함이라"(고후 12:10)라고 말했다. 이런 현실을 이해하면 교회의 복음 전도 사역에 큰 힘이 될 수 있다. 목회자가 아무리 큰 절망에 빠졌더라도 하나님을 통해 얼마든지 새로운 활력을 얻을 수 있다. 교회가 아무리 깊은 침체의 늪에 빠졌더라도 하나님의 말씀을 통해 얼마든지 변화될 수 있다. 복음을 전해듣는 사람들이 아무리 적대적이라고 해도 성령에 의해 회심하는 역사가 얼마든지 일어날 수 있다.

상황 3: 앗수르의 최후통첩을 전해들은 히스기야

그렇다면 히스기야는 앗수르 총사령관의 말에 어떻게 반응했을까? 이 질문의 대답은 세 번째 상황에서 발견된다. 사신들은 앗수르의 최후통첩을 히스기야에게 전했다.

> "그때에 힐기야의 아들 왕궁 맡은 자 엘리아김과 서기관 셉나와 아삽의 아들 사관 요아가 자기의 옷을 찢고 히스기야에게 나아가서 랍사게의 말을 그에게 전하니라 히스기야 왕이 듣고 자기의 옷을 찢고 굵은 베 옷을 입고 여호와의 전으로 갔고"(사 36:22-37:1).

고대 근동 지역에서 옷을 찢는 것은 고통과 슬픔을 표현하는 행동이었다. 히스기야는 고통스러웠지만 즉시 하나님의 도우심을 구하기 위해 성전으로 달려갔다. 그는 이전의 유다의 왕들처럼 애굽이나 우상이나 자신의 군사력을 의지할 수도 있었고, 또 절망에 빠져 좌절할 수도 있었지만 그렇게 하지 않고 유일하신 참 하나님 앞으로 나아갔다.

    동료 목회자들이여, 절망감이 느껴질 때면 어디를 향해 달려가는가? 누구를 의지하는가? 우리는 여기에서 선택과 관련된 교훈을 발견할 수 있다. 우리는 문제를 들고 하나님께 나아가는 것을 선택해야 한다.

    그러나 히스기야의 반응은 그것으로 끝나지 않았다.

상황 4: 이사야에게 기도를 요청한 히스기야

히스기야는 이사야에게 이스라엘을 위해 기도해 달라고 요청했다. 여기에서부터 네 번째 상황이 시작된다.

> "왕궁 맡은 자 엘리야김과 서기관 셉나와 제사장 중 어른들도 굵은 베옷을 입으니라 왕이 그들을 아모스의 아들 선지자 이사야에게로 보내매 그들이 이사야에게 이르되 히스기야의 말씀에 오늘은 환난과 책벌과 능욕의 날이라 아이를 낳으려 하나 해산할 힘이 없음 같도다 당신의 하나님 여호와께서 랍사게의 말을 들으셨을 것이라 그가 그의 상전 앗수르 왕의 보냄을 받고 살아 계시는 하나님을 훼방하였은즉 당신의 하나님 여호와께서 혹시 그 말로 말미암아 견책하실까 하노라 그런즉 바라건대 당신은 이 남아 있는 자를 위하여 기도하라 하시더이다 하니라"(사 37:2-4).

히스기야는 하나님이 앗수르의 조롱거리가 되셨다는 것을 분명하게 이해했다. 따라서 그는 스스로 기도했을 뿐 아니라 이사야에게도 기도를 요청했다.

여기에서 기도와 관련해 간단하면서도 심원한 교훈을 한 가지 깨달을 수 있다. 그것은 어려움에 처했을 때는 말씀과 기도로 하나님을 의지해야 한다는 것이다.

예수님은 제자들에게 "항상 기도하고 낙심하지 말라"고 가르치셨다(눅 18:1). 이 글을 읽을 때도 우리 자신에게 그 가르침을 적용해야 한다. 기도는 믿음의 진정성을 보여준다. 우리가 하나님께 기도하는 이유는 그분이 말씀을 통해 가르치신 것(곧 우리가 구하면 우리를 돕기를 원하시고, 도우실 수 있고, 기꺼이 도우실 것이라는 사실)을 믿기 때문이다. 하나님은 기도와 말씀을 통해 자신이 원하시는 목적을 향해 나아가게 하신다.

기도의 능력은 누가 기도하느냐에 달려 있지 않다. 본문에서 기도를 드린 사람은 절실한 상황에서 회개하며 부르짖은 왕이었다. 기도의 능력은 누구에게 기도하느냐에 달려 있다.

기도가 강력한 이유는 온 세상의 주권자이자 아브라함과 이삭과 야곱의 하나님이요 이스라엘의 거룩하신 분이신 참 하나님을 향한 것이기 때문이다. 우리는 하나님의 약속을 믿고, 은혜의 보좌 앞에 담대히 나감으로써 그분을 영화롭게 한다. 우리는 기도를 드림으로써 하나님의 신뢰성과 신실하심을 증언한다.

사랑하는 교회 지도자들이여, 교회의 복음 전도는 기도에서부터 시작되어야 한다. 나는 워싱턴에 있는 우리 교인들이 아침과 저녁 예배를 드릴 때나 장로들의 모임이 있을 때나 각 가정이나 소그룹으로 모일 때나 주님과 홀로 경건의 시간을 가질 때에, 항상 함께 기도하는 시간을 갖는 것이 너무나도 감사하다.

우리는 우리 자신은 물론, 복음을 듣지 못한 사람들과 박해받는 그리스도인들과 복음의 진보와 그 밖에 다른 많은 일을 비롯해 우리 도시 안에서 복음 사역을 행하는 다른 교회들을 일일이 거명하며 기도한다. 하나님의 은혜가 우리를 기도하는 교회로 만들었다. 기도는 하나님의 역사를 예고한다.

상황 5: 이사야의 메시지

참으로 놀랍게도, 하나님은 히스기야의 기도에 응답하셨다.

"그리하여 히스기야 왕의 신하들이 이사야에게 나아가매 이사야가 그들에게 이르되 너희는 너희 주에게 이렇게 말하라 여호와께서 이같이 말씀하시되 너희가 들은 바 앗수르 왕의 종들이 나를 능욕한 말로 말미암아 두려워하지 말라 보라 내가 영을 그의 속에 두리니 그가 소문을 듣고 그의 고국으로 돌아갈 것이며 또 내가 그를 그의 고국에서 칼에 죽게 하리라 하셨느니라 하니라"(사 37:5-7).

이사야는 앗수르 왕의 '종들'을 하찮게 여겼다. 아무리 강한 인간이라도 하나님이나 선지자를 놀라게 할 수는 없었다. 그들은 한갓 먼지와 같은 존재일 뿐이다. 하나님은 앗수르 총사령관의 말을 신성모독으로 단죄하셨고, 앗수르 왕을 죽이겠다는 뜻을 밝히셨다.

여기에서 하나님의 약속에 관한 교훈을 발견할 수 있지 않겠는가? 하나님은 자기 백성을 구원하겠다고 약속하셨다. 그분은 그들을 해치려는 자들을 진멸하겠다고 약속하셨다.

우리는 교회 안에서 서로에게 하나님의 약속을 상기시켜 주어야 한다. 우리는 하나님의 말씀을 전하거나 찬양을 부르거나 세례와 성찬을 거행함으로써 그렇게 할 수 있다. 또한 우리는 주님이 재림하실 때 그분과 나누게 될 교제를 서로에게 상기시켜 줌으로써 인내하라고 격려할 수 있다.

우리는 철가루가 자석에 이끌리는 것처럼, 하나님의 약속을 중심으로 형성된 백성이다. 하나님의 약속은 우리에게 방향을 제시하는 자석과도 같다. 하나님은 자기 백성을 구원하겠다고 약속하신다.

상황 6: 산헤립의 반응

예루살렘과 히스기야에게 어떤 일이 일어났을까? 산헤립은 이사야의 말을 전해듣고는 두려워 퇴각했을까?

"앗수르 왕이 라기스를 떠났다 함을 듣고 랍사게가 돌아가다가 그 왕을 만나니 립나를 치고 있더라 그때에 앗수르 왕이 구스 왕 디르하가의 일에 관하여 들은즉 사람들이 이르기를 그가 나와서 왕과 싸우려 한다 하는지라 이 말을 듣고 사자들을 히스기야에게 보내며 이르되 너희는 유다의 히스기야 왕에게 이같이 말하여 이르기를 너는 네가 신뢰하는 하나님이 예루살렘이 앗수르 왕의 손에 넘어가지 아니하리라 하는 말에 속지 말라 앗수르 왕들이 모든 나라에 어떤 일을 행하였으며 그것을 어떻게 멸절시켰는지 네가 들었으리니 네가 구원을 받겠느냐 나의 조상들이 멸하신 열방 고산과 하란과 레셉과 및 들라살에 있는 에덴 자손을 그 나라들의 신들이 건졌더냐 하맛 왕과 아르밧 왕과 스발와임 성의 왕과 헤나 왕과 이와 왕이 어디 있느냐 하라 하였더라"(사 37:8-13).

산헤립은 또 다른 성읍인 립나를 점령하려고 진군을 했던 것으로 보인다. 아마도 애굽 군대가 공격해 올 때를 대비해 방어선을 구축하기 위한 의도였던 듯하다. 산헤립은 자신의 발이 잠시 묶여 있는 동안 히스기야가 섣불리 행동하지 못하게 할 생각으로 "내가 지금 하고 있는 일을 보고 오판하지 말라. 나는 곧 공격을 재개할 것이다."라는 취지의 말을 전하게 했다. 10절로 미루어 볼 때, 그는 이사야의 예언을 전해들은 것이 분명하다. 그는 다시 하나님을 모독하기 시작했다. 그는 하나님보다 자신이 더 확실하며, 자신이 미래를 더 잘 알고 있다고 암시했다.

11절은 그런 교만이 앗수르 왕들의 특징이었다고 밝힌다. 산헤립의 전임자인 앗수르 왕들 가운데 한 사람은 레바논에 있는 옛 앗수르 도로에 "온 세상의 사방 끝까지 다스리는 권력을 지닌 '위대한 용', 모든 대적을 질그릇처럼 깨뜨리는 필적할 자 없는 우주의 왕, 합법적인 통치자"라는 글귀를 새겨놓았다. 그 왕의 이름이 기억나지는 않지만, 그의 말은 산헤립의 말과 매우 유사하다. 하나님도 앗수르 왕을 "흉용하고 창일한 큰 하수"에 빗대셨다(사 8:7).

여기에서 교만에 관한 교훈을 발견할 수 있다. 교만의 어리석음과 자기 파괴적인 속성을 경계하라. 산헤립을 통해 알 수 있는 대로, 교만은 스스로가 마치 하나님인 양 착각하게 만든다.

우리 자신을 하나님처럼 생각하면 어떤 일이 일어날까? 이사야는 이 질문에 대해 이미 이렇게 대답했다. "그 날에 눈이 높은 자가 낮아지며 교만한 자가 굴복되고 여호와께서 홀로 높임을 받으시리라"(2:11, 2:17, 14:12-15).

그리스도인이 아닌 사람에게 묻고 싶다. 교만이 얼마나 위험한지 생각해 본 적이 있는가? 스스로의 교만이 관계를 훼손할 뿐 아니라 심지어는 파괴하기까지 하는 것을 경험한 적이 있는가? 하나님이 직업을 허락하지 않으셨다면 일자리를 갖지 못했을 것이다. 재능과 시간과 기회 등, 하나님이 삶에 필요한 온갖 선물을 허락하지 않으셨다면, 지금까지 이루어온 일을 결코 이루지 못했을 것이다. 그러나 사람들이 자기를 높이 인정해 주지 않는다는 이유로 화를 낸 적이 많을 것이다. 친구들이여, 겸손히 죄를 고백하고, 뉘우쳐라. 그리스도를 믿어라. 그분이 없으면 거듭날 희망도 없고, 창조주요 재판관이신 하나님과의 관계를 회복할 수 있는 가능성도 없다.

그리스도인들이여, 회심한 뒤에도 우리에게는 교만이 남아 있어 하나님을 욕되게 하고, 우리를 혼란에 빠뜨린다. 교만에 사로잡히면 하나님이 죄인들을 어떻게 다루시는지를 생각하기보다 불신자 친구들이 우리를 어떻게 바라보고 있는지를 더 많이 의식하게 된다. 친구들이 우리를 바라보는 관점보다는 하나님이 그리스도를 모르는 그들을 바라보시는 관점을 더 많이 생각하고, 또 그들이 우리를 바라보는 관점을 덜 의식해야만 복음을 열심히 전할 수 있다. 복음을 전하는 일을 더 잘하기를 원하고, 또 복음 전도의 습관이 교회 안에 정착되기를 바란다면 은혜를 전하고, 겸손을 구하라. 겸손은 강력한 영적 능력을 발휘한다.

상황 7: 하나님께 기도하는 히스기야

히스기야는 막강한 앗수르 왕의 위협에 어떻게 반응했을까?

"히스기야가 그 사자들의 손에서 글을 받아 보고 여호와의 전에 올라가서 그 글을 여호와 앞에 펴 놓고 여호와께 기도하여 이르되 그룹 사이에 계신 이스라엘 하나님 만군의 여호와여 주는 천하 만국에 유일하신 하나님이시라 주께서 천지를 만드셨나이다 여호와여 귀를 기울여 들으시옵소서 여호와여 눈을 뜨고 보시옵소서 산헤립이 사람을 보내어 살아 계시는 하나님을 훼방한 모든 말을 들으시옵소서 여호와여 앗수르 왕들이 과연 열국과 그들의 땅을 황폐하게 하였고 그들의 신들을 불에 던졌사오나 그들은 신이 아니라 사람의 손으로 만든 것일 뿐이요 나무와 돌이라 그러므로 멸망을 당하였나이다 우리 하나님 여호와여 이제 우리를 그의 손에서 구원하사 천하만국이 주만이 여호와이신 줄을 알게 하옵소서 하니라"(사 37:14-20).

히스기야는 참으로 놀랍고, 인상적인 표현을 사용해 하나님을 묘사하고 나서 산헤립이 살아 계신 하나님을 모욕한 사실을 언급했다. 그는 산헤립의 말 가운데 사실에 해당하는 내용을 언급하면서 하나님의 구원을 간구했다.

이런 내용이 복음 전도와 무슨 관련이 있을까? 20절을 보면, 히스기야가 하나님의 행동을 촉구한 목적이 분명하게 나타나 있다. "천하 만국이 주만이 여호와이신 줄을 알게 하옵소서."

이것이 이사야서의 요점이요 더 나아가서는 이스라엘 역사의 핵심 주제다. 하나님은 자신에 대한 진실이 널리 알려지기를 원하신다. 20절은 이사야서의 중심부에 기록된 이 놀라운 사건의 목적이 온 세상 사람들(옆집에 사는 이웃에서부터 세상 저 끝에 있는 사람들까지 모두)에게 복음을 전하는 데 있다는 것을 밝히 드러낸다.

여기에서 하나님에 관한 교훈을 발견할 수 있다. 하나님을 잘못 생각하면 세상의 다른 모든 것을 오해할 수밖에 없고, 하나님을 옳게 생각하면 세상의 다른 모든 것을 올바른 관점으로 바라볼 수 있다. 하나님과 그분의 영광에 관한 진리가 모든 것의 초점이다.

상황 8: 유다와 산헤립에 대한 이사야의 예언

하나님은 히스기야의 기도에 어떻게 응답하셨을까?

"아모스의 아들 이사야가 사람을 보내어 히스기야에게 이르되 이스라엘의 하나님 여호와께서 말씀하시되 네가 앗수르의 산헤립 왕의 일로 내게 기도하였도다 하시고 여호와께서 그에 대하여 이같이 이르시되 처녀 딸 시온이 너를 멸시하며 조소하였고 딸 예루살렘이 너를 향하여 머리를 흔들었느니라 네가 훼방하며 능욕한 것은 누구에게냐 네가 소리를 높이며 눈을 높이 들어 향한 것은 누구에게냐 곧 이스라엘의 거룩하신 이에게니라 네가 네 종을 통해서 주를 훼방하여 이르기를 내가 나의 허다한 병거를 거느리고 산들의 꼭대기에 올라가며 레바논의 깊은 곳에 이르렀으니 높은 백향목과 아름다운 향나무를 베고 또 그 제일 높은 곳에 들어가 살진 땅의 수풀에 이를 것이며 내가 우물을 파서 물을 마셨으니 내 발바닥으로 애굽의 모든 하수를 말리리라 하였도다 네가 어찌하여 듣지 못하였느냐 이 일들은 내가 태초부터 행한 바요 상고부터 정한 바로서 이제 내가 이루어 네가 견고한 성읍들을 헐어 돌무더기가 되게 하였노라 그러므로 그 주민들이 힘이 약하여 놀라며 수치를 당하여 들의 풀같이, 푸른 나물같이, 지붕의 풀같이, 자라지 못한 곡초같이 되었느니라 네 거처와 네 출입과 네가 나를 거슬러 분노함을 내가 아노라 네가 나를 거슬러 분노함과 네 오만함이 내 귀에 들렸으므로 내가 갈고리로 네 코를 꿰며 재갈을 네 입에 물려 너를 오던 길로 돌아가게 하리라 하셨나이다 왕이여 이것이 왕에게 징조가 되리니 올해는 스스로 난 것을 먹을 것이요 둘째 해에는 또 거기에서 난 것을 먹을 것이요 셋째 해에는 심고 거두며 포도나무를 심고 그 열매를 먹을 것이니이다 유다 족속 중에 피하여 남은 자는 다시 아래로 뿌리를 박고 위로 열매를 맺으리니 이는 남은 자가 예루살렘에서 나오며 피하는 자가 시온 산에서 나올 것임이라 만군의 여호와의 열심이 이를 이루시리이다 그러므로 여호와께서 앗수르 왕에 대하여 이같이 이르시되 그가 이 성에 이르지 못하며 화살 하나도 이리로 쏘지 못하며 방패를 가지고 성에 가까이 오지도 못하며 흉벽을 쌓고 치지도 못할 것이요 그가 오던 길 곧 그 길로 돌아가고 이 성에 이르지 못하리라 나 여호와의 말이니라 대저 내가 나를 위하여 내 종 다윗을 위하여 이 성을 보호하며 구원하리라 하셨나이다 하니라"(사 37:21-35).

때로 성경 주석학자들은 36장과 37장을 이사야서의 전반부(심판의 선언)와 후반부(희망의 제시)를 연결하는 중심점으로 간주한다. 일리 있는 견해다. 그러나 이 두 장은 거기에서 한 걸음 더 나아가 이사야가 행한 사역의 핵심을 드러낸다.

이사야의 사역은 예언하고, 설명하고, 교훈하고, 준비를 갖추게 하고, 하나님의 약속을 전하는 것이었다. 그런 점에서 이사야서의 나머지 부분, 곧 본문의 전후를 구성하는 부분은 가장 절박한 순간에 하나님이 보여주신 지극히 신실하신 태도를 다루는 핵심 부분을 겹겹이 감싸고 있는 형태를 이룬다.

본문은 아브라함에서부터 요셉을 거쳐 다윗과 히스기야에 이르기까지 자기 백성을 향한 충실함과 사랑을 항상 유지해 오신 하나님을 증언한다. 이런 증언은 예수 그리스도의 삶과 죽음과 부활과 재림의 약속을 통해 하나님의 신실하심이 가장 극명하게 드러나게 될 것을 예고한다.

22-29절은 산헤립의 말에 대한 하나님의 답변이다. 하나님은 히스기야와 유다 백성이 그 말을 듣고 이해하기를 원하셨다. 그분은 22절에서 앗수르 군대가 도망칠 것이라고 암시하셨다. 그분은 23절에서는 참으로 두려운 질문을 제기하셨고, 24절에서는 신성을 모독한 산헤립을

단죄하셨으며, 24, 25절에서는 그의 교만을 비웃으셨다.

하나님의 말씀은 26절에서 절정에 이른다. 하나님은 네일을 걸고, 역사를 올바로 해석한 가르침을 베푸셨다. 산헤립은 스스로가 이룬 것을 자랑했지만, 하나님은 그보다 훨씬 더 큰 역사의 관점을 제시하셨다. 아무리 끔찍한 사건도 더 큰 관점에서 바라보면 사뭇 다르게 보일 수 있다.

예를 들어, 내가 어떤 사람에게 "지난달에 누군가가 당신 아내의 목을 베었습니다."라고 말하면 놀라 까무러칠 테지만, 내가 "그것은 그녀의 생명을 지키기 위한 외과 의사의 처치였습니다."라고 말하면 안도의 한숨을 내쉴 것이 틀림없다. 물론 사탄은 항상 우리의 삶에서 일어나는 모든 사건에 대해 자신의 관점을 주지시키려고 애쓴다.

그리고 나서 하나님은 28절에서 "산헤립아, 나는 네가 어디에 살고 있는지 알고 있다."라는 의미가 담긴 말씀으로 두려움을 불러일으키셨다. 이 말씀이 무슨 뜻인지 이해하지 못할 사람이 있다면, 아마도 교만으로 생각이 어두워진 사람뿐일 것이다.

산헤립이 대적한 신은 한 지역의 우상이 아니었다. 하나님은 29절에서 앗수르 군대가 다른 민족들에게 했던 대로, "갈고리로 네 코를 꿰겠다"라는 무서운 표현을 사용하셨다. 그리고 30절에서는 히스기야에게 농사가 곧 재개될 것이고, 충분한 양식을 얻게 될 것이라는 사랑의 징표를 허락하셨다.

하나님은 예루살렘을 온전하게 보호하실 계획이셨다. 그 이유는 무엇일까? 히스기야와 그의 경건한 기도 때문일까? 그렇지 않다. 하나님은 "나를 위하여 내 종 다윗을 위하여"(35절) 예루살렘을 보호하실 생각이셨다.

여기에서 하나님의 주권과 그분의 뜻에 관한 교훈을 발견할 수 있다. 우리는 위대하지 않지만 하나님은 위대하시다. 오직 하나님만이 주권 자이시고, 오직 그분만이 자신의 목적을 이루실 수 있다.

하나님의 백성은 앗수르가 침공했을 당시에 그런 사실을 분명하게 의식해야 했다. 그들은 포로 귀환이 있은 후에는 물론이고, 바벨론에서 고된 포로 생활을 할 때에도 그런 사실을 기억해야 했다. 하나님의 백성은 오직 하나님만이 주권자이시라는 것을 알아야 하고, 또 이 타락한 세상에서 살면서 그분의 섭리에 의한 시련과 환난을 겪는 와중에도 그분을 끝까지 의지할 수 있다는 것을 알아야 한다. 히스기야가 하나님께는 불가능한 것이 없기에 어떤 상황에서도 절망하지 않을 수 있다는 사실을 깨닫게 된 이유는 그분의 주권을 믿는 믿음이 있었기 때문이다. 하나님은 자신의 말씀처럼 항상 선하시다.

마음의 평화를 누리려면 하나님과 그분의 주권을 믿는 믿음과 그분이 반드시 그 선하신 목적을 이루실 것이라는 확신이 필요하다. 자신의 독생자를 우리를 위해 아낌없이 내주신 하나님을 믿을 수 있는 축복을 허락하신 것에 감사하자.

상황 9: 진멸당하는 앗수르 군대

하나님은 앗수르 군대를 물리치고, 자기 백성을 구원하시겠다고 약속하셨다. 그러면 그 결과는 어땠을까?

"여호와의 사자가 나가서 앗수르 진중에서 십팔만 오천 인을 쳤으므로 아침에 일찍이 일어나 본즉 시체뿐이라 이에 앗수르의 산헤립 왕이 떠나 돌아가서 니느웨에 거주하더니"(사 37:36, 37).

물론 앗수르의 기록에는 이 사건이 전혀 언급되지 않았다. 기록할 수가 없었을 것이다. 그렇지 않겠는가? 그들이 남긴 부조에는 사망한 앗수르 군인이 단 한 사람도 조각되어 있지 않다. 그런 광경은 그들이 과시하려고 했던 강력한 국가의 이미지에 부합하지 않는다. 하나님은 앗수르 군대가 패주할 것이라고 말씀하셨고, 결국 그들은 그렇게 되고 말았다. 하나님은 일찍이 "내가 앗수르를 나의 땅에서 파하며"(사 14:25)라고 약속하셨고, 마침내 그 약속을 실현하셨다.

어떤 사람들은 아무리 앗수르 군대가 잔인한 침략 행위를 저질렀다고 하더라도 하나님이 "십팔만 오천 인"을 죽인 것이 정당한지 궁금해한다. 그러나 성경의 관점에서 보면, "왜 그들이 죽임을 당했는가?"가 아니라 "왜 우리가 모두 살아남았는가?"를 물어야 옳다. 우리의 죄는 하나님의 심판을 받을 수밖에 없다. 그분의 심판은 예기치 않은 순간에 신속히 임할 것이다. 따라서 예수님은 "준비하고 있으라"(눅 12:40 ; 마 24:24)고 당부하셨다.

여기에서 하나님의 긍휼에 관한 교훈을 발견할 수 있다. 하나님은 구원과 심판을 베푸신다. 죄인을 당장 영원한 형벌에 처하지 않는 것은 하나님의 큰 긍휼이 아닐 수 없다.

상황 10: 산헤립의 죽음

이사야서 37장 마지막 구절은 일종의 후기다. 이 사건은 그로부터 약 15년 내지 20년 후에 일어났다.

"자기 신 니스록의 신전에서 경배할 때에 그의 아들 아드람멜렉과 사레셀이 그를 칼로 죽이고 아라랏 땅으로 도망하였으므로 그의 아들 에살핫돈이 이어 왕이 되니라"(38절).

자신이 불멸할 것처럼 말한 자가 살해당했다. 그것도 자신이 어떤 점에서 생명을 주었다고 할 수 있는 몇 안 되는 사람, 곧 그의 아들들의 손에 의해 생을 마감했다. 또한 그는 자기의 신 니스록을 예배할 때 죽음을 맞이했다. 예루살렘의 수호자요 살아 계신 하나님 여호와와는 달리 그의 신은 그를 전혀 보호하지 못했다.

인간의 자랑은 그것으로 끝이었다.

여기에서 인간의 영광에 관한 교훈을 발견할 수 있다. 인간의 영광은 지극히 짧다. 존 웨슬리는 법복을 갖춰 입는 잉글랜드 왕을 지켜보고 나서 인간의 영광을 아래와 같이 묘사했다.

나는 왕이 법복을 갖춰 입을 때 상원에 인접한 의복실에 있었다. 이마의 주름살은 나이가 든 탓에 깊이 파였고, 깊은 수색이 감돌았다. 이것이 세상이 왕에게 줄 수 있는 모든 것일까? 이것이 세상이 제공할 수 있는 모든 웅장함일까? 그의 어깨를 두른 족제비 털은 너무 무겁고 거추장스러워 몸을 제대로 움직일 수조차 없어 보였다. 또한 그의 머리 위에는 금붙이와 반짝이는 보석 몇 개가 장식된 거대한 가발이 올리어져 있었다. 아아, 인간의 위대함이란 얼마나 시시하고 하찮은가! 그것은 영원하지 못하다.[1]

인간의 영광은 스스로가 자랑하는 것과는 판이하다. 솔직히 말해 그것은 거짓이요 속임수다. 미국 미식축구리그 출신의 선수들 가운데 50퍼센트가 은퇴한 지 3년 안에 이혼과 파산을 경험하고, 실직자로 전락한다는 것을 알고 있는가? 내가 있는 워싱턴에 와서 도시 곳곳에 흩어져 있는 동상들을 둘러보고 그들 가운데 과연 몇 사람을 알아볼 수 있는지 살펴보라.

그런데도 여전히 수많은 사람이 결코 만족을 줄 수 없는 것을 찾기 위해 워싱턴에 온다. 그런 것은 설혹 손에 쥐었다고 해도 찰나에 불과할 뿐이다. 내가 '캐피톨 힐 침례교회'에 처음 왔을 때 우리 교회 교인 가운데 상원에서 가장 강력한 힘을 지닌 사람이 있었다.

몇 년 전에 교인들에게 물어보니 그에 관한 소문을 들었다는 사람들은 나이가 많은 교인들뿐이었다. 상원의원이었던 그가 많은 존경을 받으며 명성을 떨쳤던 의회에서 일하는 젊은 사람들조차도 그가 누구인지 알지 못했다.

친구들이여, 인생을 어디에 투자할 것인가?

---

1) 존 웨슬리가 1755년 12월 23일 화요일 일기에 기록한 내용이다. 다음 자료에서 인용했다. David Poling, ed., *Inspiration Three* (New Canaan, CT: Keats Publishing, Inc., 1973) 119.

성경에 따르면, 우리는 모두 '앗수르 사람'으로 태어났다. 영적으로 말해 그렇다는 뜻이다. 우리는 본성적으로 하나님을 거부한다. 하나님을 대적하는 우리의 삶이 잠시 번영을 누리는 것처럼 보여도 언젠가는 반드시 그분의 심판을 받게 될 것이다. 그러나 앗수르 사람인 우리가 변해 하나님의 특별한 백성으로 받아들여진다면 구원을 받게 될 것이다.

동료 목회자들이여, 하나님이 그런 구원을 베푸는 데 능하시다는 사실을 잘 알 것이다. 하나님은 때로 우리의 이목을 사로잡아 우리를 유혹하는 모든 우상들을 제거하신다. 그분은 서랍을 거꾸로 뒤집어 그 안에 있는 것을 모조리 쏟아내듯 우리의 삶을 온전히 비우게 만들어 오직 자기만을 의지하게 하신다.

하나님이 구원을 베푸실 리가 없다고 생각하며 절망하는 순간, 그분은 우리를 구원하신다. "내가 이 반석 위에 내 교회를 세우리니 음부의 권세가 이기지 못하리라"(마 16:18)는 예수님의 약속을 기억하라.

복음을 믿고, 전하는 것 때문에 나이지리아에서처럼 살해를 당하고, 중동 지역에서처럼 감옥에 갇히고, 미국에서처럼 사람들의 조롱거리가 되거나 직업을 잃거나 심지어는 경제적인 불이익을 당하는 일이 있더라도 그리스도의 약속은 결코 변하지 않는다. 그 어떤 고난도 그분의 약속을 깨뜨릴 수는 없다.

우리의 사역이 헛될 것이라고 걱정할 필요는 전혀 없다. 우리는 우리의 복음 전도가 하나님의 모든 뜻 가운데서 가장 확실한 결실을 맺게 될 것이라는 확신으로 예수님의 사역에 동참함으로써 그분의 교회를 건설하는 데 이바지할 수 있다.

동료 목회자들이여, 우리는 그리스도의 교회를 이끌어 그분의 영광을 만민에게 전하는 영예를 누린다. 참으로 놀라운 특권이요, 크나큰 기쁨이 아닐 수 없다.

CAHPTER. 6

무너드릴 수 없는
성경의 최고 권위

—

케빈 드영

이번 장의 제목은 '므너뜨릴 수 없는 성경의 최고 권위'이다. 이 중요한 개념들 가운데 어느 한 가지만 보더라도 충분히 깊고, 심원한 의미가 있다. 그러나 나는 단지 이 개념들을 구성하는 개개의 요소가 얼마나 중요한지를 이해하는 것만이 아니라 그것들을 모두 합쳐놓은 주제가 또한 얼마나 중요한지를 생각해 보라고 권하그 싶다.[1]

자신 있게 복음을 전하고, 권위 있게 말씀을 전하려면, 우리가 선포하는 메시지와 우리가 강해하는 성경이 모두 사실이라는 확신이 필요하다. 우리가 세상에 전해야 하는 것은 모두 진리요 은혜다. 후자가 없으면 전자도 없다. 진리를 축소함으로써 은혜를 더 크게 확대할 수 있

---

1) 이번 장에서 논의되는 성경 본문이나 주제들은 다음 책에서 좀 더 자세히 논의한 바 있다. Kevin DeYoung, *Taking God at His Word: Why the Bible Is Knowable, Necessary, and Enough, and What That Means for You and Me* (Wheaton, IL: Crossway, 2014). 특히 95-110쪽을 살펴보라. 때로 특별한 문장이나 몇 개의 단락은 이 책에서 발췌하 인용했다.

다고 생각하면, 사람들을 그 두 가지에 모두 무지하게 만드는 결과가 발생한다.

자녀들에게 세상의 창조, 노아의 홍수, 모세와 홍해의 기적, 예수님이 물 위를 걸으시고, 귀신들을 내쫓으시고, 다시 부활하신 사건을 가르칠 때나 회의적인 이웃에게 믿음을 전할 때나 성경을 펼쳐 들고 영적으로 굶주린 소그룹을 인도할 때나 해마다 강단에서 하나님의 말씀을 한 구절씩 강해할 때는 항상 다른 무엇보다도 "나는 지금 진리를 전하고 있는가?"라는 질문을 생각해야 한다. 말씀을 전하고, 가르치고, 성경 공부를 인도할 때마다 우리는 "나는 지금 진리를 전하고 있는가?"라는 질문을 생각해야 한다.

진리를 전하거나 들을 때

그리 오래 되지 않은 일이다. 어느 날 우리 집 첫째와 둘째 아들이 눈이 잔뜩 더럽혀진 몰골을 하고 서로 약간의 실랑이를 벌이며 집으로 들어왔다. 막 일을 마치고 집에 돌아온 내게, 아내는 상황을 설명했다.

"너무 속상해요. 얘들과 대화를 좀 나눠야 할 것 같아요. 이안과 제이콥이 밖에서 친구들과 어울려 놀았는데 지금 제이콥이 울고 있어요. 얼굴 한쪽이 빨갛게 타박상을 입었어요. 이안이 눈덩이로 제이콥의 얼굴을 때렸어요." 아내가 말했다.

"알았소. 이안과 대화를 나누었소? 녀석이 뭐라고 합디까?" 나는 냉정을 유지하려고 애썼다.

"이안은 자기가 그렇게 하지 않았다고 주장해요. 제이콥이 먼저 눈을 한줌 움켜쥐어 자기 얼굴에 비비기 시작했고, 그 때문에 얼굴이 붉게 얼어붙어 타박상을 입은 것처럼 보인다고 말하더군요. 너무 속상해요. 왜 진실을 말하지 않는 것일까요?"

나는 당시 열 살이었던 맏아들 이안에게 무슨 일이 있었느냐고 물었다. 녀석은 내가 전해들은 대로 여덟 살 된 자기 동생이 눈을 스스로 얼굴에 비볐다고 말했다. 나는 "정말이냐? 믿기 어렵구나. 밖에서 눈덩이를 던지지 않았다는 말이냐?"라고 말했다. 그러자 이안은 어색한 말투로 "눈덩이를 하나 던졌는지도 모르겠는데요, 제이콥에게 던지지는 않았어요. 아마도 내가 던진 눈덩이가 나무에 맞고 튀어나와 걔를 맞추었나봐요."라고 말했다.

나는 실망했다. 얼토당토않은 대답이었다. 눈덩이는 나무에 맞고 튀지 않는다. 나는 이안이 진실을 말해주기를 원했다. 나는 속으로 '오늘 저녁에 가족 예배를 드릴 때 요한일서 1장을 읽어야겠군.' 하는 생각이 들었다.

그 생각대로 나는 "만일 우리가 우리 죄를 자백하면 그는 미쁘시고 의로우사 우리 죄를 사하시며 으리를 모든 불의에서 깨끗하게 하실 것이요 만일 우리가 범죄하지 아니하였다 하면 하나님을 거짓말하는 이로 만드는 것이니 또한 그의 말씀이 우리 속에 있지 아니하니라"(9, 10절)라는 말씀을 읽었다.

우리는 죄와 죄의 거짓됨과 죄를 숨기기 위한 거짓말어 대해 대화를 나누었다. 또한 우리는 진실을 말하는 것의 중요성과 죄를 고백해야만 그리스도 안에서 용서를 받을 수 있다는 사실에 관해 대화를 나누었다.

그러고 나서 탁자에 둘러앉은 가족들에게 용서받고 싶은 죄를 고백하라고 요구했다. 어린 동생들의 차례가 다 끝나고 이안의 차례가 되었다.

"이안, 고백하고 싶은 것이 없니?" 내가 물었다.

"제이콥이 다쳐서 엄마가 화가 났을 때 올바르게 행동하지 못한 것 같아요."

"좋다. 그러면 고백하고 싶은 것이 또 있니?"

"아뇨."

나는 한숨을 약간 내쉬며 제이콥에게로 눈을 돌려 "너는 할 말이 없니?"라고 물었다. 바로 그 순간, 여덟 살 된 제이콥이 울음을 터뜨리면서 "내가 눈을 집어 들어 내 얼굴에 문질렀어요."라고 털어놓았다. 아내와 나는 웃어야 할지 울어야 할지 몰랐다. 나는 얼른 제이콥에게 다가가서 크게 안아주면서 실제로 일어난 일을 모두에게 말해주어 자랑스럽다고 말했다. 또 우리는 이안에게 믿어주지 못해서 미안하다고 말했다. 때로는 무엇을 믿어야 할지 알기 어려울 때가 있다. 가장 이상한 이야기가 가장 진실한 이야기일 때가 있다. 때로 우리는 우리 자신의 육감을 신뢰할 수 없을 때가 있다. 따라서 우리는 진실에 주의 깊게 귀를 기울여야 한다.

그 이유는 진실을 모르면 아무것도 모를 수밖에 없기 때문이다. 물론 그리스도인들이 진리를 독점하고 있다는 말은 아니다. 전혀 그렇지 않다. 우리는 우리가 알고 있는 모든 진리를 온 세상에 공개해 누구나 원하면 알 수 있게 해주고 싶다. 우리가 진리를 알기를 원하는 이유는 모두와 공유하기 위해서다.

그러나 만일 성경을 신뢰할 수 없다면 어떻게 진리를 알 수 있겠는가? 정치인을 신뢰해야 할지 말아야 할지 의심할 수도 있고, 인터넷에 게재된 것을 믿지 않을 수도 있다. 심지어는 우리 자신을 신뢰하지 못할 수도 있다. 그러나 성경은 항상 신뢰할 수 있다. 우리는 성경의 모든 내용, 그 모든 구절을 하나도 빠짐없이 항상 신뢰할 수 있다.

예수님이 믿고 따랐던 성경

이번 장에서, 내가 말하려는 요점은 간단하다. 예수님이 성경을 어떻게 믿으셨는지를 살펴보고, 우리는 성경을 어떻게 믿어야 할지를 파악하는 데 나의 목적이 있다. 나는 이를 위해 복음서에 기록된 성경 본문 네 곳을 하나씩 살펴보고 싶다. 먼저 요한복음 10장 31-38절에서부터 시작해 보자.

"유대인들이 다시 돌을 들어 치려 하거늘 예수께서 대답하시되 내가 아버지로 말미암아 여러 가지 선한 일로 너희에게 보였거늘 그 중에 어떤 일로 나를 돌로 치려 하느냐 유대인들이 대답하되 선한 일로 말미암아 우리가 너를 돌로 치려는 것이 아니라 신성모독으로 인함이니 네가 사람이 되어 자칭 하나님이라 함이로라 예수께서 이르시되 너희 율법에 기록된 바 내가 너희를 신이라 하였노라 하지 아니하였느냐 성경은 폐하지 못하나니 하나님의 말씀을 받은 사람들을 신이라 하셨거든 하물며 아버지께서 거룩하게 하사 세상에 보내신 자가 나는 하나님의 아들이라 하는 것으로 너희가 어찌 신성모독이라 하느냐 만일 내가 내 아버지의 일을 행하지 아니하거든 나를 믿지 말려니와 내가 행하거든 나를 믿지 아니할지라도 그 일은 믿으라 그러면 너희가 아버지께서 내 안에 계시고 내가 아버지 안에 있음을 깨달아 알리라 하시니."

유대인들이 예수님을 돌로 치려 했던 이유는 "나와 아버지는 하나이니라"(30절)라고 선언하셨기 때문이다. 당시의 군중은 오늘날 일부 현대 학자들이 이해하기를 거부하는 것을 분명하게 이해했다. 그들은 예수님이 스스로를 하나님으로 믿으셨다고 이해했다. 그것이 그들을 분노하게 만들었고, 예수님이 그들에게 성경의 증언을 일깨워 주신 계기가 되었다.

특히 예수님은 시편 82편을 인용하셨다. 시편 82편은 그렇게 널리 알려지지 않은 시편으로 거기에는 뜻이 명료하지 않은 구절이 포함되어 있다. 바야흐로 이 구절은 이제 매우 중요한 목적을 수행할 예정이다.

예수님이 말씀하신 것을 이해하려면 시편 82편 전체를 먼저 이해해야 할 필요가 있다.

"(아삽의 시) 하나님은 신들의 모임 가운데에 서시며 하나님은 그들 가운데에서 재판하시느니라 너희가 불공평한 판단을 하며 악인의 낯 보기를 언제까지 하려느냐(셀라) 가난한 자와 고아를 위하여 판단하며 곤란한 자와 빈궁한 자에게 공의를 베풀지며 가난한 자와 궁핍한 자를 구원하여 악인들의 손에서 건질지니라 하시는도다 그들은 알지도 못하고 깨닫지도 못하여 흑암 중에 왕래하니 땅의 모든 터가 흔들리도다 내가 말하기를 너희는 신들이며 다 지존자의 아들들이라 하였으나 그러나 너희는 사람처럼 죽으며 고관의 하나같이 넘어지리로다 하나님이여 일어나사 세상을 심판하소서 모든 나라가 주의 소유이기 때문이니이다."

약간 이상하게 느껴지는 시편이다. 게다가 예수님은 그 중에서도 매우 이상하게 보이는 구절을 하나 인용하셨다. 그것은 "내가 말하기를 너희는 신들이며"라는 구절이었다.

"신들"로 번역된 히브리어는 '엘로힘'이다. 이 용어는 대개 하나님을 뜻하지만, 일반적인 신들을 의미할 수도 있다. 시편 저자는 신적 존재를 염두에 두고 말하지 않았다. 그는 왕이나 재판관, 또는 나라의 고관을 염두에 두었다. 예수님은 이 하나의 시편을 근거로 자신의 신성을 입증하려고 하지 않고, 유대인들의 가식을 깨우쳐 주는 데 초점을 맞추셨다.

예수님의 말씀은 "보라, 너희는 내가 하나님의 아들이라고 말한 것을 두고, '하나님'이라는 용어 자체를 꼬투리 잡는구나. 그러나 너희가 소유하고 있는 율법이 군주들과 사악한 통치자들을 '신들'로 일컬은 것을 기억하지 못하느냐?"라는 의미를 담고 있다. 물론 예수님은 그런 통치자들을 신적 존재로 간주하지 않으셨다. 그러나 그들의 신분은 하나님이 정해 주신 것이다. 그들은 하나님이 주신 권위를 행사했다. 만일 그들이 "신들"로 불릴 수 있다면, 그리스도께서 그렇게 불리지 못하실 이유가 무엇인가?

시편 82편에 시간을 할애해 예수님의 논지를 파악하려고 노력하는 이유는 "성경은 폐하지 못하나니"라는 10장 35절을 이해하기 위해서다. 예수님이 이 말씀을 마치 여담처럼 언급하신 이유는, 그것이 논쟁의 여지가 없는 사실임을 알고 계셨기 때문이다. 그것은 예수님과 그분을 대적하는 유대인들의 공통분모였다. 그들은 그리스도의 신성에는 의문을 제기했지만, 성경의 진정성을 부인하지는 않았다. 예수님이 하시는 일은 참으로 놀라웠다. 하나님의 거룩한 아들이신 예수님은 이상하게 보이는 시편에서 구절 하나를 인용하고, 또 거기에 포함된 단 한 개의 단어를 근거로 주저함 없이 자신의 요점을 밝히셨다.

그분은 출애굽기나 이사야서의 종의 노래와 같은 위대한 성경 구절을 인용하지 않으셨다. 예수님은 심지어 이 시편이나 이 구절이나 이 단어가 권위가 있다는 것을 굳이 입증하려고 애쓰지도 않으셨다. 그것들의 권위는 명백했다. 왜냐하면 성경의 일부이기 때문이다.

한 주석학자는 "어떤 문장이나 문구나 구절이 무오하다는 것을 입증하기 위해서는 유대인들이 성경으로 일컬은 책에 포함되어 있다는 사실을 거론하는 것만으로 충분했다."라고 말했다.[2]

예수님은 성경을 폐하지 못한다고 말씀하셨다. 여기에 사용된 헬라어 동사 '루오'는 예수님이 성경의 일점일획을 없애거나 취소하거나 무효화시키거나 무시하는 행위에 대해 엄중히 경고하신 마태복음 5장 18, 19절에 사용된 동사와 동일하다(이 구절은 잠시 뒤에 살펴볼 예정이다). 예수님께 성경은 용어 하나도 거짓일 수 없었다. 성경의 약속이나 경고 가운데 성취되지 않을 것은 아무것도 없고, 성경의 진술 가운데 오류가 발견되는 것은 어디에도 없다.

---

[2] Robert Watts, *The Rule of Faith and the Doctrine of Inspiration: The Carey Lectures for 1884* (London: Hodder and Stoughton, 1885), 139.

성경이 틀릴 수 없는 이유는 하나님의 말씀이기 때문이다. 누가 감히 전능하신 하나님이 기록하라고 명령하신 말씀이 오류가 있거나 틀리거나 잘못되었다고 말할 수 있겠는가? 그런 주장은 예수님께는 올바른 깨달음이 아닌 신성모독에 불과했다. 성경이 하나님이 직접 하신 말씀이라면 어떻게 틀릴 수 있겠는가?

아울러 예수님은 성경이 틀릴 수 없을 뿐 아니라 이해 가능하다고 생각하셨다. 우리도 그런 사실을 직관적으로는 잘 알고 있지만, 거기에 함축된 의미는 이해하지 못할 때가 많다.

예수님은 구약 성경이 자신의 주장을 입증하는 강력한 증거라고 생각하시고, 종종 구약 성경의 구절들을 인용하셨다. 그분은 구약 성경에 권위가 있을 뿐 아니라 식별 가능하고, 또 서로 공유할 수 있는 의미가 담겨 있다고 생각하셨다. 그분은 구약 성경을 자신의 가르침을 입증하는 증거로 자주 인용하셨고, 하나님의 말씀에 복종하지 않는다는 이유로 유대인들을 엄히 꾸짖으셨다.

예수님은 "너희가 읽지 못하였느냐"라고 여섯 차례나 말씀하셨다. 그런 말씀에는 그들이 성경을 알았더라면 지금과 같은 잘못을 저지르지 않았을 것이라는 의미가 담겨져 있었다. 그와 마찬가지로 사도들도 구약 성경을 인용했고, 그것을 토대로 논리를 전개했으며, 구약 성경을 암시하는 내용을 전했다. 그 모든 사실은 구약 성경의 본문이 진실을 말하고 있고, 그들이 전하는 진리가 이해 가능하다는 것을 전제한다. 이른바 '독자 반응 이른'은 예수님의 귀에는 매우 생소하게 들릴 것이 틀림없다. 예수님은 성경을 진정으로 이해하려면 성령의 조명이 필요하다는 것을 알고 계셨지만, 심지어는 자신의 적대자들조차도 하나님의 말씀을 어느 정도 이해할 수 있다고 믿으셨다.

여섯 명의 맹인과 코끼리에 관한 우화를 알고 있는가? 여섯 명의 맹인이 아무것도 보이지 않는 상태에서 손에 느껴지는 감촉으로만 사물이 무엇인지를 말한다. 코끼리의 몸통을 만진 사람은 벽이라고 말하고, 꼬리를 만진 사람은 끈이라고 말하고, 귀를 만진 사람은 부채라고 말한다.

우화의 요점은 종교를 둘러싸고 그런 일들이 벌어지고 있다는 것이다. 우리는 하나님을 안다고 생각하지만, 어둠 속에서 단지 그렇다고 느낄 뿐이다. 그러면서도 우리는 우리가 경험한 진리의 일부분만을 가지고 마치 전체를 알고 있는 양 거드름을 피운다. 우리는 저마다의 이론과 해석과 개념을 내세우지만, 결국에는 코끼리를 볼 수 없는 맹인이나 다름없다.

훌륭한 비유이지만, 이 우화는 두 가지 큰 문제점을 안고 있다. 하나는 이 우화가 전지한 능력을 지닌 존재의 관점에서 구성되었다는 것이다. 전체적인 상황을 모두 알고 있는 사람, 곧 코끼리가 실제로 코끼리이고, 사람들이 실제로 맹인이라는 사실을 알고 있는 누군가가 전제되어 있다. 이 우화는 절대 진리를 인정하지 않는 한, 아무런 의미가 없다.

다른 하나는 만일 코끼리가 말을 할 줄 안다면 비유가 무용지물이 된다는 것이다. 이야기의 코끼리는 아무 말도 하지 않는다. 맹인들이 촉감에 의존해 추측하는 동안, 코끼리는 그 자리에 묵묵히 서 있다. 그러나 코끼리가 "이봐요, 나는 부채도 아니고, 벽도 아니고, 끈도 아니에요. 나는 코끼리예요."라고 말을 한다면 어떻게 될까? 그러면 어떤 일이 벌어질까? 그런 현상을 역설이라고 말해야 할까, 미지의 구름과 같은 신비로 간주해야 할까? 아니면 이 새로운 소리의 정체를 이해하기 위해 콘퍼런스를 개최해야 할까? 만일 코끼리가 말을 한다면, 정교한 인식론에 관한 우리의 모든 논의는 겸손함이 아닌 귀가 어두운 증거일 뿐이다.

요한복음 10장에서 발견되는 예수님은 성경을 전적으로 신뢰하셨을 뿐 아니라 성경이 인간이 이해할 수 있고, 또 받아들여야 할 진리를 전한다고 확신하셨다.

바리새적인 율법주의인가, 그리스도를 닮은 충실함인가

예수님의 성경관을 보여주는 두 번째 본문은 마태복음 5장 17-19절이다. 예수님은 요한복음 10장에서 성경은 폐하지 못한다고 말씀하셨고, 산상설교에 포함되어 있는 유명한 성경 본문을 통해서도 그와 비슷한 가르침을 전하셨다.

"내가 율법이나 선지자를 폐하러 온 줄로 생각하지 말라 폐하러 온 것이 아니요 완전하게 하려 함이라 진실로 너희에게 이르노니 천지가 없어지기 전에는 율법의 일점일획도 결코 없어지지 아니하고 다 이루리라 그러므로 누구든지 이 계명 중의 지극히 작은 것 하나라도 버리고 또 그같이 사람을 가르치는 자는 천국에서 지극히 작다 일컬음을 받을 것이요 누구든지 이를 행하며 가르치는 자는 천국에서 크다 일컬음을 받으리라."

처음부터 주목해야 할 중요한 사실은 예수님이 케리그마적인 사건 이상의 것을 언급하셨다는 것이다. 신정통주의자들은 하나님의 말씀은 권위가 있지만, 그것은 설교나 복음 선포가 이루어지는 순간에 성령을 통해 깨닫는 말씀을 가리킨다고 주장한다. 신정통주의자들은 기록된 성경의 권위를 인정하지 않으려고 애쓴다.

그러나 예수님은 기록된 성경을 염두에 두고 말씀하신 것이 분명하다. 그렇게 확신할 수 있는 이유는 예수님이 히브리어 알파벳 가운데 가장 작은 문자인 '요드'(ㄱ)와 붓으로 쓴 가장 작은 획을 언급하셨기 때문이다. 그분은 성경의 가장 작은 글자나 가장 작은 표시 하나도 폐하려고 오지 않으셨다.

산상설교 전체는 물론, 특히 5장을 통해 예수님은 성경의 가장 진실하고, 온전한 의미를 강조하셨다. 그분은 서기관들과 바리새인들의 그릇된 관습을 질타하셨고, 심지어는 성경에 대한 그들의 해석을 옳게 교정해 주기까지 하셨다. 그분은 인간의 전통이나 스스로를 의롭게 하기 위한 궤변에 의해 하나님의 말씀이 훼손되는 것을 결코 용납하지 않으셨다.

성경의 일점일획이 모두 사실이고, 폐할 수 없는 것이기에 우리의 삶에 온전히 적용되어야 한다. 도널드 맥클리어드는 이렇게 말했다.

"일점일획까지 성경에 충실하겠다는 예수님의 입장은 율법적인 것도 아니고 변명을 둘러대기 위한 것도 아니었다. …율법의 일점일획이 성취된다는 것은 살인은 물론 분노를, 음행은 물론 정욕을, 거짓 맹세는 물론 욕설을 자제해야 한다는 것을 의미한다. 그것은 다른 쪽 뺨을 돌려대고, 오 리를 더 가주고, 자선을 베풀 때 나팔을 불지 않는 것을 뜻

한다."³⁾

예수님이 마태복음 23장 23절에서 무슨 말씀을 하셨는지 기억하는가? 그분은 서기관들과 바리새인들의 위선을 엄히 책망하셨다. 그분은 그들에게 저주를 선언하시면서 그들이 양념으로 쓰는 작은 식물까지 십일조를 드리면서도 정작 정의, 긍휼, 충실함과 같이 율법의 더 중요한 문제는 소홀히 했다고 비판하셨다. 예수님이 당연히 하셔야 할 말씀처럼 들릴 테지만, 그분이 말하려는 요점을 간과하지 않도록 주의해야 한다. 예수님은 "이것도 행하고 저것도 버리지 말아야 할지니라"(눅 11:42)라고 말씀하셨다.

예수님은 율법의 세세한 부분을 지키는 것을 율법주의로 생각하지 않으셨다. 그분은 중대한 내용이나 가장 큰 계명에만 관심을 기울이지 않으셨다. 그분은 율법의 정신은 물론, 그 문자에까지 복종하기를 원하셨다.

물론 당시는 모세 시대의 율법을 그리스도 안에서 온전히 성취할 구원사적 사건들이 바로 눈 앞에서 진행되고 있었다. 율법에 대한 복종은 그리스도의 강림으로 인해 새롭게 변화되었다. 그러나 그분의 강림은 성경을 아무렇게나 다루어도 된다는 의미와는 거리가 멀었다. 예수님은 성경의 모든 내용에 능통하셨고, 성경 전체를 진실하고, 권위 있고, 무시해서는 안 될 것으로 똑같이 취급하셨다.

---

3) Donald Macleod, "Jesus and Scripture," *The Trustworthiness of God: Perspective on the Nature of Scripture*, eds. Paul Helm and Carl Trueman (Grand Rapids, MI: Eerdmans, 2002), 73.

역사적인 사실들

이번에는 마태복음 5장에서 몇 장을 더 넘겨 마태복음 12장 38-42절을 살펴보자. 이것은 내가 살펴보기를 원했던 네 개의 본문 가운데 세 번째 본문이다.

"그때에 서기관과 바리새인 중 몇 사람이 말하되 선생님이여 우리에게 표적 보여주시기를 원하나이다 예수께서 대답하여 이르시되 악하고 음란한 세대가 표적을 구하나 선지자 요나의 표적밖에는 보일 표적이 없느니라 요나가 밤낮 사흘 동안 큰 물고기 뱃속에 있었던 것같이 인자도 밤낮 사흘 동안 땅 속에 있으리라 심판 때에 니느웨 사람들이 일어나 이 세대 사람을 정죄하리니 이는 그들이 요나의 전도를 듣고 회개하였음이거니와 요나보다 더 큰 이가 여기 있으며 심판 때에 남방 여왕이 일어나 이 세대 사람을 정죄하리니 이는 그가 솔로몬의 지혜로운 말을 들으려고 땅 끝에서 왔음이거니와 솔로몬보다 더 큰 이가 여기 있느니라."

예수님은 성경의 역사를 항상 사실로 받아들이셨다. 그분은 아벨, 노아, 아브라함, 소돔과 고모라, 이삭, 야곱, 광야의 만나, 광야의 뱀, 모세, 다윗, 솔로몬, 스바 여왕, 엘리야, 엘리사, 사렙다 과부, 나아만, 요나, 스가랴를 언급하면서, 그 어떤 내용이나 그 어떤 기적이나 그 어떤 역사적인 주장도 의심한 적이 없으셨다.

어떤 사람들은 요나에 관한 이야기를 납득하기 어려워한다. 그들은

"보라, 이것은 분명히 이스라엘의 민간전승을 암시하는 내용이다. 예수님은 실제 인물이 실제 물고기의 뱃속에서 살았다고 생각하지 않으셨다. 그분은 마치 우리가 아슬란이 돌 제단을 깨뜨린 일이나 모르도르의 오크들을 언급하는 것처럼 그런 이야기를 언급하셨을 뿐이다. 예수님은 구약 성경의 이야기들을 인정하셨지만, 그렇다고 해서 그것을 실제 역사로 생각하신 것은 아니다."라는 식으로 말한다.

그런 주장은 세부 내용을 좀 더 찬찬히 살펴보기 전까지는 제법 그럴싸하게 들린다. 예수님은 위의 본문에서 명백한 역사적 인물인 스바 여왕을 언급하셨다. 또한 니느웨 사람들이 마지막 날에 일어나 가버나움 사람들을 심판할 것이라고 말씀하셨다.

만일 요나에 관한 이야기의 역사적 정확성이 고작 폴 버니언과 그의 푸른 소 베이브처럼 전설 속에 나오는 이야기 정도에 불과하다면, 어떻게 그런 일이 가능하겠는가? 예수님은 실제적인 니느웨의 백성에 관해 말씀하신 것이 틀림없다.

만일 내가 무서운 경고를 한다는 취지로 회개하지 않으면 반지의 제왕에 나오는 곤도르 사람들이 일어나 심판할 것이라고 말한다면 듣기에는 그럴듯할지 몰라도 그것을 심판의 위협으로 진지하게 받아들일 사람은 아무도 없을 것이다. 왜냐하면 곤도르 사람들은 실제로 존재하지 않기 때문이다.

T. T. 퍼론은 예수님이 요나의 이야기를 언급하신 것과 관련해 좋은 질문을 한 가지 제기했다. 그는 "과연 예수님이 상상 속의 선지자가 전한 설교를 듣고 상상으로 죄를 뉘우친 상상 속의 사람들이 마지막 날에 자기 앞에 서있는 실제적인 사람들이 회개하지 않은 것을 단죄할 것이

라고 말씀하셨다고 생각해야 옳을까?"라고 물었다.[4] 예수님이 요나의 이야기와 관련된 그 놀랍고, 기적적인 사건들을 모두 실제로 일어난 것으로 믿으셨다고 결론짓는 것이 더 낫지 않겠는가?

예수님이 구약 성경을 사실 그대로 인정하신 것이 옳다면, 엄청난 양의 현대적인 성경 비평은 모두 잘못된 것임이 틀림없다. 지난 150년에서 200년 동안, 수많은 현대 학자들이 구약 성경이 겉으로 보이는 것과 크게 다르다고 주장해 왔다. 즉 성경의 처음 다섯 권은 모세가 기록한 것이 아니라 다양한 자료를 정교하게 혼합시켜 만들어낸 것이라고 한다. 그 가운데는 모세의 시대보다 천 년이나 지난 시대에 속한 자료들도 있다는 것이다.

"이사야서도 이사야가 혼자 다 기록한 것이 아니다. 이사야서의 저자는 두 사람, 또는 세 사람일 수 있다. 그들의 놀라운 예언들은 실제로 예언이 아니라 사건들이 일어나고 난 후에 기록된 것이다."

만일 이런 주장을 하는 자유주의 학자들이 옳다면, 교회는 2천 년 동안 이스라엘의 역사를 잘못 이해한 것이 된다. 그들은 이스라엘의 역사가 유일하고 참되신 하나님께 충실하고, 그분의 율법에 복종하기 위한 수세기 동안의 고된 갈등의 역사가 아니라 일종의 점진적인 발전의 과정을 묘사하고 있다고 주장한다. 이스라엘이 정령숭배에서 다신교와 단일신교(많은 신들 중에서 한 신을 믿는 종교)를 거쳐 유일신교로 발전했고, 마침내 제사장적인 율법 제도를 구축하기에 이르렀다는 것이 그들의 지론이다. 출애굽 당시에 기록되었다고 주장되는 책들도 에스겔서보다

---

[4] 다음 자료에서 인용했다. John Wenham, *Christ and the Bible*, 3rd ed. (Eugene, OR: Wipf and Stock, 2009), 20.

늦게 기록되었고, 율법이 수여된 뒤에 기록되었다고 믿었던 사무엘상도 실제로는 율법이 주어지기 전의 이스라엘 역사를 기록하고 있다. 오경은 이스라엘 민족의 삶을 지탱하는 근간이 아니라 이스라엘의 황금시대가 다 지나고 난 뒤에 기록된 것이다.

수많은 현대 학자들이 이런 주장을 기정사실로 여기고 있다. 그러나 이 모든 것은 히브리 성경을 다루었던 예수님의 방식과 태도와는 너무나도 큰 괴리가 있다.

예수님은 이스라엘 민족이 오랜 역사를 거치면서 하나님의 인도를 받아왔다고 믿으셨다. 그분은 모세가 이스라엘 백성이 믿고 따라야 할 국가적인 언약을 제시했고, 오경은 이스라엘 역사의 초기에 주어졌으며, 선지자들은 이스라엘의 실패를 꾸짖으며 그들을 새롭게 회복시키려고 했다고 믿으셨다.

만일 역사수정주의의 견해가 옳다면, 예수님이 이 모든 것을 믿으신 것은 엄청난 잘못이 아닐 수 없다. 구(舊)프린스턴 학파가 새롭게 창안했다고 주장되는 성경 무오성의 교리를 지지할 의도로 이런 말을 하는 것은 아니다. 자유주의 학설이 모두 옳다면, 우리는 단지 하지나 워필드를 잃는 데 그치지 않고, 예수님을 잃게 된다. 왜냐하면 예수님은 레위기가 도덕적인 유일신론을 부정했다고 믿지 않으셨기 때문이다. 그분은 모세 오경이 편집되었다는 것도 알지 못하셨고, 이스라엘 역사를 그릇 해석하지도 않으셨기 때문이다. '하나님의 아들'은 로물루스와 레무스의 신화와는 달리 민족 신화에 의해 만들어진 개념이 아니었다.[5]

---

5) 이런 내용 가운데 대부분은 다음 자료에서 인용했다. Macleod, "Jesus and Scripture," 91, 95.

차라리 예수님이 19세기 독일 학자들보다 유대인의 역사를 더 잘 알고 계셨다고 생각하는 것이 더 낫지 않겠는가? 예수님의 편에 서서 역사와 연대에 관한 그분의 솔직한 이해와 영감에 대한 그분의 고견을 받아들이는 편이 더 안전하지 않겠는가? 예수님은 성경이 폐하지 않으며, 그 일점일획이 모두 하나님으로부터 비롯했다고 믿으셨을 뿐 아니라 연대도 모두 사실이고, 역사도 모두 진실이며, 성경의 저자들도 유대인들이 인정했던 저자들과 동일하다고 믿으셨다.

  헬라인과 로마인들은 많은 신화를 믿었다. 그들은 헤라클레스가 실제로 제우스의 사생아인지에 대해 특별한 관심을 기울이지 않았다. 그것은 세상을 설명하기 위해 꾸며낸 이야기, 즉 우화에 불과했다. 기독교와 유대교의 경우는 그런 것과는 사뭇 다르다. 역사는 유대-기독교의 세계관에서 매우 중요하게 간주된다.

  몇 년 전의 일이다. 나는 그해 성탄절 무렵에 블로그에 동정녀 탄생의 중요성을 언급한 글을 게재했다. 당시 우리 교단에 소속된 또 다른 목회자는 내가 제시한 몇 가지 요점에 대해 이의를 제기했다. 그는 우리가 동정녀 탄생을 믿을 필요가 없다고 생각했다. 그는 마태와 이사야가 실제로 동정녀가 아닌 젊은 여성에 관해 말했다고 믿었다. 결국 몇 차례 대화를 주고받고 난 후에 그는 마지막으로 이렇게 말했다.

  내가 동정녀 탄생이 그리스도인인 우리의 신조에 반드시 필요하다고 생각할까요? 정말이지 나는 그렇게 말하고 싶지 않습니다. 목사님이 말한 대로, 오랫동안 그렇게 고백되어 왔기 때문에 그것을 진지하게 받아들여 어떻게 이해해야 할지 고민할 필요는 있을 테지만, 나로

서는 "나는 남자를 알지 못하니 어찌 이런 일이 있으리이까?"라는 말보다 "하나님의 모든 말씀은 능하지 못하심이 없느니라."라는 말이 내 신앙에 더 유익한 도움을 준다고 생각합니다. 나는 목사님이 내 생각을 받아들여야 한다고 주장하지도 않고, 또 목사님이 나가 목사님의 생각을 받아들여야 한다고 주장할 리도 없을 것이라고 생각합니다.

그 말에 나는 최대한 예의를 갖춰 이렇게 대답했다. "사실 나는 목사님이 동정녀 탄생에 관한 나의 견해를 받아들여야 한다고 생각합니다. 그 이유는 그것이 나의 견해이기 때문이 아니라 경건한 복음서 저자들이 성령의 영감을 받아 기록한 것이고, 지금까지 보편 교회가 믿어온 것이기 때문입니다."

그의 말은 겉으로는 겸손하게 들렸지만, 하나님의 말씀을 전하라는 부르심을 받은 자들에게는 전혀 합당하지 않다. 만일 열다섯 살 된 청소년이나 신학교 신입생이 동정녀 탄생의 문제로 고민하는 중이라면, 상당한 인내심을 가지고 대해도 무방하다. 그러나 야고보서 3장 1절은 선생인 사람이 더 엄격한 심판을 받을 것이기 때문에 많이 선생이 되지 말라고 가르친다. 하나님은 우리가 성경에 기록된 자신의 말씀에 대해 고민하거나 성경의 진리를 진지하게 받아들이기를 기대하는 것으로 만족하지 않으신다.

그분은 우리가 그 진리들을 믿고, 또한 전파하기를 원하신다. 만일 "하나님으로서는 다 하실 수 있느니라"(막 10:27)라는 말씀을 중요하게 생각한다면, 동정녀가 잉태해 메시아를 낳는 것과 같은 불가능한 일도 능히 하실 수 있다는 것을 의심할 이유가 무엇인가?

이것은 아무리 강조해도 지나치지 않다. 기독교는 처음부터 역사와 밀접한 관련을 맺는다. 기독교의 가장 중요한 주장은 역사적 주장이다. 이 역사에 기독교의 성패가 달려 있다.

예수님이 죽은 자 가운데서 부활하지 않으셨다면, 기독교는 엄청난 사기에 지나지 않고, 우리는 세상에서 가장 불쌍한 사람이 된다. 복음이 역사가 아니라면, 차라리 주일 아침에 교회에 나가지 말고, 늦잠을 자거나 축구를 하는 등, 다른 활동을 하는 것이 더 낫다.

신약 성경은 베들레헴에서 여자의 몸에서 태어난 아이로서 삶을 시작한 한 남자가 있었다고 증언한다. 수많은 사람이 그를 보았고, 또 알았다. 그는 많은 군중 앞에서 기적을 행했고, 죽었다가 다시 살아나 오백 명이나 되는 사람들 앞에 모습을 드러냈다. 모든 사람이 그의 무덤이 있는 장소를 알았고, 그곳이 비어 있는 사실을 목격했다. 세 명의 제자는 산 위에서 그가 놀라운 모습으로 변화한 것을 목격했다. 그들은 구원의 역사가 펼쳐지는 것을 직접 보았고, 성령께서는 그들에게 영감을 주어 그것을 기록하게 하셨다.

우리는 신화를 믿지 않는다. 우리는 도덕적 교훈을 지닌 이야기에 아무런 관심이 없다. 우리는 단지 영적인 가능성을 바라지 않는다. 복음서에 기록된 일들은 실제로 일어났다. 하나님이 그런 일들을 미리 예고하셨고, 또한 성취하셨다. 그분은 영감을 주어 그것들을 기록하게 하셨다. 역사를 도외시하는 것은 성경 저자들이 살았던 세계와는 다른 세계에 사는 것이다.

성경은 하나님이 말씀하신 것을 전한다

이번에는 마지막 본문인 마태복음 19장 3-6절을 살펴보자.

"바리새인들이 예수께 나아와 그를 시험하여 이르되 사람이 어떤 이유가 있으면 그 아내를 버리는 것이 옳으니이까 예수께서 대답하여 이르시되 사람을 지으신 이가 본래 그들을 남자와 여자로 지으시고 말씀하시기를 그러므로 사람이 그 부모를 떠나서 아내에게 합하여 그 둘이 한 몸이 될지니라 하신 것을 읽지 못하였느냐 그런즉 이제 둘이 아니요 한 몸이니 그러므로 하나님이 짝지어 주신 것을 사람이 나누지 못할지니라 하시니."

예수님의 말씀에 담긴 중요한 의미를 이해하려면, 창세기가 가르친 것과 가르치지 않은 것이 무엇인지를 파악해야 할 필요가 있다.

예수님은 5절에서 창세기 2장 24절을 인용하셨다. 예수님은 정확히 누구의 말을 인용하신 것일까? 그 구절만 보아서는 누구인지 알 수 없다. 창세기 2장 24절의 저자는 구체적으로 언급되지 않았다. 그것은 단지 전체 내용의 일부일 뿐이다. 그러나 예수님이 마태복음 19장 4절에서 말씀하신 것에 주목하라. 남자와 여자를 창조하신 분이 두 사람이 합하여 한 몸이 될 것이라고 말씀하셨다. 다시 말해, 그리스도에 따르면 창세기 2장 24절을 말씀하신 분은 바로 하나님이시다. 예수님은 다른 유대인들과 마찬가지로 성경을 인용하는 것은 곧 하나님의 말씀을 인용하는 것이라고 이해하셨다.

예수님은 모세, 이사야, 다윗, 다니엘 등과 같은 인간 저자들을 언급하는 것을 주저하지 않으셨다. 그러나 그들은 2차 저자들이었다. 그들은 자신들의 말에 영감을 준 신적 저자의 사역을 대신 수행한 사람들이다. 이것이 마가복음 12장 36절이 다윗이 성령에 감동되어 말했다고 말씀하는 이유다.

히브리서는 "성령이 이르신" 말씀을 인용했다(히 3:7 참조). 또 로마서 9장 17절은 "성경이 바로에게 이르시되"라고 말씀했고, 갈라디아서 3장 8절은 "성경이 미리 알고 먼저 아브라함에게 복음을 전하되"라고 말씀했다. 성경과 하나님이 서로 교차적으로 사용된 것을 알 수 있다.

모든 성경의 권위는 동일하다. 왜냐하면 하나님이 성경의 저자이고, 성경은 곧 하나님의 말씀이기 때문이다. 우리는 성경의 권위를 축소시키거나 약화시키는 것을 지적인 교양으로 생각하지만, 완전한 사람이요 하나님이신 우리 주 예수 그리스도께서는 마귀에게 유혹을 받으셨을 때 눈에서 섬광을 뿜어내시거나 초능력을 사용하지 않으셨다. 그분은 광야에서 유혹을 받으셨을 때 세 차례나 신명기를 인용해 마귀에게 대답하셨다. 예수님께는 "기록되었으되"라는 말씀만으로 충분했다. 우리도 그래야 한다.

예수님께 성경은 강력하고, 결정적인 권위가 있었다. 그 이유는 성경이 하나님의 음성이기 때문이다. 하나님이 진실하신 것처럼 성경도 진실하다. 말씀이신 그리스도와 기록된 성경을 서로 맞서게 하려는 사람들을 보면 참기가 어렵다. 하나님의 은혜로운 자기 계시는 육신이 되신 말씀과 기록된 말씀을 통해 우리에게 주어진다. 이 두 가지 계시의 양태는 우리에게 한 분이신 하나님, 하나인 진리, 하나의 길, 하나의 일관된 약속과 경고와 명령을 전달한다. 물론, 잉크와 종이와 책 표지와 같은 인공물이 신성하다는 말은 아니다.

하지만 성경의 거룩한 말씀 없이는 말씀이신 주님을 알 수 없고, 육신이 되신 말씀을 바라보지 않으면 기록된 말씀을 이해할 수 없다. 그리스도와 성경을 통해 나타난 하나님과 그분의 진리를 생각할 때, 전자가 후자에 비해 더 믿을 만하고, 더 진실하고, 더 적절하다고 말할 수는 없다. 왜냐하면 모두 다 하나님의 영감으로 기록된 말씀으로 하나님이요 인간이신 예수 그리스도와 동일한 권위를 지니기 때문이다. 성경을 거역하는 것은 곧 하나님을 거역하는 것이다. 하나님이 틀리거나 잘못하거나 실수하지 않으시는 것처럼 성경도 틀리거나 잘못하거나 실수하지 않는다. 성경은 무오하다. 왜냐하면 성경은 하나님의 말씀이고, 하나님은 무오하시기 때문이다.

무오성은 성경이 항상 우리 위에 있다는 것을 의미한다. 우리는 결코 성경 위에 있을 수 없다. 무오성을 거부하는 것은 곧 우리 자신이 하나님의 말씀을 판단하는 것과 같다. 그것은 하나님의 계시 가운데 믿을 수 있는 것과 믿을 수 없는 것을 결정할 권한이 우리에게 있다고 주장하는 것이다. 성경의 온전한 진정성(역사와 물질세계와 기적을 비롯해 성경이 확증하는 모든 세세한 내용에 관한 성경 자체의 증언)을 부인하려면, 두 가지 결론 가운데 하나를 받아들일 수밖에 없다.

다시 말해 성경이 모두 하나님에게서 비롯한 것은 아니라고 결론짓든지, 아니면 하나님이 항상 믿을 만한 존재는 아니시라고 결론짓든지 둘 중에 하나. 둘 중에 어느 결론을 선택하든 그것은 참된 기독교와는 거리가 멀다. 그런 결론을 선택한다면, 하나님께 복종할 수도 없고, 그리스도 안에서 기쁨을 누릴 수도 없으며, 인간 저자들에게 예언의 말씀을 허락해 하나님의 거룩한 책을 기록하게 하신 성령을 영화롭게 할 수도 없다.

성경의 일부는 사실이고, (우리가 판단할 때) 다른 일부는 사실이 아니라고 말할 수 있는 중간 지점을 찾기는 불가능하다. 그런 식으로 타협한 기독교는 성경의 자기 이해와 정면으로 충돌할 뿐 아니라 영혼을 만족시킬 수도 없고, 잃어버린 자들에게 그들이 만나야 할 필요가 있는 하나님을 제시할 수도 없다. 만일 하나님이 무에서 세상을 창조하셨고, 동정녀 탄생을 가능하게 하셨으며, 자신의 독생자를 사흘 만에 부활시키셨다는 것을 믿지 않는다면, 어떻게 그분이 우리의 허물을 용서하고, 죄를 정복하고, 어두운 세상에서 희망을 갖게 하고, 상상할 수 없는 일들을 행하실 수 있다고 믿을 수 있겠는가?

제임스 패커는 "성경을 의심하면 광범위한 손실이 불가피하다. 그럴 경우에는 진리의 완전성과 삶의 완전성 모두를 잃게 된다. 따라서 사회와 교회와 우리 자신의 개혁을 원한다면, 하나님의 영감으로 기록된 해방의 말씀인 성경의 온전한 신뢰성, 곧 무오성을 중시해야 한다."라고 말했다.[6]

이따금씩 그리스도인인 우리는 성경이 아닌 그리스도를 최종적인 권위로 삼아야 한다는 말을 듣는다. 어떤 사람들은 그리스도께서 성경에서 자신의 삶과 가르침에 부합하는 부분만을 받아들이고, 성경의 역사나 연대나 우주관은 굳이 받아들일 필요가 없다고 말씀하신 것처럼 말

---

[6] J. I. Packer, *Truth and Power, The Place of Scripture in the Christian Life* (Wheation, IL: Harold Shaw, 1996), 55.

한다. 단지 복음주의자를 자처하는 몇몇 사람들이 아니라 자유로운 사상을 추구하는 수많은 신자들이 성경이 아닌 그리스도를 경배하려면 성경과 그리스도를 구분해 그리스도를 성경 위에 올려놓아야 한다고 주장한다.

그러나 제임스 패커는 말한다. "그들이 말하는, 성경을 판단하는 이 그리스도는 과연 누구인가? 그는 신약 성경과 역사 속에 나타난 그리스도가 아니다. 성경의 그리스도께서는 절대로 성경을 판단하지 않으신다. 그분은 성경에 복종하고, 성경을 이루신다. 그분은 말과 행동으로 성경의 온전한 권위를 인정하셨다."[7]

성경을 존중하는 사람들은 성경을 공경한다는 이유로 우상 숭배자라는 비난을 받을 수 있다. 그러나 그런 비난은 전적으로 잘못되었다. 패커는 이렇게 말했다.

제자들에게 스스로를 성경을 판단하는(곧 성경이 구속력을 가지기 전에 그 권위를 판단하고, 마음에 안 드는 구절들을 곳곳에서 지워 없애 줄) 재판관으로 세우도록 허용하는 그리스도는 인간의 상상이 빚어낸 그리스도, 곧 신학자들의 형상을 따라 만들어진 그리스도에 불과하다. 만일 성경을 그렇게 대하는 그리스도가 존재한다면, 그는 역사적인 그리스도와 정면으로 충돌을 일으킨다. 그런 그리스도를 옹립하는 것이 십계명의 두 번째 계명을 어기는 것이 아니라면, 과연 무엇이 우상 숭배인지 이해하기 어렵다.[8]

---

7) J. I. Packer, *"Fundamentalism" and the Word of God* (Grand Rapids, MI: Eerdmans, 1958), 61.
8) Ibid., 61-62.

예수님은 스스로를 성경의 중심점으로 생각하셨을 뿐, 성경의 재판관을 자처하지 않으셨다. 성경의 우위에 있는 예수님은 우리가 빚어낸 가공적인 예수에 지나지 않는다.

성경을 의지해 가르쳐라

여기에서 전임 사역자인 우리를 위한 가장 실천적인 교훈을 발견할 수 있다. 우리는 몇 십 년 동안, 해마다 강단에서 성경을 한 구절, 한 구절씩 가르친다.

과연 우리의 교인들은 무엇을 최종적인 말씀으로 받아들이는가? 설교자인 우리인가, 아니면 성경인가? 그들의 경험인가, 아니면 성경인가? 사람들의 의견인가, 아니면 성경인가? 그들의 내면이나 영혼에서 느끼는 하나님에 대한 의식인가, 아니면 성경인가? 생물학인가, 아니면 성경인가? 문화적 용인인가, 아니면 성경인가? 우리와 교인들은 과연 무엇을 스스럼없이, 온전히 신뢰하는가?

우리의 문화 속에서는 성적인 문제가 끊임없이 제기되고 있다. 나는 교인들에게 때로 이렇게 말하곤 한다.

"오늘 아침, 이 자리처럼 비교적 안전한 장소에서 우리가 알고, 사랑하는 사람들의 틈 속에서 함께 하나님을 경배하면서 우리의 생각과 마음을 결정해야 할 필요가 있습니다. 우리는 이 성경 말씀 위에 설 것인지 다른 말에 귀를 기울일 것인지를 결정해야 합니다. 지금 당장 결정해야 합니다. 이 성경을 믿겠습니까? 이 말씀을 신뢰하겠습니까? 모든 사람이 이 성경책을 거짓이라고 외쳐도 참되다고 믿겠습니까?"

강단에서든 교인석에서든, 성경의 진정성에 대한 확신이 흔들려서는 안 된다.

성경의 모든 내용은 문맥을 고려해 정확하게 해석한다면 모두 다 사실이다. 만일 그렇지 않다면, 틀린 것을 수정해야 하고, 일부 내용을 제한해야 하며, 가르치고 전하는 사역에 자신 없는 태도로 임할 수밖에 없다. 그러나 성경이 모두 사실이라면 자신 있고, 담대하게 나갈 수 있다. 그런 담대함은 성격적인 기질이나 교만이나 허장성세와는 전혀 무관하다. 담대하다는 것은 두려움 앞에서도 물러서지 않는 것을 의미한다. 그것은 사람들이 듣고 싶어 하지 않더라도 하나님의 말씀으로 믿는 바를 자신 있게 전하는 것을 의미한다.

예수님이 산상설교를 마치시고 나자 어떤 일이 일어났는지 아는가? 군중이 그분의 가르침에 모두 깜짝 놀랐다. 왜 그랬을까? 그분이 명석하셨기 때문일까? 그분이 참으로 유머 감각이 뛰어나셨기 때문일까? 그분이 많은 학위를 소지하셨기 때문일까? 그분을 따르는 자들이 많았기 때문일까? 군중이 놀란 이유는 예수님이 서기관과 바리새인들과는 달리 권위 있게 가르치셨기 때문이다.

나는 일곱 권으로 된 휴 올드의 『교회 예배를 위한 성경 읽기와 설교』를 가지고 있다.[9] 4,000쪽이 넘기 때문에 각 권의 내용을 모두 읽어보지는 못했지만, 내가 읽은 내용은 한결같이 흥미롭고, 교훈적이었다.

올드는 대개는 대다수 설교자들 가운데서 자신이 좋아하는 요소들을

---

9) Hughes Oliphant Old, *The Reading and Preaching of the Scriptures in the Worship of the Christian Church*, Seven Volumes (Grand Rapids, MI: Eerdmans, 1998-2010).

발견했다. (읽고, 듣는 설교가 마음에 들지 않았다면 4,000쪽이나 되는 책을 쓰기 어려웠을 것이다) 그러나 그렇다고 해서, 그가 기독교 설교의 역사에 등장한 설교를 모두 다 좋아했던 것은 아니었다. 올드는 자유주의자 중에 자유주의자라고 할 수 있는 해리 에머슨 포스딕의 설교를 이렇게 논평했다.

"그의 교인들은 자신들의 설교자가 그리스도의 신성에 관한 교리를 개인적인 차원에서 적절히 적용하는 것을 보고 크게 만족했을 것이다. 그러나 더러는 절대 타자이신 하나님이 사실상 완전히 무시된 것은 아닌지 궁금해 하기도 했을 것이다."[10]

또한 그는 긍정적인 사고를 강조한 유명한 설교자 노먼 빈센트 필에 대해서는 "그의 사역에서 발견되는 당혹스러운 사실은 그런 역사적인 교회의 강단에서 그런 식의 설교가 그토록 많이 용인되었다는 것이다."라고 말하고 나서[11], "필은 자신의 설교에서 성경 본문을 설명하려고 시도한 적이 단 한 번도 없었다."라고 덧붙였다.[12]

올드는 아무것이나 모든 종류의 설교를 칭찬하지 않았다. 그는 복음적인 강해 설교를 가장 좋아했다. 이것이 존 맥아더에 대한 그의 평가가 흥미롭고, 교훈적인 이유다. 올드는 맥아더가 "그런 기적들이 성경에 기록된 대로 정확하게 일어났다는 것을 조금도 의심하지 않았다."라고 몇 차례나 언급했다. 그는 맥아더가 성경의 정확성을 굳이 옹호하려고 애쓰지 않았다고 옳게 지적했다. "그는 성경을 온전히 믿을 수 있다고 전제했다. 성경의 신뢰성에 대한 기본적인 전제가 성경 해석자인 그

---

10) Old, *Reading and Preaching of the Scriptures*, 6:546.
11) Ibid., 573.
12) Ibid., 574.

의 효율성을 뒷받침하는 근거였다."[13]

맥아더의 설교를 들으면서, 올드는 성경과 초자연적인 현상을 바라보는 자신의 관점을 진지하게 고민하지 않을 수 없었다.

> 내가 늘 어렵게 생각하는 문제는 귀신 축출이다. 나는 사탄, 귀신, 빙의 따위를 사실로 믿지 않는다. 믿는 것이 좋겠지만 그렇지가 못하다. 내가 성장해 온 지성적인 세계에 강한 영향을 받았기 때문에 성경의 모든 가르침을 온전하게 받아들이기가 쉽지 않다. 그러나 그것이 성경의 가르침인 것은 분명하다. 내가 이 설교들을 듣고 나서 더욱 분명하게 깨닫게 된 것은 성경의 가르침을 있는 그대로 믿을 수 있는 사람들이 단지 추측으로만 이해하려고 애쓰는 사람들보다 훨씬 더 많은 것을 이해하는 것처럼 보인다는 것이다. 맥아더의 설교 사역의 가장 큰 장점 가운데 하나는 성경 본문을 온전히 신뢰하는 믿음이다.[14]

위의 글을 읽을 때, 놀라움과 안타까움이 동시에 느껴졌다. 그러나 나는 올드가 최소한 정직했다고 생각한다. 존 맥아더가 올드의 궁극적인 설교자의 본보기는 아니었지만, 성경 본문에 대한 그의 충실성과 그로 인한 신적 권위에 대한 확신에 깊은 감명을 받은 것이 분명하다. 그는 존 맥아더의 설교를 평가하면서 마치 자신이 좋아하는 한 가지 장점을 발견한 것처럼 이렇게 말했다.

---

13) Old, *The Reading and Preaching of the Scriptures*, 7:555.
14) Ibid., 556.

그토록 많은 사람이 맥아더의 설교를 듣는 이유는 무엇일까? 교회 출석률이 심각하게 줄어들고 있는 시대에 그의 교회는 왜 주일 아침마다 사람들로 북적이는 것일까? 그는 사람들의 눈길을 끄는 매력이나 용모나 성격을 지니고 있지도 않고, 세련된 설교학적인 기술을 갖춘 것도 아니며, 탁월한 웅변술을 구사하는 것도 아니다. 그가 가진 것은 단지 참된 권위에 대한 증언이다. 그는 성경을 하나님의 말씀으로 인정하고, 설교를 전할 때 오직 성경만을 들려준다. 사람들이 맥아더의 설교에 귀를 기울이는 이유는 그의 말이 흥미로워서가 아니라 하나님의 말씀이 참으로 흥미롭기 때문이다.[15]

평범한 외모, 무덤덤한 성격, 부족한 웅변술을 갖추었지만 오직 성경 외에는 그 무엇도 전하려고 하지 않는 설교자는 누구나 위의 말에 "아멘"으로 화답할 것이 틀림없다.

목회자들이여, 성경이 하나님의 사역을 행하기에 충분하다고 믿는가? 진정으로 그렇게 믿는가? 만일 그렇게 믿지 않는다면, 인간적인 수단과 방법을 사용하고, 잔재주를 부리며, 똑똑하게 보이려고 애쓸 수밖에 없다. 우리의 영적 무기고에는 오로지 성경과 기도 외에는 그 무엇도 존재하지 않는다는 것을 알고 있는가? 성경과 기도 없이 하나님의 교회를 성장시키는 방법을 알고 있다면, 굳이 교회를 성장시키려고 애쓸 필요가 없다. 왜냐하면 그렇게 성장하는 교회는 교회가 아니기 때문이다. 우리는 인간적인 수단이나 방법이나 술책을 사용해서는 안 된다.

---

15) Ibid., 557-58.

우리는 오직 성경과 기도만을 사용해야 한다. 그것만으로 충분하고도 남는다.

성경이 말씀하는 것을 말하고 하나님이 말씀하시는 것처럼 전하라

세상은 우리가 전해야 하는 것을 싫어한다. 세상은 우리가 진지하게 그것을 전하는 것을 극도로 싫어한다. 만일 우리가 진지하지 않다면 원하는 대로 아무것이나 말할 수 있다. 우리가 전하는 것에 대해 스스로 확신이 없다는 것을 사람들이 알게 되면, 아무리 하기 어려운 말이라도 자유롭게 말할 수 있다.

오늘날, 복음 전도와 설교의 과제는 두 가지, 곧 성경이 말씀하는 것을 말하고, 하나님이 직접 말씀하시는 것처럼 진리를 말하는 것이다. 복음 전도의 사역은 성경 무오성의 교리에 근거하고, 무오성은 성경에 대한 그리스도의 확신에 근거한다.

예수님은 성경을 높이 존중하셨다. 그분은 성경에 정통하셨고, 성경을 깊이 사랑하셨다. 그분은 성경의 언어로 자주 가르치셨고, 종종 성경을 인용하셨다. 그분은 가장 큰 시련에 직면해 가장 연약해진 상황에서(예를 들면, 마귀에게 시험을 받을 때나 십자가에 못 박히실 때) 성경을 의지하셨다. 예수님의 사명은 성경을 이루는 것이었다.

그분의 가르침은 항상 성경을 인정했다. 그분은 성경의 어느 한 가지 내용도 무시하거나 등한시하거나 부정하지 않으셨다. 그분은 율법과 선지서와 역사서와 시가서의 일점일획까지 모두 확증하셨다. 그분은 성경을 훼손하고, 무시하고, 수정하고, 거부하는 행위가 정당하다고 인정하지 않으셨다.

따라서 예수님은 그렇게 주장하는 사람들의 말을 다른 곳에 전하지도 않으실 것이고, 그들을 참되다고 칭찬하지도 않으실 것이 분명하다. 그분은 그들의 책을 출판하는 일을 독려하거나 그들과 대화를 좀 더 나누기 위해 그들을 초대하지도 않으실 것이다.

예수님은 성경 전체가 하나님의 영감으로 기록되었다고 믿으셨다. 그분은 성경의 연대와 기적과 저작자를 모두 인정하셨다. 그분은 율법의 문자적인 의미를 무시하지 않고 그 정신을 옳게 가르치셨다. 그분은 성경의 인간 저작권을 인정하셨고, 그와 동시에 성경의 신적 저작권을 강조하셨다.

그분은 성경을 필수불가결한 말씀, 충족한 말씀, 지혜로운 말씀, 최종적인 말씀으로 받아들이셨다. 주님은 성경에 모순되거나 성경을 넘어서는 것은 그 무엇도 용납하지 않으셨다.

예수님은 성경이 모두 다 사실이고, 중요하며, 교훈적일 뿐 아니라 자신에 관해 증언하고 있다고 확신하셨다. 그분은 성경이 하나님에게서 비롯했고, 오류로부터 온전히 자유롭다고 믿으셨다. 성경이 말하는 것을 하나님이 말씀하신다. 하나님이 말씀하신 것이 아무런 오류가 없이 성경에 정확하게 기록되었다.

이것이 성경을 숭배하는 죄를 짓는 것일까? 전혀 그렇지 않다. 예수님보다 성경을 더 깊이 존중하고, 더 온전하게 확신하기는 불가능하다. 예수님은 자신의 뜻을 성경에 맞추셨고, 모든 노력을 기울여 성경을 배우셨으며, 마음을 겸손히 낮춰 성경에 복종하셨다.

하나님의 아들이요 우리의 구원자이신 주 예수 그리스도께서는 성경의 문장과 문구와 용어는 물론, 가장 작은 문자와 점 하나까지도 모두 다 하나님의 말씀으로 믿으셨다. 성경에 속한 모든 책과 모든 문자는 결코 폐하여지지 않는다.

예수님은 그렇게 가르치셨다. 우리도 마땅히 그래야 한다. 진리와 은혜와 온전한 신뢰와 부끄럽지 않은 소망을 가지고 성경을 전해야 한다.

CAHPTER. 7

예수님은 모든 부정한 것을 깨끗하게 하신다

—

리건 던컨

아마도 '민수기'를 뜻하는 'Numbers'는 영어 성경에서 최악의 제목이 아닌가 싶다. 이보다는 '광야에서'라는 히브리 성경의 제목이 훨씬 낫다. 스티븐 스필버그라면 이 제목으로 무엇인가 묘안을 생각해 낼 수도 있겠지만, 대개는 그저 수학 전공자들이나 좋아할 만한 제목인 것이 틀림없다. 더욱이 민수기는 대다수 사람들이 좋아하는 성경책의 목록에 포함되지 않는다. 요한복음, 로마서, 시편, 창세기를 가장 좋아하는 열 권의 성경책에 포함시키는 사람들은 더러 있지만, 민수기를 포함시키는 사람은 거의 없다.

서른여섯 장, 1,288개 구절로 구성된 민수기에는 율법, 광야, 불평, 방랑생활에 관한 내용이 주를 이룬다. 그렇게 희망적이지 않게 들린다. 그러나 민수기를 과소평가해서는 곤란하다. 민수기도 엄연히 하나님의 말씀이다. "모든 성경은 하나님의 감동으로 된 것으로…의로 교육하기에 유익하니"(딤후 3:16). 우리는 민수기가 얼마나 중요하고, 유익하고, 교훈적이고, 실용적인 책인지를 깨달아야 할 필요가 있다. 이제부터 나는 민수기를 통해 복음을 전하고자 한다.

민수기의 도전

복음을 전하기에 앞서 먼저 오늘날의 독자들이 민수기를 부담스럽게 생각하는 이유 세 가지를 밝히고 싶다. 그것은 세 가지, 곧 역사와 그릇된 태도와 불명료한 율법이다.

첫째, 민수기는 역사에 관한 책이다. 어떤 사람들은 역사라는 말만 들어도 곧 따분하다는 표정을 짓는다. 현대의 미국인들은 역사의 가치를 이해하지 못할 때가 많다. 자동차 왕 헨리 포드는 "역사는 엉터리다."라고 말한 바 있다. 이것이 영국의 한 학자가 비꼬는 투로 "하나님은 전쟁을 통해 미국인들에게 역사와 지리학을 가르치셨다."라고 말했던 이유다.

그러나 나는 역사를 좋아한다. 나는 어떤 사람이 "과거는 죽지 않았다. 과거는 심지어 아직도 다 지나가지 않았다."라고 말한 바 있는 미시시피 주 출신이다. 비록 역사를 좋아하지는 않더라도 모세가 기록한 역사는 읽어볼 가치가 충분하다. 결국 이것은 우리 자신에 관한 역사다. 우리가 신자라면 이것은 우리의 역사, 우리 가족의 역사인 셈이다.

둘째, 민수기는 실망스런 책일 수 있다. 왜냐하면 하나님의 백성이 그릇 행동했던 일들을 기록하고 있기 때문이다. 그런 점에서 그들은 우리와 닮았다. 우리의 그릇된 행위나 죄에 관한 내용을 읽고 생각하는 일은 가급적 피하고 싶은 것이 인지상정이지만, 그래도 그런 내용을 읽고 생각하는 것은 매우 중요한 의미를 지닌다. 우리의 잘못에 대해 생각하고, 그것을 뉘우치고, 극복하는 것은 반드시 필요한 일이다. 민수기는 그렇게 할 수 있도록 도와준다. 신약 성경도 이런 목적으로 민수기를 그리스도인들에게 적용한다.

셋째, 민수기는 기이하고, 이상한 율법과 의식을 많이 언급한다. 그런 율법과 의식은 불필요하고, 부적절하게 느껴질 뿐 아니라 광야에서 방랑생활을 했던 하나님의 백성과 관련된 좀 더 흥미로운 역사와는 별로 관계가 없는 것처럼 생각된다. 그러나 모세는 위대한 기록자다. 그가 기록한 율법과 절차와 의식은 사실 그가 말하는 역사의 배후에 있는 하나님의 목적과 밀접하게 연관된다. 그것들은 하나님과 우리 자신과 구원자에 관해 우리가 꼭 알아야 할 진리를 일깨워 준다.

민수기를 통해 배워라

민수기가 노력을 기울여 읽을 가치가 있는지 궁금하다면, 바울 사도가 고린도전서 10장 1-13절에서 출애굽기와 민수기에 기록된 광야의 사건들이 우리를 위해 기록되었다고 말한 것을 기억해야 할 필요가 있다. 민수기는 그리스도인을 위한 책이다. 심지어는 그리스도인들에게 더 이상 아무런 구속력을 발휘하지 못하는 의식법조차도(막 7:19 ; 행 15:5-10 ; 히 9:8-14, 10:1-10) 그리스도인들을 위한 교훈들을 가득 담고 있다. 민수기는 그리스도인들에게 그리스도인의 삶에 관해 가르친다. 이것은 내가 꾸며낸 말이 아니라 바울이 직접 한 말이다.

"형제들아 나는 너희가 알지 못하기를 원하지 아니하노니 우리 조상들이 다 구름 아래에 있고 바다 가운데로 지나며 모세에게 속하여 다 구름과 바다에서 세례를 받고 다 같은 신령한 음식을 먹으며 다 같은 신령한 음료를 마셨으니 이는 그를 따르는 신령한 반석으로부터 마셨으매 그 반석은 곧 그리스도시라 그러나 그들의 다수를 하나님이 기뻐하지 아니하셨으므로 그들이 광야에서 멸망을 받았느니라 이러한 일은 우리의 본보기가 되어 우리로 하여금 그들이 악을 즐겨 한 것같이 즐겨 하는 자가 되지 않게 하려 함이니 그들 가운데 어떤 사람들과 같이 너희는 우상 숭배하는 자가 되지 말라 기록된 바 백성이 앉아서 먹고 마시며 일어나서 뛰논다 함과 같으니라 그들 중의 어떤 사람들이 음행하다가 하루에 이만 삼천 명이 죽었나니 우리는 그들과 같이 음행하지 말자 그들 가운데 어떤 사람들이 주를 시험하다가 뱀에게 멸망하였나니 우리는 그들과 같이 시험하지 말자 그들 가운데 어떤 사람들이 원망하다가 멸망시키는 자에게 멸망하였나니 너희는 그들과 같이 원망하지 말라 그들에게 일어난 이런 일은 본보기가 되고 또한 말세를 만난 우리를 깨우치기 위하여 기록되었느니라 그런즉 선줄로 생각하는 자는 넘어질까 조심하라 사람이 감당할 시험 밖에는 너희가 당한 것이 없나니 오직 하나님은 미쁘사 너희가 감당하지 못할 시험 당함을 허락하지 아니하시고 시험 당할 즈음에 또한 피할 길을 내사 너희로 능히 감당하게 하시느니라"(고전 10:1-13).

바울이 6절에서 말한 내용을 간과하지 말라. 출애굽기와 민수기에 기록된 사건들은 우리를 위한 본보기다. 하나님의 목적과 섭리를 통해 히브리인들에게 일어난 사건들은 그로부터 3천 년 이상이 지난 이후의 시대를 살아가는 우리 그리스도인들을 위한 본보기로 주어졌다.

바울은 11절에서는 그런 일이 본보기로 일어났고, 우리를 위해 기록되었다고 말했다. 그는 하나님과 모세가 그 역사를 기록한 목적은 우리를 위한 것이라고 강조했다. 따라서 이런 일들, 곧 과거의 역사와 율법은 우리를 가르치기 위한 목적을 지닌다. 우리는 그 가르침에 깊은 관심을 기울여야 한다.

이번에는 모세가 기록한 율법 가운데 언뜻 생각하면 불명료하고, 혼란스럽게 느껴지는 사례를 한 가지 살펴보기로 하자. 민수기 5장 1-4절은 이렇게 말씀한다.

> "여호와께서 모세에게 말씀하여 이르시되 이스라엘 자손에게 명령하여 모든 나병환자와 유출증이 있는 자와 주검으로 부정하게 된 자를 다 진영 밖으로 내보내되 남녀를 막론하고 다 진영 밖으로 내보내어 그들이 진영을 더럽히게 하지 말라 내가 그 진영 가운데에 거하느니라 하시매 이스라엘 자손이 그같이 행하여 그들을 진영 밖으로 내보냈으니 곧 여호와께서 모세에게 이르신 대로 이스라엘 자손이 행하였더라."

이해하기 어렵게 느껴진다. 그들은 충실한 유대인이었다. 그들은 하나님을 사랑했다. 그들은 하나님이 자신들을 속박의 땅 애굽에서 구원하신 것에 감사하며 광야를 지나 약속의 땅으로 향했다. 그들은 모세의 말을 믿었고, 살아 계신 하나님을 예배했으며, 우상 숭배를 멀리했다. 그러나 그들은 스스로 저지른 잘못이 없는데도 부정하게 되었다. 그들은 유출증에 걸린 탓에 하나님의 진영 밖으로 내침을 당했다.

그들은 나병에 걸렸다. 모세 오경은 무서운 한센병을 비롯해 모든 형태의 피부병을 '나병'으로 일컬었다. 영구적인 피부병도 있었고, 일시적인 피부병도 있었다. 피부병에 걸린 것은 그들 자신의 잘못이 아니었다. 그러나 그들은 진영 밖으로 내침을 당했다.

또한 레위기 15장 1-13절에서 알 수 있는 대로, 피부병이나 유출병에 걸린 사람과 접촉한 사람들도 진영 밖으로 나가야 했다. 사랑하는 사람이 죽었을 때 그 주검을 만진 사람도 마찬가지였다. 이해하기 어려운 일이 아닐 수 없다. 하나님이 사랑도 없고, 친절하지도 않고, 자애롭지도 않으신 것처럼 보인다. 도대체 이런 율법들은 왜 주어진 것일까? 하나님이 그렇게 명령하신 이유는 무엇일까? 그분은 우리에게 무엇을 가르치시려는 것일까?

세 가지 점에 주목하라. 즉 이 율법들은 실질적인 목적, 신학적인 목적, 기독론적인 목적을 수행한다. 실질적인 목적은 겉으로 보기에 이해하기 힘든 계명을 통해 실제로는 하나님이 자기 백성을 자상하게 돌보신다는 사실을 전하는 데 있고, 신학적인 목적은 하나님에 관한 중요한 진리를 가르치는 데 있다. 그리고 가장 중요하게는 예수님을 예시하는 목적을 수행한다.

민수기 율법의 실질적인 목적

첫째, 이 율법들은 실질적인 목적을 수행한다. 이 율법들은 하나님이 잔인하고, 불합리하고, 무정하시기는커녕 오히려 자기 백성을 자상하고, 지혜롭고, 관심 있게 보살피신다는 것을 일깨워 준다. 그렇게 말할 수 있는 이유는 무엇일까?

당시는 광야에서 수많은 사람들이 함께 모여 생활했는데 의약품은 전무한 상태였다. 오늘날 사용되는 항생제와 같은 것은 존재하지 않았다 (의약품은 모두에게 주어지는 하나님의 일반 은혜에 포함된다). 그런 환경과 상황 속에서 무서운 피부병이나 유출병이나 죽은 시체와 접촉하게 되면 수많은 사람을 죽일 수 있는 전염병이 발발하기 쉽다. 그런 문제를 방지할 수 있는 방법은 격리뿐이었다. 은혜로우신 하나님은 그런 계명을 통해 많은 사람을 돌보셨다. 하나님은 병자들을 건강한 사람들이 있는 장소로부터 격리시켜 병자들 자신과 그들과 접촉할 가능성이 있는 사람들을 모두 보호하셨다.

하나님이 하시는 일에는 항상 분명한 목적이 있다. 때로는 그분의 명령은 이해하기 어렵게 느껴진다. 그러나 그 결과는 항상 옳고, 선하고, 지혜롭다.

좀 더 넓은 안목으로 바라보면 하나님은 항상 자애로우시다.

그러나 칼빈이 지적한 대로 하나님은 단순히 공중위생에만 관심을 기울이지 않으셨다. 그분은 이 율법들을 통해 좀 더 중요한 것을 가르치고자 하셨다.

민수기 율법의 신학적인 목적

둘째, 이 율법들은 신학적인 목적을 위해 주어졌다. 이것들은 이스라엘 백성에게 하나님이 누구시며, 어떤 분이신지를 가르치며, 하나님의 중요한 속성과 그분이 자기 백성에게 허락하신 축복과 그분의 위대하신 행위에 관심을 기울이게 만든다. 간단히 말해, 이 율법들은 이스라엘 자손에게 하나님의 거룩하심과 임재와 말씀에 관해 가르치는 목적이 있었다.

1. 하나님은 거룩하시다
"그들이 진영을 더럽히게 하지 말라 내가 그 진영 가운데에 거하느니라"(5:3)

민수기와 레위기의 정결법은 부정한 자들과 함께 거하지 않으시는 거룩하신 하나님에 관해 가르친다. 거룩하다는 말의 근본적인 의미는 하나님이 더러운 것들로부터 구별되신다는 것이다.

민수기 5장 1-4절에서도 그런 의미를 발견할 수 있다. 왜 그들을 진영 밖으로 내보내야 했을까? 3절은 "그들이 진영을 더럽히게 하지 말라 내가 그 진영 가운데에 거하느니라"고 말씀한다. 하나님은 거룩하시다. 그분은 진영 안에 거하신다. 따라서 부정한 자들은 모두 진영 밖으로 나가야 했다.

모세의 율법은 다양한 방식으로 죄의 교리를 가르친다. 율법이 가르치는 죄, 곧 하나님이 모세를 통해 가르치신 죄는 율법을 어기는 것을 의미한다.

『웨스트민스터 소요리문답』은 요한일서 3장 4절에 근거해, "죄는 하나님의 율법에 순종하지 않거나 그것을 어기는 것이다.'라고 가르쳤다. 하나님의 율법을 어기는 방식은 두 가지다. 하나는 그분이 명령하신 것을 행하지 않는 것이고, 다른 하나는 그분이 금지하는 것을 행하는 것이다. 둘 다 율법을 어기는 것이다. 모세 오경은 율법을 어기는 것이 죄라고 거듭 설명한다(창 50:17 ; 출 23:21 ; 34:7 ; 민 14:18).

또한 죄는 부정한 것을 의미한다. 죄는 우리를 더럽힌다. 죄는 하나님이 인간을 창조할 때 의도하지 않으셨던 결과를 발생시킨다. 부정함의 궁극적인 결과는 죽음이다. 아담과 하와는 하나님의 율법을 어기면 그분과 동등한 권위를 지니게 되고, 생명을 얻을 줄로 생각했다. 그러나 그들에게 돌아온 것은 부정함과 죽음뿐이었다.

민수기와 레위기는 죄를 부정한 것으로 규정한다. 진영 밖으로 내쫓으라는 율법은 부정함이 거룩하신 하나님과의 교제에 어떤 영향을 미치는지를 구체적으로 보여준다. 아담과 하와가 죄를 짓고 나서 더 이상 거룩하신 하나님과 교제를 나누지 못한 채 에덴동산에서 추방되었듯이, 의식적으로 불결한 이스라엘 사람들도 거룩하신 하나님이 거하시는 진영 밖으로 쫓겨났다. 아담과 하와가 에덴동산에서 지은 죄는 우상 숭배의 성격을 지녔다. 그들은 하나님께 복종하기보다 스스로의 뜻을 앞세웠으며, 그분과 동등한 위치에 올라서고 싶어 했다. 구약 성경은 도처에서 우상 숭배를 불결하고, 더러운 것과 결부시킨다(사 30:22 ; 렘 7:30, 32:34).

이것은 신약 성경의 경우에도 마찬가지다. 바울은 고린도 신자들에게 "그런즉 사랑하는 자들아 이 약속을 가진 우리는 하나님을 두려워하는 가운데서 거룩함을 온전히 이루어 육과 영의 온갖 더러운 것에서 자신을 깨끗하게 하자"(고후 7:1)라고 말했다.

요한 사도도 성경의 맨 마지막 책에서 이런 식의 가르침을 계속 이어 갔다. 그는 요한계시록 14장 3, 4절에서 구원받은 자들은 더럽지 않기 때문에 성부 하나님과 어린 양 앞에 거한다고 말했다. 그렇다면 도덕적으로 더러운 자들은 어떻게 될까? 요한은 하늘의 환상을 보면서 자신이 본 것을 이렇게 말했다. "그러나 두려워하는 자들과 믿지 아니하는 자들과 흉악한 자들과 살인자들과 음행하는 자들과 점술가들과 우상 숭배자들과 거짓말하는 모든 자들은 불과 유황으로 타는 못에 던져지리니 이것이 둘째 사망이라"(계 21:8).

여기에 언급된 것은 모두 도덕적인 범주에 해당한다. 그는 21장 맨 마지막 절에서도 "무엇이든지 속된 것이나 가증한 일 또는 거짓말하는 자는 결코 그리로 들어가지 못하되 오직 어린 양의 생명책에 기록된 자들만 들어가리라"라고 말했다. 요한은 더러운 자들은 영광을 얻지 못하고 내침을 당한다고 말했다. 부정하다는 것은 도덕적인 의미를 지닌다.

따라서 레위기와 민수기에 언급된 의식적인 불결함은 도덕적인 불결함이라는 무서운 질병을 암시한다. 그런 도덕적인 질병을 옳게 처리하지 못하면 하나님 앞에서 영원히 내침을 당한다. 도덕적으로 불결한 사람들은 새 예루살렘에 거할 수 없다. 율법은 하나님이 거룩하시기 때문에 거룩하게 받들어야 한다고 가르친다. 그분은 더럽지 않으시다. 따라서 더러운 자들이 그분 앞에 거함으로써 그분을 더럽히는 일은 절대 용납되지 않는다.

이 원리는 심지어 모세의 누이에게도 적용되었다(민 12:1-16 ; 신 24:9 참조). 그녀는 하나님이 백성의 중보자로 세우신 모세를 대적하는 음모에 가담한 탓에 하나님의 심판을 받아 나병에 걸렸고, 여선지자였는데도 불구하고 진영 밖으로 추방되었다. 그녀는 홍해에서 춤과 찬양으로 하나님의 백성을 이끌었지만 진영 밖으로 쫓겨났다. 하나님이 자신의 거룩하심을 얼마나 중요하게 생각하셨는지를 익히 짐작할 수 있다. 그것은 "미리암, 진영 밖으로 나가거라. 나는 거룩하다. 너는 나를 거룩하게 대해야 한다. 너는 나의 중보자를 거룩하게 대해야 한다. 네가 나의 중보자에게 대적했느냐? 네 나병과 함께 진영 밖으로 나가거라."라는 의미였다.

2. 하나님이 임재하여 계신다
"내가 그 진영 가운데에 거하느니라"(5:3)

그렇다. 이 이상한 명령은 하나님이 거룩하시다는 사실을 가르칠 뿐 아니라 그것이 또한 큰 축복이라는 사실을 일깨워 준다. 하나님이 임재하여 계신다. 하나님은 진영 안에서 자기 백성과 함께 거하신다. 인류의 타락이 있기 전에 하나님은 에덴동산에서 아담과 하와와 함께 거하셨다. 그분은 그곳에서 그들과 함께 거니셨다. 이스라엘 백성이 금송아지를 숭배하는 반역죄를 저지르고 나서 하나님이 모세에게 하신 말씀에 주목하라(출 33장). 하나님은 이스라엘 백성의 우상 숭배에 크게 분노하셨고, 모세에게 더 이상 그들과 함께 다니지 않겠다고 말씀하셨다. 그분은 "내가 한 순간이라도 너희 가운데에 이르면 너희를 진멸하리니"(출 33:5)라고 말씀하셨다.

하나님의 말씀은 "우상 숭배의 죗값을 치러야 마땅하지만 백성들을 진멸하지는 않겠다. 그러나 나 없이 너희를 약속의 땅으로 보내겠다."는 의미였다.

참으로 안타까운 일이지만, 만일 하나님이 오늘날 우리들에게 그렇게 말씀하신다면 대다수는 크게 반길 것이 틀림없다. 하나님이 "너는 나와의 교제나 나의 임재 없이 천국에 갈 수 있다."라고 말씀하신다면 그 말씀을 좋아서 받아들일 사람이 많을 것이다. 심지어 어떤 사람들은 "좋은 조건이군요. 그렇게 하겠습니다."라고 말하기도 할 것이다.

그러나 모세는 그렇지 않았다. 그의 반응은 달랐다. 그는 "주께서 친히 가지 아니하시려거든 우리를 이곳에서 올려 보내지 마옵소서"(출 33:15)라고 말했다. 그의 말은 "주님, 만일 주님이 저희와 함께 가지 않으시겠다면 지금 당장 저희 모두를 죽이소서. 우리가 약속의 땅에 가고 싶어 하는 이유는 오직 주님 때문입니다. 약속의 땅보다 주님이 더 좋습니다. 주님은 저희의 유일한 보배이십니다. 저희에게 주님 자신을 허락하지 않으신다면 약속의 땅은 물론 그 어떤 좋은 것도 원하지 않습니다."라는 의미였다.

여기에서 하나님은 자기 백성 가운데 거하신다는 원리가 발견된다. 민수기 5장 3절은 하나님이 진영 안에 거하신다고 가르친다.

이것이 부정한 사람들을 진영 밖으로 내보내라는 율법이 주어진 이유다. 그 율법은 하나님이 진영 안에 거하신다는 사실을 상기시켜 준다. 이것은 큰 축복이요 특권이다.

하나님의 임재는 부정하게 되지 않기 위해 조심하는 태도를 요구한다. 왜냐하면 하나님은 거룩하고, 정결하시기 때문이다. 그러나 그분의 임재는 우리가 누릴 수 있는 가장 큰 축복이자 위로다. 그것은 너무나도 관대하고, 너그러운 은혜가 아닐 수 없다.

다윗은 하나님을 위해 성전을 지으려는 마음을 품었다. 그는 자신이 큰 궁궐에서 평안히 사는 것이 송구스러워 "주님, 주님을 위해 큰 집을 지어드리겠습니다."라고 말했다(삼하 7:2 참조). 그러자 하나님은 "다윗아, 내 백성이 광야에서 살던 때에 내가 큰 집에 거했느냐? 내 백성이 광야에서 천막생활을 할 때 내가 어디에 거했는지 잘 알고 있지 않느냐? 나는 항상 그들 가운데 있는 성막에 거했노라."라고 대답하셨다(삼하 7:5-7 참조).

하나님은 이스라엘 진영 가운데서 그들과 함께 거하셨다. 따라서 하나님이 진영 안에 거하셨기 때문에 부정하게 되지 않도록 주의를 기울여야 했다. 희생 제물도 부정했기 때문에 진영 밖으로 데리고 나가야 했다. 쓰레기도 부정했기 때문에 진영 밖에 버려야 했다. 하나님이 진영 안에 거하셨기 때문에 유출증이나 나병에 걸렸거나 시체와의 접촉으로 부정해진 사람들은 진영 밖으로 나가야 했다.

그러나 여기에서 발견되는 긍정적인 메시지(말로 다할 수 없는 축복)는 하나님이 자기 백성의 곁에서 그들과 함께 거하신다는 것이다. 우리의 하나님은 그런 분이시다. 그분은 항상 그렇게 행동하신다. 세상에 오셔서 우리 가운데 거하신 예수님은 자기 백성의 곁에서 그들과 함께 거하시는 성부 하나님의 마음을 여실히 보여주셨다(요 1:14). 이런 사실은 말로 다할 수 없는 위로를 느끼게 한다.

3. 하나님이 말씀하신다

"여호와께서 모세에게 이르신 대로 이스라엘 자손이 행하였더라"(5:4)

이 율법은 하나님의 거룩하심과 임재는 물론, 그분이 말씀하신다고 가르친다. 다음과 같은 상황을 가정해 보자. 아들이 유출병에 걸렸다.

그는 열네 살이고, 맏아들이다. 제사장이 찾아와 "그를 진영 밖으로 내보내시오. 안전하게 보호받을 수 있는 진영에서 들짐승들이 울부짖는 광야로 내보내시오."라고 말했다. 아들을 자랑과 기쁨으로 여겼던 아버지는 크게 근심하면서도 성경에 복종하는 겸손한 히브리인이기 때문에 "하나님이 그렇게 말씀하셨으니 우리는 복종해야 한다. 아들아, 너는 괜찮을 것이다. 말씀에 복종하자. 하나님이 진영 밖에서도 너를 보호해 주실 것이다."라고 말했다.

이번에는 아내가 피부병에 걸린 상황을 가정해 보자. 제사장이 찾아와서 "당신이 생명보다 더 사랑하는 여인이지만 진영 밖으로 내보내야 하오."라고 말했다. 아마도 "그녀는 안 됩니다. 차라리 그녀가 아닌 나를 진영 밖으로 내보내시오."라고 온 힘을 다해 소리를 지르고 싶을 것이 분명하다. 그러나 민수기 5장 4절은 "이스라엘 자손이 그같이 행하여 그들을 진영 밖으로 내보냈으니 곧 여호와께서 모세에게 이르신 대로 이스라엘 자손이 행하였더라"라고 말씀한다.

우리도 과연 그들처럼 하나님의 말씀에 복종했을까? 우리의 아들이나 딸, 남편이나 아내, 친한 친구를 내보내야 할 상황이었다면 어떻게 했을까?

이것은 성경대로 산다는 것이 무슨 의미인지를 잘 보여준다. 희생이 뒤따르는 일이나 우리가 원하지 않는 일이나 우리의 마음을 아프게 하는 일을 성경이 요구할 때, 우리가 진정으로 하나님을 사랑하고, 신뢰하며, 그분의 말씀을 믿는지 여부를 분명하게 확인할 수 있다. 성경이 어려운 일을 명령하는 바로 그 순간에 우리의 진정한 속마음이 드러난다. 사람은 누구나 자신이 믿는 것을 행하고, 믿지 않는 것을 거부하기 마련이다.

스스로 '성경의 사람'을 자처하는 사람들이 많다. 그렇다면 그들은 주변 문화나 자신의 생각과 다른 것을 요구하는 말씀에 직면했을 때 과연 어떻게 행동할까? 그들은 성경을 재해석한다. 그들은 자신의 의지나 욕망을 거스르는 내용을 성경에서 발견하면 그 말씀을 재해석하려는 유혹을 느낀다.

요즘에 그리스도인을 자처하는 사람들 가운데는 성윤리에 관한 성경의 분명한 가르침을 재해석하려고 시도하는 사람들이 많다. 성경은 동성애자의 결혼은 물론, 동성애 자체를 엄격히 금지한다. 그러나 사람들은 성경을 제멋대로 해석해 스스로의 욕망과 태도를 합리화하려고 애쓴다. 사실 우리 가운데 성경의 의미를 고쳐 내용을 덜 부담스럽게 약화시킴으로써 우리가 원하는 것을 할 수 있는 틈새를 찾으려는 유혹으로부터 자유로운 사람은 아무도 없다.

우상의 종류는 그야말로 다양하다. 칼빈은 인간의 마음을 우상을 만들어내는 공장으로 묘사했다. 우리는 "하나님이 말씀하셨기 때문에 우리에게 주어진 모든 명령에 복종하며, 그분 앞에 무릎을 꿇고 성경대로 살 것인가, 아니면 우리의 입맛에 맞게 성경을 고칠 것인가?"라는 물음을 진지하게 생각해 봐야 한다. 만일 우리가 하나님이 명령하신 것을 무시하고 우리가 원하는 것을 다룬다면, 하나님의 명령에 복종해 그분의 말씀에 따라 사랑하는 자들을 진영 밖으로 내보냈던 충실한 이스라엘 백성과는 전혀 다른 삶을 사는 것이다.

이 율법은 믿음의 진정성을 입증하는 시금석과 같다. 하나님의 명령이 어렵게 보이고, 실제로 어렵더라도 그분의 말씀에 기꺼이 복종하는가? 모세는 광야의 이스라엘 백성이 하나님이 말씀하신다는 것을 믿고, 그 명령에 기꺼이 복종했다고 증언한다.

이처럼 언뜻 이상하게 느껴지는 이 율법은 신학적으로 매우 심원한 의미를 지니고 있다. 이 율법은 하나님의 거룩하심과 임재, 또 그분이 말씀하신다는 사실을 가르친다.

아울러 이 율법은 매우 포괄적이다. 레위기 13-15장을 읽어보면, 이 율법이 얼마나 포괄적인지를 잘 이해할 수 있다. 특히 레위기 15장 1-12절을 통해 유출병에 관한 율법의 의미를 좀 더 자세히 파악할 수 있을 것이다.

"여호와께서 모세와 아론에게 말씀하여 이르시되 이스라엘 자손에게 말하여 이르라 누구든지 그의 몸에 유출병이 있으면 그 유출병으로 말미암아 부정한 자라 그의 유출병으로 말미암아 부정함이 이러하니 곧 그의 몸에서 흘러나오든지 그의 몸에서 흘러나오는 것이 막혔든지 부정한즉 유출병 있는 자가 눕는 침상은 다 부정하고 그가 앉았던 자리도 다 부정하니 그의 침상에 접촉하는 자는 그의 옷을 빨고 물로 몸을 씻을 것이며 저녁까지 부정하리라 유출병이 있는 자가 앉았던 자리에 앉는 자는 그의 옷을 빨고 물로 씻을 것이요 저녁까지 부정하리라 유출병이 있는 자의 몸에 접촉하는 자는 그의 옷을 빨고 물로 몸을 씻을 것이며 저녁까지 부정하리라 유출병이 있는 자가 정한 자에게 침을 뱉으면 정한 자는 그의 옷을 빨고 물로 몸을 씻을 것이며 저녁까지 부정하리라 유출병이 있는 자가 탔던 안장은 다 부정하며 그의 몸 아래에 닿았던 것에 접촉한 자는 다 저녁까지 부정하며 그런 것을 옮기는 자는 그의 옷을 빨고 물로 몸을 씻을 것이며 저녁까지 부정하리라 유출병이 있는 자가 물로 그의 손을 씻지 아니하고 아무든지 만지면 그 자는 그의 옷을 빨고 물로 몸을 씻을 것이며 저녁까지 부정하리라 유출병이 있는 자가 만진 질그릇은 깨뜨리고 나무 그릇은 다 물로 씻을지니라."

민수기 5장 1-4절이 좀 더 크게 확대되어 언급된 것을 알 수 있다. 피부병과 유출병에 걸린 사람만이 아니라 그 사람과 접촉한 사람은 모두 부정하다. 부정함은 전염된다. 부정한 것과 접촉하면 부정하게 된다. 이처럼 부정함에 관한 율법은 매우 포괄적이다. 이 율법은 도덕적인 교훈을 가르친다. 즉 이 율법은 "네가 부정한 죄인이면 네가 만지는 것은 모두 부정하고, 너와 접촉하는 사람이나 네가 접촉하는 것은 모두 부정하다."라고 말한다.

민수기 율법의 기독론적인 목적

지금까지 이 율법의 실질적인 목적과 신학적인 목적을 살펴보았다. 하지만 이 율법은 궁극적으로 기독론적인 목적을 가진다. 이 율법은 예수 그리스도를 가리킨다. 그 이유는 무엇일까?

누가는 예수님이 엠마오로 가는 길에서 낙심한 두 제자와 동행하셨다고 밝혔다(눅 24:13-35). 예수님은 믿음의 위기에 처한 그들을 독려하기 위해 구약 성경에 체계적인 기독론적 해석을 적용하셨다. 누가는 당시의 일을 이렇게 증언했다.

"이르시되 미련하고 선지자들이 말한 모든 것을 마음에 더디 믿는 자들이여 그리스도가 이런 고난을 받고 자기의 영광에 들어가야 할 것이 아니냐 하시고 이에 모세와 모든 선지자의 글로 시작하여 모든 성경에 쓴 바 자기에 관한 것을 자세히 설명하시니라"(눅 24:25-27).

예수님은 모세(토라, 즉 모세 오경)와 모든 선지자(나머지 구약 성경)에서부터 시작해 성경이 어떻게 자신의 인격과 사역 및 비하와 승귀를 가리키는지를 설명하셨다. 만일 내가 그 놀라운 대화를 기록한 누가가 민수기 5장 1-4절을 알고 있었다고 말한다면, 어떻게 생각하겠는가? 그는 누가복음 5장과 8장에서 예수님과 나병환자, 예수님과 유출병을 앓는 여자, 예수님과 죽은 어린 소녀에 관한 일화를 차례로 전했다.

누가는 누가복음 5장 12, 13절에서 예수님과 나병환자와의 만남에 관해 이렇게 증언했다.

"예수께서 한 동네에 계실 때에 온 몸에 나병 들린 사람이 있어 예수를 보고 엎드려 구하여 이르되 주여 원하시면 나를 깨끗하게 하실 수 있나이다 하니 예수께서 손을 내밀어 그에게 대시며 이르시되 내가 원하노니 깨끗함을 받으라 하신대 나병이 곧 떠나니라."

의원인 누가의 증언이다. 예수님은 손을 내밀어 나병환자를 만지셨다. 경건한 히브리인이라면 누구나 "예수여, 그를 만지지 마시오. 당신도 부정해질 것이오."라고 소리칠 것이다. 그러나 예수님은 "손을 내밀어 그에게 대시며…내가 원하노니 깨끗함을 받으라"고 말씀하셨다. 그 순간, 나병이 즉시 나았다.

예수님이 부정한 자에게 손을 대시자 놀라운 일이 일어났다. 예수님은 부정하게 되지 않으셨고, 나병환자는 깨끗해졌다. 누가는 예수님이 의식법이 할 수 없는 것을 하실 수 있다고 증언한다. 레위기를 샅샅이 다 뒤져 읽어도 발견할 수 없는 내용이 하나 있다. 즉 의식법은 나병환자를 깨끗하게 하는 법을 일러주지 않는다. 더럽고, 부정한 자를 깨끗하게 하는 법을 알려주는 내용은 어디에도 없다.

율법은 깨끗함을 유지하는 방법만 알려줄 뿐, 누구를 깨끗하게 하는 방법은 알려주지 않는다. 제사장도 누구를 깨끗하게 하는 방법에 관한 해결책을 제시하지 못했다. 왜냐하면 예수님 외에는 아무도 누구를 깨끗하게 할 수 없기 때문이다. 예수님은 나병환자에게 손을 대셨고, 그를 깨끗하게 하셨다.

한편, 누가복음 8장 40-56절은 예수님이 딸의 목숨이 위태로워 걱정하며 초조해 하는 아버지와 가족들을 방문하러 가는 도중에 혈루증을 앓는 한 여인과 마주치게 되신 일화를 전한다.

"예수께서 돌아오시매 무리가 환영하니 이는 다 기다렸음이러라 이에 회당장인 야이로라 하는 사람이 와서 예수의 발 아래에 엎드려 자기 집에 오시기를 간구하니 이는 자기에게 열두 살 된 외딸이 있어 죽어감이러라 예수께서 가실 때에 무리가 밀려들더라 이어 열두 해를 혈루증으로 앓는 중에 아무에게도 고침을 받지 못하던 여자가 예수의 뒤로 와서 그의 옷 가에 손을 대니 혈루증이 즉시 그쳤더라"(40-44절).

　의식법을 지키는 충실한 유대인이 그 장면을 목격했다면, 그녀의 상태를 알아보고 곧바로 예수님께 "그녀가 당신을 만지게 하지 마시오."라고 소리쳤을 것이다. 그러나 그 여인은 예수님을 만졌고, 그 즉시 깨끗해졌다. 물론 예수님은 부정해지지 않으셨다. 누가는 "혈루증이 즉시 그쳤더라"(44절)라고 말했다.
　그렇게 된 이유는 무엇일까? 그 이유는 예수님은 의식법이 할 수 없는 것을 하실 수 있기 때문이다. 그분은 그 여인을 깨끗하게 하셨다.

　"예수께서 이르시되 내게 손을 댄 자가 누구냐 하시니 다 아니라 할 때에 베드로가 이르되 주여 무리가 밀려들어 미나이다 예수께서 이르시되 내게 손을 댄 자가 있도다 이는 내게서 능력이 나간 줄 앎이로다 하신대 여자가 스스로 숨기지 못할 줄 알고 떨며 나아와 엎드리어 그 손 댄 이유와 곧 나은 것을 모든 사람 앞에서 말하니 예수께서 이르시되 딸아 네 믿음이 너를 구원하였으니 평안히 가라 하시더라"(45-48절).

　그 여자가 열두 해 동안 자신을 괴롭히던 질병에서 놓여나 크게 기뻐할 무렵, 도움을 기다리던 아버지에게 청천벽력 같은 소식이 전해왔다.
　바야흐로 예수님은 어떤 제사장이나 랍비도 해결할 수 없는 일에 직면하게 되셨다. 그분은 사람을 궁극적으로 더럽게 하는 죽음과 맞서셨다. 더 이상 아무런 방법도 없는 것처럼 보였다.

"아직 말씀하실 때에 회당장의 집에서 사람이 와서 말하되 당신의 딸이 죽었나이다 선생님을 더 괴롭게 하지 마소서 하거늘 예수께서 들으시고 이르시되 두려워하지 말고 믿기만 하라 그리하면 딸이 구원을 얻으리라 하시고 그 집에 이르러 베드로와 요한과 야고보와 아이의 부모 외에는 함께 들어가기를 허락하지 아니하시니라 모든 사람이 아이를 위하여 울며 통곡하매 예수께서 이르시되 울지 말라 죽은 것이 아니라 잔다 하시니 그들이 그 죽은 것을 아는 고로 비웃더라 예수께서 아이의 손을 잡고 불러 이르시되"(49-54절).

예수님은 어린 소녀의 주검을 만지셨다. 아마도 그것을 지켜보던 유대인들은 모두 "예수여, 안 되오. 죽은 자를 만지지 마시오. 당신도 더러워질 것이오."라고 소리쳤을 것이다.

"예수께서 아이의 손을 잡고 불러 이르시되 아이야 일어나라 하시니 그 영이 돌아와 아이가 곧 일어나거늘 예수께서 먹을 것을 주라 명하시니 그 부모가 놀라는지라 예수께서 경고하사 이 일을 아무에게도 말하지 말라 하시니라"(54-56절)

예수님은 소녀의 주검을 만졌고, 부정하게 되지 않으셨다. 그리고 소녀는 살아났다. 예수님은 히브리인 아버지가 어린 자녀에게 말하는 것처럼 소녀에게 "아가야, 이제 일어날 시간이다."라는 식으로 말씀하셨다. 소녀는 다시 살아났다.

이분은 과연 누구일까? 부정하고 더러운 자를 만졌는데도 부정하고 더럽게 되지 않으신 이분은 대체 누구일까? 부정하고 더러운 자들을 만져 그들을 더럽지 않은 깨끗한 상태로 만드시는 이분은 과연 어떤 존재일까? 죽은 자들을 만지며 다시 살아나라고 말씀하시는 이분은 누구일까?

누가는 우리의 마음에 확성기를 대고 이렇게 소리친다. "이분은 제사장이나 대제사장은 물론, 심지어는 모세도 할 수 없는 일을 하실 수 있는 중보자이시다. 이분은 나병환자들을 만져도 부정하게 되지 않고, 오히려 그들을 깨끗하게 하신다. 이분은 죽은 자들을 만져 다시 살아나게 하신다. 이분은 누구인가? 이분은 육신이 되신 하나님의 아들이시다. 이분은 하나님의 백성을 위한 유일한 중보자이시다. 이 중보자께서 "모든 죄악을 사하시며…모든 병을 고치시며…생명을 파멸에서 속량하시고 인자와 긍휼로 관을 씌우신다"(시 103:3, 4).

민수기 5장과 같은 정결법의 목적은 무엇일까? 누가는 오직 예수님만이 민수기 5장 1-4절과 같은 정결법에 언급된 의식적이거나 실질적인 더러움과 부정함을 해결할 수 있으시다는 것을 이해했다. 동료 목회자들이여, 우리도 이 사실을 이해해야 할 필요가 있다.

예수님은 무엇을 해야 하는지 아신다

사람들에게 예수님을 전하려면, 우리가 그분 앞으로 인도하는 사람들에게 그분이 어떤 일을 해야 할지를 스스로 잘 알고 계신다는 것을 기억해야 할 필요가 있다. 우리의 부정함이 절실히 느껴져 괴로울 때,

곧 한밤중에 온갖 더러움에 오염된 우리의 참 모습이 생생하게 의식될 때 우리는 마음속으로 어떤 말을 할까?

사람들에게서 "당신은 내가 어떤 삶을 살아왔는지 몰라요. 당신은 내가 무슨 일을 했는지 몰라요. 내 죄를 용서해 줄 사람은 아무도 없어요. 분명히 단 한 사람도 없을 거예요."라는 말을 들을 때는 또 뭐라고 말해야 할까?

하나님의 거룩하심과 인간의 부패함이 우리의 가슴을 짓누를 때는 어떻게 말해야 할까? "나의 더러움을 해결할 방법은 어디에도 없을 거야."라고 말해야 할까?

그렇게 말할 필요가 없다. 오히려 그런 때는 예수님이 우리의 부정함을 씻어주는 법을 잘 알고 계신다는 것을 기억해야 한다. 그분은 어떻게 하실까? 그분은 부정한 우리에게 손을 내미실 것이다. 그러면 우리는 마음속으로 하나님을 경외하는 유대인들처럼 이렇게 소리칠 것이다.

'주님, 주님은 제가 무슨 일을 했는지 모르십니다. 더러운 저를 만지지 마세요. 그것은 저의 수치입니다. 아무도 제가 그런 일을 했다는 것을 알기를 원하지 않습니다. 하나님이 저를 용서하실 것이라고 생각하지 않습니다. 예수님, 손을 내밀어 더러운 저를 만지지 마세요. 주님도 더러워지실 것입니다.'

그렇게 말하면 예수님은 과연 어떻게 하실까? 그분은 즉시 손을 내밀어 더러운 우리를 만져주신다. 그러면 그분은 더러워지지 않으시고, 우리는 깨끗해진다.

형제들이여, 사람들을 예수님께로 인도하라. 그분은 그들에게 무엇을 해야 할지 알고 계신다. 그분은 우리의 더러움을 깨끗하게 해 줄 수 있는 능력이 있으시다.

"나의 죄를 씻기는 예수의 피밖에 없네. 다시 정케 하기도 예수의 피밖에 없네."

우리를 깨끗하게 하시는 예수님

이제 내가 전하려는 요점에 가까이 왔다. 민수기 5장의 의미를 밝힌 신약 성경의 설명은 이것이 전부가 아니다. 히브리서 13장을 아울러 살펴봐야 한다. 히브리서 13장을 살펴볼 때는 "예수님은 그런 일을 어떻게 하시는가? 예수님은 부정한 자들을 만지셔도 스스로 부정해지지 않고, 그들을 어떻게 깨끗하게 하시는가? 예수님이 더러운 자들을 만지시면 그들이 깨끗해지고, 스스로는 더러워지지 않는 이유는 무엇일까?"라는 질문들을 함께 생각해야 한다.

히브리서 13장 10-13절은 이 질문들에 대한 답을 찾도록 도와준다.

"우리에게 제단이 있는데 장막에서 섬기는 자들은 그 제단에서 먹을 권한이 없나니 이는 죄를 위한 짐승의 피는 대제사장이 가지고 성소에 들어가고 그 육체는 영문 밖에서 불사름이라 그러므로 예수도 자기 피로써 백성을 거룩하게 하려고 성문 밖에서 고난을 받으셨느니라 그런즉 우리도 그의 치욕을 짊어지고 영문 밖으로 그에게 나아가자."

무슨 의미인지 이해하겠는가? 예수님은 어떻게 부정한 자들을 만지실 수 있을까? 거룩하고 정결한 하나님의 아들이신 예수님이 부정한 자들을 만져 그들을 깨끗하게 하시는 이유는 무엇일까? 그 이유는 예수님이 성부 하나님께 "아버지여, 제가 영문 밖에서 그들을 대신해 그들의 치욕을 짊어지겠나이다."라고 말씀하시기 때문이다.

'영문 밖에서' 어떤 일이 일어나고 있는지 알겠는가? '영문 밖에' 있다는 것은 하나님이 거하시는 곳에서 멀어졌다는 뜻이다. 부정한 것은 그런 처우를 받아야 마땅하다.

아론의 축복을 잠시 생각해 보자.

"여호와는 네게 복을 주시고 너를 지키시기를 원하며 여호와는 그의 얼굴을 네게 비추사 은혜 베푸시기를 원하며 여호와는 그 얼굴을 네게로 향하여 드사 평강 주시기를 원하노라"(민 6:24-26).

예수님은 이것을 염두에 두고 사랑이 많으신 성부께 이렇게 말씀하셨다.

"아버지여, 아버지께서는 자기 백성을 극진히 사랑하실 뿐 아니라 무한히 거룩하고, 의롭고, 완전하십니다. 아버지의 은혜와 긍휼이 백성들에게 공의롭게 선포되고, 아론의 축복이 그들에게 정당하게 선포되려면 누군가가 그들의 치욕과 수치와 죄책과 부정함과 더러움을 짊어지는 길밖에 없나이다. 아버지여, 제가 그들을 위해 그 일을 하기를 원합니다. 제가 그들을 위해 그렇게 하기를 원하는 이유는 아버지께서 그들을 사랑하시는 것처럼 그들을 사랑하고, 그들을 아버지께로, 곧 아버지께서 거룩하게 임하여 계시는 곳으로 인도해 아버지를 영화롭게 하기를 원하기 때문입니다. 제가 영문 밖으로 나가겠습니다. 그들이 쫓겨나지 않게 하기 위해 제가 쫓겨나고, 그들이 깨끗해질 수 있도록 제가 그들의 수치를 짊어지겠습니다."

결국 죄 없고 거룩하신 예수님은 "여호와는 네게 복을 주시고 너를 지키시기를 원하며"가 아니라 "여호와는 너를 저주하시고 너를 내치시기를 원하며"라는 말씀을 들으셨고, 그 덕분에 죄인인 우리는 "여호와는 네게 복을 주시고 너를 지키시기를 원하며"라는 말씀을 듣게 되었다.

죄 없고 거룩하신 예수님은 "여호와는 그의 얼굴을 네게 비추사 평강 주시기를 원하노라."가 아니라 "내 얼굴을 의로운 분노로 네게로 향할 것이다. 너는 나의 진노를 감당해야 할 테니 아무런 평강이 없을 것이다. 너는 네 백성과의 관계가 단절되고, 위로가 넘치는 네 하나님의 면전에서 쫓겨나 더 이상 그 기쁨을 누리지 못할 것이다."라는 말씀을 들으셨다.

예수님이 그들의 수치와 더러움을 짊어지신 덕분에 그들은 깨끗해져 눈보다 더 희어질 것이다.

이것이 예수님이 하시는 일이다.

따라서 불신자들에게 복음을 전할 때, "당신은 이해하지 못해요. 당신은 내가 누구인지, 내가 어떤 사람인지, 내가 무슨 짓을 했는지 알지 못해요."라는 말을 듣거든 "친구여, 예수님이 당신을 만져 깨끗하게 하실 수 없는 것은 아무것도 없습니다. 그분은 당신을 대신해 영문 밖에서 하나님의 진노를 남김없이 감당하셨기 때문에 그분이 고치지 못하실 영혼의 질병은 없습니다. 당신은 이제 믿음으로 하나님 앞에서 영원히 살 수 있습니다."라고 말해 주어야 한다.

고린도후서 5장 21절은 "하나님이 죄를 알지도 못하신 이를 우리를 대신하여 죄로 삼으신 것은 우리로 하여금 그 안에서 하나님의 의가 되게 하려 하심이라"라고 말씀한다.

우리는 여기에서 복음을 전해야 할 동기를 발견할 수 있다. 세상에 있는 모든 사람들에게 예수님을 전하고 싶지 않은가? 히브리서 저자는 우리에게 무엇을 원할까? 우리 모두 우리 자신을 향해 이렇게 말하자.

"예수님은 나를 위해 영문 밖으로 나가셨지 않은가? 나도 영문 밖으로 나가 나병환자들과 유출병을 앓는 사람들에게 나가고 싶어. 나도 죄와 허물로 죽은 사람들에게 가고 싶어. 그들에게 그들의 죄를 씻어주고, 그들의 목숨을 구원해 주실 주 예수 그리스도를 전하고 싶어. 나는 복음을 전하고 싶어."

자, 모두 함께 나가자.

PART. 3

복음을
부끄러워하지 말아야 할
우리의 태도

: 하나님의 절대 주권에 맡기라

Unashamed of the Gospel

CAHPTER. 8

하나님의 주권에 철저히 의지하라

—

존 파이퍼

로마서 9장은 성경에서 하나님의 자유와 주권을 가장 명확하고, 분명하게 밝히고 있는 본문이다. 그 안에는 다음과 같은 구절들이 포함되어 있다.

"나의 형제 곧 골육의 친척을 위하여 내 자신이 저주를 받아 그리스도에게서 끊어질지라도 원하는 바로라"(3절).
"이스라엘에게서 난 그들이 다 이스라엘이 아니요"(6절).
"그뿐 아니라 또한 리브가가 우리 조상 이삭 한 사람으로 말미암아 임신하였는데 그 자식들이 아직 나지도 아니하고 무슨 선이나 악을 행하지 아니한 때에 택하심을 따라 되는 하나님의 뜻이 행위로 말미암지 않고 오직 부르시는 이로 말미암아 서게 하려 하사 리브가에게 이르시되 큰 자가 어린 자를 섬기리라 하셨나니"(10-12절).
"내가 야곱은 사랑하고 에서는 미워하였다"(13절).

"내가 긍휼히 여길 자를 긍휼히 여기고 불쌍히 여길 자를 불쌍히 여기리라"(15절).

"그런즉 원하는 자로 말미암음도 아니요 달음박질하는 자로 말미암음도 아니요 오직 긍휼히 여기시는 하나님으로 말미암음이니라"(16절).

"내가 이 일을 위하여 너를 세웠나니 곧 너로 말미암아 내 능력을 보이고 내 이름이 온 땅에 전파되게 하려 함이라"(17절).

"그런즉 하나님께서 하고자 하시는 자를 긍휼히 여기시고 하고자 하시는 자를 완악하게 하시느니라"(18절).

"그러면 하나님이 어찌하여 허물하시느냐…이 사람아 네가 누구이기에 감히 하나님께 반문하느냐"(19, 20절).

로마서 9장을 읽는 사람들은 대개 충격을 받는다. 하나님의 주권과 자유에 관한 성경의 가르침에 매료되어 그 의미를 깊이 이해하는 사람은 별로 없다. 로마서 9장의 참된 의미를 곡해하려는 학문적인 노력이 오랫동안 있어 왔다. 그런 노력을 기울인 사람들은 로마서 9장이 개인이나 영원한 운명과는 아무런 상관이 없고, 집단적인 사람들과 역사적인 역할과만 관련이 있다고 주장했다. 앞으로 간단하게 살펴볼 테지만 그런 주장은 아무런 설득력이 없다.

로마서 9장을 기록한 이유

내가 묻고자 하는 질문은 "왜 로마서 9장이 기록되었는가? 바울이 이런 내용을 설명하려고 애쓴 이유는 무엇일까?"라는 것이다. 나는 로마서 9장이 거룩한 성경, 곧 바울이 "하나님의 감동으로 된 것으로 교훈과 책망과 바르게 함과 의로 교육하기에 유익하니 이는 하나님의 사람으로 온전하게 하며 (개인적인 복음 전도와 세계 선교를 비롯한) 모든 선한 일을 행할 능력을 갖추게 하려 함이라"(딤후 3:16, 17)라고 말한 대로, 하나님의 영감으로 기록된 무오한 말씀이라고 믿는다.

나는 이 성경 본문이 기록된 이유가 복음 전도를 약화시키기보다 오히려 강화하며, 세계 선교와 이웃을 위한 복음 전도를 더욱 강화하고, 독려하고, 굳건히 하고, 풍성한 결실을 맺게 하기 위해서라고 확신한다. 로마서 9장의 가르침을 옳게 이해해 받아들이면, 그렇지 않을 때보다 하나님을 향한 열정이 더욱 뜨겁게 불타올라 더 많은 사람을 그분의 나라로 인도할 수 있다.

따라서 나는 내가 묻고자 하는 질문을 또다시 묻고 싶다. 왜 로마서 9장이 기록되었을까? 왜 바울은 로마서를 기록하면서 이런 내용을 설명하려고 애썼던 것일까?

그리고 일단 이 질문에 대한 대답을 제시했다면, 그 다음에는 "이 대답이 잃어버린 자들과 바울의 관계에 어떤 영향을 미칠까? 이 대답은 그의 복음 전도에 어떤 영향을 미칠까?"라는 문제를 아울러 생각해 보아야 한다. 우리가 주목해야 할 점은 모두 세 가지다.

1. 바울은 잃어버린 자들에 대해 '큰 근심과 마음에 그치지 않는 고통' 을 느꼈다(롬 9:1).
2. 바울은 잃어버린 자들이 믿어 구원을 받게 하기 위해 모든 수고를

아끼지 않았다(롬 11:13, 14).
3. 바울은 자신의 동족인 유대인들의 구원을 위해 간절히 기도했다(롬 10:1).

다시 본래의 질문으로 되돌아가 보자. 구원과 관련된 하나님의 주권에 관한 중요한 가르침을 담고 있는 로마서 9장이 로마서의 이 위치에 기록된 이유는 무엇일까?

바울은 성경에서 가장 웅장한 진리를 가르치고 있는 여덟 장의 성경 본문을 막 마무리했다. 바울의 논조는 우리가 그리스도를 통해 하나님 앞에서 영원히 누리게 될 신분과 안전에 관한 장엄한 약속을 제시하는 8장에서 절정에 도달했다. 그가 로마서 8장에서 가르친 진리 가운데 몇 가지를 간추리면 다음과 같다.

"이제 그리스도 예수 안에 있는 자에게는 결코 정죄함이 없나니"(1절).
"예수를 죽은 자 가운데서 살리신 이의 영이 너희 안에 거하시면 그리스도 예수를 죽은 자 가운데서 살리신 이가 너희 안에 거하시는 그의 영으로 말미암아 너희 죽을 몸도 살리시리라"(11절).
"자녀이면 또한 상속자 곧 하나님의 상속자요 그리스도와 함께 한 상속자니"(17절).
"현재의 고난은 장차 우리에게 나타날 영광과 비교할 수 없도다"(18절).
"그 바라는 것은 피조물도 썩어짐의 종노릇한 데서 해방되어 하나님의 자녀들의 영광의 자유에 이르는 것이니라"(21절).
"하나님을 사랑하는 자 곧 그의 뜻대로 부르심을 입은 자들에게는 모든 것이 합력하여 선을 이루느니라"(28절).

"미리 정하신 그들을 또한 부르시고 부르신 그들을 또한 의롭다 하시고 의롭다 하신 그들을 또한 영화롭게 하셨느니라"(30절).

"만일 하나님이 우리를 위하시면 누가 우리를 대적하리요"(31절).

"자기 아들을 아끼지 아니하시고 우리 모든 사람을 위하여 내주신 이가 어찌 그 아들과 함께 모든 것을 우리에게 주시지 아니하겠느냐"(32절).

"누가 능히 하나님께서 택하신 자들을 고발하리요"(33절).

"누가 우리를 그리스도의 사랑에서 끊으리요"(35절).

"내가 확신하노니 사망이나 생명이나 천사들이나 권세자들이나 현재 일이나 장래 일이나 능력이나 높음이나 깊음이나 다른 어떤 피조물이라도 우리를 우리 주 그리스도 예수 안에 있는 하나님의 사랑에서 끊을 수 없으리라"(38, 39절).

이스라엘의 하나님은 온 세상을 포용하셨다. 그분은 독생자를 보내셨고, 새 언약을 체결하셨으며, 죄인들을 구원하기 위해 세계 선교를 시작하셨고, 자신의 자녀들과 우주를 위한 영광스런 종말을 약속하셨다.

이 모든 것은 하나님의 충실하심과 신실하심과 약속을 지키시는 의로우심에 전적으로 의존한다. 하나님이 약속을 지키지 않으신다면, 로마서 8장은 물론, 구원의 역사 전체가 와해된다. 하나님의 말씀이 실패하면, 그와 더불어 우리의 모든 소망과 실질적인 축복과 복음의 은혜로운 경험도 모두 사라진다.

바울은 로마서 9장에서 정확히 그런 끔찍한 가능성을 다루었다. 이스라엘, 곧 하나님의 선택을 받아 전례 없는 특권과 축복과 약속을 누렸던 백성이 메시아를 거부했다. 그 결과, 그들은 나라를 빼앗겼고(마 21:43), "동서로부터 많은 사람이 이르러 아브라함과 이삭과 야곱과 함께 천국에 앉으려니와 그 나라의 본 자손들은 바깥 어두운 데 쫓겨나 거기서 울며 이를 갈게 되리라"(마 8:11, 12)라는 말씀대로, 이방인들이 나라를 차지하기에 이르렀다. 이스라엘에게 주어진 약속이 이루어지지 않은 것처럼 보였다. 하나님이 약속을 지키지 않으신 것처럼, 마치 그분의 말씀이 헛되이 돌아간 것처럼, 그분이 스스로의 언약에 충실하지 않으신 것처럼 보였다. 이것이 바울이 로마서 9장, 정확히 말하면 9-11장에서 다루는 문제다.

로마서 9장 1-3절을 읽어보자.

"내가 그리스도 안에서 참말을 하고 거짓말을 아니하노라 나에게 큰 근심이 있는 것과 마음에 그치지 않는 고통이 있는 것을 내 양심이 성령 안에서 나와 더불어 증언하노니 나의 형제 곧 골육의 친척을 위하여 내 자신이 저주를 받아 그리스도에게서 끊어질지라도 원하는 바로라."

바울은 자신의 동포인 유대인들 대부분이 메시아를 거부해 저주를 받아 구원을 받지 못하게 된 현실을 참으로 안타깝고, 고통스럽게 여겼다. "나의 형제 곧 골육의 친척을 위하여 내 자신이 저주를 받아 그리스도에게서 끊어질지라도 원하는 바로라"(3절)라는 말에 그런 사실이 분명하게 드러나 있다. 바울은 가능하다면 그들을 위해 무슨 저주라도 달게 받을 각오가 되어 있었다. 그러나 하나님은 기꺼이 저주를 받고자 할 만큼 다른 사람들을 사랑하는 사람을 결코 저주하지 않으신다. 저주는 바울이 아닌 그들에게 주어졌다. 그들은 저주를 받아 그리스도에게서 끊어졌다.

물론 그들 모두가 그렇게 된 것은 아니었다. 바울도 유대인이었다. 그는 11장에서 그 사실을 매우 중요하게 생각했다. 그러나 대다수의 유대인들은 메시아를 저버렸고, 그 결과 저주를 받아 구원에 이르지 못했다. 유대인에게 주어진 놀라운 특권에도 불구하고, 그것은 엄연한 현실이었다. 바울은 로마서 9장 4, 5절에서 이렇게 말했다.

> "그들은 이스라엘 사람이라 그들에게는 양자 됨과 영광과 언약들과 율법을 세우신 것과 예배와 약속들이 있고 조상들도 그들의 것이요 육신으로 하면 그리스도가 그들에게서 나셨으니 그는 만물 위에 계셔서 세세에 찬양을 받으실 하나님이시니라 아멘."

그 모든 특권에도 불구하고 그들은 결국 구원을 받지 못했다.

그렇다면 이것은 하나님이 자기 백성을 버리셨다는 의미일까? 하나님은 신실하지 못하시고, 그분의 약속은 확실하지 않다는 뜻일까? 이것이 바울이 다루려는 문제였다. 왜냐하면 바로 다음 구절에서 "그러나 하나님의 말씀이 폐하여진 것 같지 않도다"(6절)라고 말하고 있기 때문이다.

그는 그런 반론을 한마디로 일축했다. 그는 "아니다."라고 대답했다. 그는 그런 일은 있을 수 없다고 말했다. 그러나 그가 그런 말을 해야 했다는 사실은 '하나님의 언약의 백성이 대부분 멸망한다면, 그 모든 언약의 약속이 무슨 소용이 있는가? 이스라엘에게 주어진 언약의 약속이 불

확실하다면, 로마서 8장의 약속들은 어떻게 될 것인가?"라고 생각하는 사람들이 있었다는 것을 암시한다.

로마서 9장의 문제: 하나님은 미쁘신가

이것이 로마서 9장의 주제다. 하나님은 미쁘신가? 그분은 충실하신가? 그분은 약속을 지키시는가? 문제는 단지 집단적인 사람들과 그들의 역사적인 역할이 아니었다. 3절에 생생하게 표현된 대로, 이스라엘의 수많은 개인들, 바울의 동포들이 멸망의 길로 향하고 있다는 것이 문제였다. 그들은 저주를 받았다. 그들은 메시아, 곧 구원자에게서 끊어졌다. 바울은 그들의 운명에 대해 큰 슬픔과 고통을 느꼈다.

이것이 문제였다. 그렇다면 하나님의 말씀은 실패한 것일까? 로마서의 이 부분에서 이 문제를 다루게 된 이유는 하나님의 말씀이 실패하면 로마서 8장의 모든 약속이 실패하고, 그와 더불어 우리의 희망도 모두 사라지기 때문이다.

바울은 그런 반론에 대답하기 위해 선택과 예정에 관한 하나님의 가장 깊은 뜻 속으로 우리를 이끈다. "왜 로마서 9장이 여기에 기록되었는가? 바울이 이런 엄중한 문제를 언급하는 이유는 무엇인가?"라는 나의 질문에 대한 대답은 이것이다. 곧 그 이유는 바울이 구원받는 자들과 저주받는 자들과 관련해 하나님의 충실하심을 보여주는 가장 깊은 진리를 알아야 할 필요가 있다고 생각했기 때문이다. 우리는 약속을 지키시는 하나님의 충실하심이 무엇에 근거하고 있는지를 이해해야 한다.

로마서 9장은 로마서 8장을 뒷받침하는 굳건한 토대를 제공한다. 바울이 무조건적인 선택과 예정의 교리를 가르친 이유는 이스라엘의 실패를 근거로 하나님의 충실하심을 의심하는 문제에 대답하기 위해서였다.

다시 말해, 바울이 무조건적인 선택을 가르친 이유는 그 무엇도 하나님의 구원의 목적을 방해할 수 없고, 그 무엇도 그분의 충실하심을 의심하게 만들 수 없으며, 그 무엇도 그분의 약속을 훼손할 수 없기 때문에 로마서 8장의 약속이 확실하고 견고하다는 확신을 뒷받침할 수 있는 굳건한 토대를 제공하기 위해서였다.

하나님의 말씀이 폐하여지지 않은 세 가지 이유

그렇다면 바울은 어떤 방식으로 그런 토대를 제공했을까?

그의 논증은 세 가지 차원을 지닌다. 첫째, 하나님의 말씀이 폐하여지지 않은 이유는 언약의 약속이 모든 이스라엘 백성이 아니라 참 이스라엘 백성에게 적용되도록 의도되었기 때문이다. 둘째, 참 이스라엘 백성은 인간적인 수단이 아닌 하나님의 약속의 말씀을 통해 생겨나기 때문이다. 셋째, 참 이스라엘 백성은 그 전에 이미 하나님에 의해 무조건적으로 선택되었기 때문이다. 이 세 가지 이유는 하나님의 약속의 말씀은 결코 헛되이 돌아가지 않고, 그분의 자녀들의 안전은 궁극적으로 그들 자신의 성품이나 행위가 아닌 그분의 긍휼에 달려 있다는 것을 보여준다.

1. 모든 이스라엘이 다 '참 이스라엘'은 아니다

바울은 로마서 9장 6-8절에서 하나님의 약속의 말씀이 폐하여지지 않은 이유는 언약의 약속이 모든 이스라엘 백성이 아니라 참 이스라엘 백성에게 적용되었기 때문이라는 것을 표현만 바꿔 세 차례나 언급했다.

먼저 6절은 "하나님의 말씀이 폐하여진 것 같지 않도다 이스라엘에게서 난 그들이 다 이스라엘이 아니요"라고 말씀한다. 바울은 이런 이스라엘도 있고, 저런 이스라엘도 있다고 말했다. 즉 혈통상의 이스라엘도 있고, '참 이스라엘'로 불리기에 합당한 이스라엘도 있다.

이 말의 요점은 무엇일까? 그것은 약속의 말씀이 폐하여지지 않은 이유는 그것이 혈통상의 이스라엘이 아니라 참 이스라엘에게 적용되기 때문이라는 것이다. 약속의 말씀은 저주를 받아 그리스도에게서 끊어진 자들에게는 적용되지 않는다(3절).

바울은 7절에서도 "또한 아브라함의 씨가 다 그의 자녀가 아니라"라고 말했다. 물리적인 후손들이 있고, 참 자녀들이 있다. 물리적인 후손이라고 해서 모두 참 자녀가 되는 것은 아니다.

마지막으로, 바울은 8절에서 "곧 육신의 자녀가 하나님의 자녀가 아니요 오직 약속의 자녀가 씨로 여기심을 받느니라"라고 말했다. 육신의 자녀들이 있고, 하나님의 자녀들이 있다. 그들은 서로 일치하지 않는다. 그들은 서로 동일하지 않다.

이처럼 하나님의 말씀이 지켜지지 않았다는 반론에 대한 바울의 첫 번째 대답은 "그렇지 않다. 하나님의 약속은 모든 이스라엘 백성에게 적용되도록 의도되지 않았다. 그것은 참 이스라엘(6절), 아브라함의 참 자녀(7절), 하나님의 자녀, 약속의 자녀(8절)를 위한 것이다. 하나님의 말씀은 폐하여지지 않았다. 그분의 말씀은 참 이스라엘을 위해 견고히 서 있다."라는 것이다.

2. 참 이스라엘은 사람이 아닌 하나님에게서 나온다

바울은 두 번째로 참 이스라엘이 인간적인 수단이 아닌 하나님의 약속의 말씀에 의해 생겨났다는 논증을 펼쳤다. 그는 7절 마지막에서 창세기 21장 12절을 인용했다. 하나님은 그곳에서 아브라함에게 "오직 이삭으로부터 난 자라야 네 씨라 불리리라"라고 말씀하셨다. 아브라함은 이스마엘이 약속의 상속자가 되기를 원했다. 그는 그 문제를 스스로 해결하려고 노력했고, 자신의 힘으로 상속자를 만들려고 했다. 이스마엘은 약속의 자녀가 아닌 육신의 자녀, 곧 기적에 의해 태어난 자녀가 아닌 인간적인 수단으로 만들어낸 자녀를 나타낸다. 그는 하나님의 주권적인 말씀을 통해 생겨난 자녀가 아니다. 따라서 하나님은 그를 상속자로 인정하지 않으시고, "오직 이삭으로부터 난 자라야 네 씨라 불리리라"라고 말씀하셨다.

그러고 나서 바울은 9절에서 다시 창세기 18장 10절을 인용해 약속이 어떻게 이루어졌는지를 설명했다. "약속의 말씀은 이것이니 명년 이 때에 내가 이르리니 사라에게 아들이 있으리라 하심이라." 당시 사라는 아흔 살이었기 때문에 상속자를 낳을 능력이 없었다. 바로 이것이 핵심이다. 하나님의 '약속의 말씀'이 상속자를 만들었다. 이것이 '약속의 자녀', 곧 '하나님의 자녀'가 의미하는 것이다. 참 이스라엘이 지니는 상속자로서의 신분은 인간이 할 수 있는 것이 아니라 하나님이 하실 수 있는 것에 전적으로 의존한다.

이처럼 하나님의 말씀은 폐하여지지 않았다. 첫째는 언약의 약속이 모든 이스라엘이 아니라 참 이스라엘에게만 적용되도록 의도되었기 때문이고, 둘째는 참 이스라엘이 인간적인 수단과 같은 불확실하고, 취약한 것이 아닌 하나님의 약속의 말씀에 의해 생겨나기 때문이다. 이 말씀은 인간이 만들어낸 육신의 자녀에게 의존할 만큼 무기력하지 않다. 이 말씀이 절대적으로 확실한 이유는 약속한 것을 실제로 이루기 때문이다. 이스마엘은 인간의 능력으로 이룰 수 있는 것을 나타내고, 이삭은 하나님의 주권에 의해 이루어지는 것을 나타낸다.

3. 참 이스라엘은 무조건적으로 선택되었다

이런 사실은 바울이 펼친 논증의 세 번째 단계로 자연스레 이어진다. 참 이스라엘, 곧 약속에 의해 생겨난 하나님의 자녀들은 무조건적으로 상속자로 선택되었다.

바울은 이삭과 이스마엘에게서 야곱과 에서에게로 초점을 옮겼다. 바울은 야곱과 에서를 통해 네 가지 측면에서 자신이 말하려는 요점을 분명하게 밝혔다. 그는 여기에서는 하나님의 자녀들의 초자연적인 기원을 다루지 않는다. 그것은 앞서 이삭을 통해 이미 밝혔다. 이번에는 약속의 자녀들을 무조건적으로 선택하신 하나님의 절대적인 자유에 그 초점이 있다. 그 점을 설명하기 위한 근거로는 이삭과 이스마엘보다는 야곱과 에서가 더 낫다.

첫째, 야곱과 에서는 같은 모태에서 태어난 쌍둥이이지만, 이삭은 이스마엘보다 13년 뒤에 태어났다. 둘째, 야곱과 에서는 부모가 같지만 이스마엘은 어머니가 이방 여인이었다. 셋째, 하나님은 그들이 태어나

선이나 악을 행하기 전에 상속자를 선택하셨지만, 이스마엘의 경우에는 십삼 년 동안 그의 행위를 지켜보셨다. 넷째, 하나님은 모든 전례와 관습을 깨고 장자가 아닌 차자를 상속자로 선택하셨다.

하나님은 왜 그렇게 하셨을까? 바울은 11, 12절에 그 이유를 명시했다. "그 자식들이 아직 나지도 아니하고 무슨 선이나 악을 행하지 아니한 때에 택하심을 따라 되는 하나님의 뜻이 행위로 말미암지 않고 오직 부르시는 이로 말미암아 서게 하려 하사 리브가에게 이르시되 큰 자가 어린 자를 섬기리라 하셨나니."

"택하심"이라는 용어가 등장한다. 선택의 개념은 이미 6절에서부터 암시되어 나타난다. 하나님은 참 이스라엘을 선택하셨다(6절). 하나님은 아브라함의 참 자녀를 선택하셨다(7절). 하나님은 약속의 자녀들이 생겨나게 하셨다(8절). 하나님은 이스라엘의 역사를 통해 줄곧 그런 일을 해오셨다. 그 이유는 "택하심을 따라 되는 하나님의 뜻이 행위로 말미암지 않고 오직 부르시는 이로 말미암아 서게 하기"(11절) 위해서다.

바울은 다른 곳에서는 종종 행위와 믿음을 대조했다. 그러나 여기에서는 그렇게 하지 않았다. 그 이유는 그것이 요점이 아니기 때문이다. 여기에서의 요점은 그들이 아직 태어나지 않아 선이나 악을 행하지 않았을 때 선택이 이루어졌다는 것에 있다. 하나님의 선택은 그들이 아직 믿음이나 불신을 선택하기 전에, 그 어떤 조건을 만들어내기 전에 이루어졌다. 그것이 요점이다. 선택은 무조건적이다. 이 일과 관련된 결정적인 이유가 있다면, "행위로 말미암지 않고 오직 부르시는 이로 말미암아"(11절)라는 말씀대로 오직 하나님의 뜻뿐이다.

바울은 이 점을 세 차례나 강조했다.

"내가 긍휼히 여길 자를 긍휼히 여기고"(15절).

"원하는 자로 말미암음도 아니요 달음박질하는 자로 말미암음도 아니요 오직 긍휼히 여기시는 하나님으로 말미암음이니라"(16절).

"그런즉 하나님께서 하고자 하시는 자를 긍휼히 여기시고 하고자 하시는 자를 완악하게 하시느니라"(18절).

이것이 앞서 제기한 질문에 대한 대답이다. 바울이 여기에서 무조건적인 선택을 가르친 이유는 이스라엘에게 주어진 하나님의 말씀이 폐하여지지 않았다는 것을 보여주기 위해서였다.

하나님의 약속의 말씀은 처음부터 그분의 백성을 일으켜 세웠다. 참 이스라엘, 곧 약속의 자녀요 하나님의 자녀는 무조건적으로 선택되었다. 그들을 위한 하나님의 구원 약속은 실패하지 않았다. 왜냐하면 그것은 궁극적이고, 결정적인 차원에서 그들에게 전혀 의존하지 않기 때문이다. 따라서 하나님의 자녀들, 곧 새 언약의 자녀들은 조금도 두려워할 필요가 없다. 무조건적인 선택의 교리는 확신과 자신감과 영원한 안전을 보장한다. 이 진리는 말로 다 할 수 없이 보배롭다. 로마서 8장의 약속은 영원히 견고하다.

무조건적인 선택의 교리는 복음 전도에 어떤 영향을 미치는가

이 교리는 잃어버린 자들과 바울의 관계에 어떤 영향을 미쳤을까? 이 교리는 그의 복음 전도에 어떤 영향을 미쳤을까? 또 우리의 복음 전도에 미치는 영향은 무엇일까? 그것은 크게 세 가지다.

1. 무조건적인 선택의 교리는 우월 의식을 꺼뜨리고, 잃어버린 자를 진정으로 염려하게 만든다

바울은 자신의 동포들을 위해 큰 근심과 마음에 그치지 않는 고통을 느꼈다. 그는 로마서 9장 1, 2절에서 "내가 그리스도 안에서 참말을 하고 거짓말을 아니하노라 나에게 큰 근심이 있는 것과 마음에 그치지 않는 고통이 있는 것을 내 양심이 성령 안에서 나와 더불어 증언하노니"라고 말했다.

바울은 유대인들을 바라볼 때, 그들 모두가 불신앙의 바다에 빠져 죽어가는 모습이 떠올랐다. 그는 보이지 않는 손이 자신을 그 바다에서 건져낸 사실과 다메섹에 있는 유다의 집에서 절망 속에 허우적거릴 때 아나니아라는 사람이 와서 자신의 눈을 다시 보게 해 준 사실을 기억했다. 그가 "왜 저를?"이라고 부르짖을 때 주어진 답변은 "그것은 '하나님의 은혜의 선물'(엡 3:7)이다."라는 대답, 곧 "(너는) 내 이름을 이방인과 임금들과 이스라엘 자손들에게 전하기 위하여 택한 나의 그릇이라"(행 9:15)라는 대답이 주어졌다. 바울은 그런 사실을 떠올리는 순간, 자신이 빠져 죽어야 마땅한 불신앙의 바다에서 죽어가고 있는 동포들에 대해 큰 슬픔과 억누르기 힘든 고통을 느꼈다.

무조건적인 선택의 교리는 모든 우월 의식을 깨뜨린다. 이 교리는 감사에 못 이겨 눈물을 흘리게 만든다. 그리고 그 눈물은 잃어버린 자들을 위한 슬픔으로 확대된다. 그런 심정을 느끼지 못한다면, 그것은 무조건적인 선택의 교리를 믿지 않아서가 아니라 실제로 그 진리를 깊이 깨우쳐 감격하는 마음을 경험하지 못했기 때문이다.

2. 무조건적인 선택의 교리는 잃어버린 자들에게 믿어 구원을 받으라고 권고할 수 있도록 독려한다

바울은 나중에 로마서 11장 13, 14절에서, "내가 이방인의 사도인 만큼 내 직분을 영광스럽게 여기노니 이는 혹 내 골육을 아무쪼록 시기하게 하여 그들 중에서 얼마를 구원하려 함이라"라고 말했다. 바울은 하나님의 주권적인 선택이 인간을 도구로 사용한다는 것을 이해했다. 하나님은 바울에게 그가 그런 도구로 선택되었다고 말씀하셨다(행 9:15). 그 점은 우리도 마찬가지다.

이것이 하나님이 자신이 선택한 자들을 구원하시는 방법이다. 그분은 계획을 세우고, 말씀을 전하고, 글을 쓰고, 물질을 바치고, 다른 사람들을 설득하고, 사랑하고, 보살필 줄 아는 사람들을 필요로 하신다. 바울은 11장 14절에서 이방인들이 유대인들의 기업을 받아 누리는 것을 보고, "내 골육을 아무쪼록 시기하게 하기" 위해 이방인들에게 복음을 전한다고 말했다. "아무쪼록"이라는 말에서 복음 전도의 전략가로서의 바울의 면모가 드러난다. 그는 아무쪼록 방법을 찾기를 원했다. 그는 잃어버린 자들에게 구원의 갈망을 일으킬 수 있는 방법을 찾으려고 노력했다.

다음번에 기꺼이 귀를 기울일 준비가 된 불신자를 만나거든, 간절한 말로 복음을 전하고, 권고하라. "하나님이 (나를) 통해 당신을 권면하시는 것같이 그리스도를 대신해 간청하노니 하나님과 화목하세요."라고 말하라(고후 5:20). 어쩌면 그 사람은 누군가로부터 "나는 당신을 원합니다."라는 말을 단 한 번도 들어본 적이 없었는지도 모른다. 하나님이 우리가 태어나기 전이나 그런 말을 들을 자격을 갖추기도 전에 우리에게 그렇게 말씀하셨다는 것을 잊지 말라.

3. 무조건적인 선택의 교리는 동포들을 위해 간절히 기도했던 바울처럼 기도하도록 독려한다

바울은 로마서 10장 1절에서 "형제들아 내 마음에 원하는 바와 하나님께 구하는 바는 이스라엘을 위함이니 곧 그들로 구원을 받게 함이라"라고 말했다. 그는 가슴아파했을 뿐 아니라 기도했다. "내 마음에 원하는 바와 하나님께 구하는 바는…그들로 구원을 받게 함이라." 우리는 복음을 전하고, 호소해야 할 뿐 아니라 기도해야 한다. 하나님은 선택받은 우리의 기도를 통해 선택받은 사람들을 구원하신다.

예수님의 호소에 귀 기울여라

끝으로 모든 말을 마치기 전에 복음의 호소와 기도와 관련해 내게 깊은 감동을 안겨 준 실제 이야기를 하나 들려주고 싶다.

내 아버지는 복음 전도자였다. 그는 60년이 넘도록 충실하게 은혜의 복음을 전해 많은 결실을 맺었다. 그는 과거의 전통적인 방식에 따라 매일 밤, 집회가 끝날 즈음에 믿음 초청의 시간을 가졌다. 아버지가 즐겨 불렀던 찬송가 가운데 하나는 "예수가 우리를 부르는 소리"였다.

예수가 우리를 부르는 소리

그 음성 부드러워

문 앞에 나와서 사면을 보며

우리를 기다리네

오라 오라 방황치 말고 오라

죄 있는 자들아 이리로 오라

주 예수 앞에 오라

언뜻 '무조건적인 선택의 교리를 믿는 사람이 그런 찬송가를 활용해도 괜찮을까? 예수님은 단지 죄인이 돌아오기만을 지켜보며, 기다리기만 하실까?'라는 생각이 든다. 그러나 그렇지 않다. 이 찬송가는 그분이 단지 지켜보며, 기다리고만 계신다고 말하지 않는다.

내 아버지를 떠올려 보자. 그는 지금 강단이 아닌 예배당 바닥에 서 있다. 예배당에는 약 300명의 사람이 모여 있다. 그는 이제 막 영광스런 복음의 메시지를 전했다. 그는 사람들을 바라보며, "오지 않겠습니까? 예수님께 나오세요. 그분이 받아주실 것입니다. 거절하지 않으실 것입니다. 어서 나오세요."라고 말한다.

아버지는 찬송가를 부르는 사이에 "모두 머리를 숙이고, 눈을 감고, 기도합시다."라고 말한다. 예배당 앞에서부터 약 열 번째 줄에 놓여 있는 교인석 뒤에 한 어머니가 서 있다. 그녀의 곁에는 대학에 다니는 그녀의 아들이 서 있다. 그는 마음이 강퍅하고, 불만이 가득한 사람이었다. 그녀는 그에게 오라고 말했다. 그는 그녀를 기분 좋게 해주려고 그 말에 따랐다. 모든 성도가 기도를 드렸다. 그녀는 무슨 기도를 드렸을까?

그녀는 이렇게 기드했다. "오, 하나님. 예수님의 이름으로 구하오니 성령을 부어 주옵소서. 제 아들의 감긴 눈을 열어 주소서. 그에게서 돌 같은 마음을 제하시고, 살 같은 마음을 주옵소서. 지켜보며 기다리는 예수님을 보고, 참되고, 아름답고, 거부할 수 없는 부르심을 느끼게 하옵소서. 오, 주권자이신 하나님. 그를 구원해 주옵소서." 그녀가 기도할 때 그녀의 아들이 그 곁을 지나 예배당 앞으로 걸어 나가 아버지와 예수님의 품에 안겼다.

전능하신 하나님은 무조건적인 선택, 십자가에 못 박혀 죽었다가 다시 살아나 사람들을 지켜보며 기다리시는 그리스도, 우리의 눈물과 설교와 호소와 기도, 그리고 모든 것을 정복하시는 성령을 통해 죄인들을 구원하신다.

CAHPTER. 9

기도의 끈을 결코 놓치지 말라

—

데이비드 플랫

"오늘날 개혁주의가 부활하고 있지만 기도는 크게 무시되고 있다. 신학 노선이 다른 교파들의 경우도 대부분 마찬가지다."

요즘의 교회 상황에 관해 대화를 나누면서, 존 파이퍼에게서 들은 말이다. 하나님의 은혜로 인간의 타락, 복음의 경이로움, 하나님의 주권을 강조하는 신학이 새롭게 부흥하고 있다. 종말론을 비롯해 하나님이 가장 중요하게 여기시는 교회의 표징들에 관한 관심도 크게 고조되었다. 그런 신학과 종말론이 선교학에 이론적으로 영향을 끼쳐 많은 발전을 가져왔다.

하나님을 영화롭게 하려는 열정에 사로잡힌 사람들이 도시 곳곳에서 교회를 개척하고, 해외 선교사로 나갔다. 책들도 많이 저술되었고, 블로그도 많이 만들어졌으며, 콘퍼런스도 많이 개최되었다. 신학, 교회학, 선교학에 대한 대화가 왕성하게 이루어졌다. 이런 모든 사실이 새로운 부흥의 분위기를 여실히 증명하고 있다.

그러나 존 파이퍼가 지적한 대로 무엇인가 매우 중요한 것이 무시되고 있다. 그것은 바로 기도다. D. A. 카슨도 "서구 교회의 두드러진 특징 가운데 하나는 기도가 없는 것이다."라고 말했다.[1]

전혀 낯선 개념

요즘에 책들과 블로그와 콘퍼런스와 사람들의 대화 가운데 기도와 금식에 관심의 초점이 맞추어지는 것을 본 적이 있는가? 웨스트민스터 총회가 열렸던 당시를 되돌아보면, 사람들이 단지 설교만이 아니라 기도를 위해 함께 모였던 것을 알 수 있다. 그들은 한 시간 동안 설교했고, 또 한 시간 동안 기도했다. 그들은 두 시간 동안 기도했고, 다시 두 시간 동안 설교했다.

요즘에는 그런 일들이 전혀 낯설게만 느껴진다. 하나님의 말씀을 전하는 것을 강조하는 만큼, 하나님의 백성으로서 함께 모여 드리는 기도를 강조하는지 궁금하다. 매주 교회에서 말씀 사역을 위해서는 많은 시간을 할애하면서도 기도 사역을 위해서는 그렇게 적은 시간을 할애하는 이유는 대체 무엇일까?

성경과 현대의 역사를 통해 하나님의 역사가 강력하게 일어났던 순간들을 생각해 보라. 멀리 느헤미야의 시대부터 신약 시대의 교회를 거쳐 17세기의 청교도와 19세기의 평신도와 학생들에게 이르는 역사를 돌

---

1) D. A. Carson, *A Call to Spiritual Reformation: Priorities from Paul and His Prayers* (Grand Rapids, MI: Baker, Academic, 1992), 9.

이켜보면, 열정적으로 하나님을 갈구했던 것으로 유명한 사람들이 꾸준히 그 명맥을 이어왔던 것을 알 수 있다. 그들은 골방에서부터 세상의 구석구석에 이르기까지 도처에서 기도를 통해 하나님을 사랑하고, 그분과 관계를 맺고, 그분의 능력을 체험하려는 간절한 열망을 품었다. 그러나 우리는 그렇지가 못해 참으로 걱정스럽다.

오늘날 우리는 설교, 교육, 글쓰기, 블로그, 조직, 전략, 계획, 개척과 같은 사역에는 능숙하지만, 기도와 금식에는 별로 익숙하지 않다. 우리는 중요한 요점을 간과할 위험에 처해 있다. 하나님은 우리가 기도하는 백성이 되기를 원하신다. 하나님은 자기 백성의 부르짖음을 듣고 역사하기를 좋아하신다.

바꾸어 말해, 하나님은 자기 백성의 기도에 응답하심으로써 세상에서 놀라운 변화를 일으키기를 원하신다. 우리의 기도는 하나님이 세상에서 역사하시는 방식에 많은 영향을 미친다.

이렇게 말하면, 많은 사람이 거북해 할 것이 틀림없다. 우리의 기도가 하나님이 세상에서 역사하시는 방식에 영향을 미친다고? 확실한가? 그렇다면 하나님의 주권과 섭리는 어떻게 되는 것인가? 우리의 기도가 어떻게 하나님이 이미 일어나도록 예정하신 일에 영향을 미칠 수 있단 말인가? 우리의 기도가 얼마나 많은 것을 성취할 수 있는지를 궁금하게 만드는 이런 질문들은 하나님의 섭리에 대한 우리의 이해가 부족하다는 것을 방증한다.

나의 목표는 성경에 근거해 섭리의 교리를 올바로 이해하면 기도에 전력을 기울일 수 있다는 것을 보여주는 것이다. 올바른 섭리의 교리는 기도와 기도를 통한 능력을 온전히 확신할 수 있도록 도와준다.

나는 이 점을 보여주기 위해 성경에서 가장 난해하고도 놀라운 일화를 한 가지 살펴볼 생각이다. 그 일화는 출애굽기 32장에서부터 시작한다. 하나님은 기적을 베풀어 이스라엘 백성을 애굽에서 구원하고 나서 그들을 시내산으로 인도하셨다. 그분은 그곳에서 그들에게 자신의 영광을 나타내셨고, 율법을 수여하셨다. 모세가 하나님을 만나기 위해 산 위에 올라간 사이, 백성들은 산기슭에 머물러 있었다. 백성의 대표자가 산 위에서 하나님을 대면하는 동안, 다음과 같은 일이 발생했다.

"백성이 모세가 산에서 내려옴이 더딤을 보고 모여 백성이 아론에게 이르러 말하되 일어나라 우리를 위하여 우리를 인도할 신을 만들라 이 모세 곧 우리를 애굽 땅에서 인도하여 낸 사람은 어찌 되었는지 알지 못함이니라 아론이 그들에게 이르되 너희의 아내와 자녀의 귀에서 금 고리를 빼어 내게로 가져오라 모든 백성이 그 귀에서 금 고리를 빼어 아론에게로 가져가매 아론이 그들의 손에서 금 고리를 받아 부어서 조각칼로 새겨 송아지 형상을 만드니 그들이 말하되 이스라엘아 이는 너희를 애굽 땅에서 인도하여 낸 너희의 신이로다 하는지라 아론이 보고 그 앞에 제단을 쌓고 이에 아론이 공포하여 이르되 내일은 여호와의 절일이니라 하니 이튿날에 그들이 일찍이 일어나 번제를 드리며 화목제를 드리고 백성이 앉아서 먹고 마시며 일어나서 뛰놀더라 여호와께서 모세에게 이르시되 너는 내려가라 네가 애굽 땅에서 인도하여 낸 네 백성이 부패하였도다 그들이 내가 그들에게 명령한 길을 속히 떠나 자기를 위하여 송아지를 부어 만들고 그것을 예배하며 그것에게 재물을 드리며 말하기를 이스라엘아 이는 너희를 애굽 땅에서 인도하여 낸 너희 신이라 하였도다 여호와께서 또 모세에게 이르시되 내가 이 백성을 보니 목이 뻣뻣한 백성이로다 그런즉 내가 하는 대로 두라 내가 그들에게 진노하여 그들을 진멸하고 너를 큰 나라가 되게 하리라 모세가 그의 하나님 여호와께 구하여 이르되 여호와여 어찌하여 그 큰 권능과 강한 손으로 애굽 땅에서 인도하여 내신 주의 백성에게 진노하시나이까 어찌하여 애굽 사람들이 이르기를 여호와가 자기의 백성을 산에서 죽이고 지면에서 진멸하려는 악한 의도로 인도해 내었다고 말하게 하시려 하나이까 주의 맹렬한 노를 그치시고 뜻을 돌이키사 주의 백성에게 이 화를 내리지 마옵소서 주의 종 아브라함과 이삭과 이스라엘을 기억하소서 주께서 그들을 위하여 주를 가리켜 맹세하여 이르시기를 내가 너희의 자손을 하늘의 별처럼 많게 하고 내가 허락한 이 온 땅을 너희의 자손에게 주어 영원한 기업이 되게 하리라 하셨나이다 여호와께서 뜻을 돌이키사 말씀하신 화를 그 백성에게 내리지 아니하시니라"(출 32:1-14).

모세가 알았던 것

지금부터 위의 본문을 중심으로 모세가 알았던 것과 그가 기도했던 방식을 살펴봄으로써 우리가 하나님에 관해 알고 있는 것이 우리의 삶과 가족들과 교회를 위해 그분께 기도하는 방식에 어떻게 영향을 미치는지를 생각해 보고자 한다. 먼저 모세가 이해했던 것에서부터 시작해 보자. 그는 네 가지 사실을 알고 있었다.

1. 하나님의 완전하심은 변하지 않는다

여기에서 '완전하심'이라는 말은 하나님의 존재 전체에 충만한 완전한 속성들을 가리킨다. 그런 속성들은 절대 변하지 않는다. 하나님은 온전히 거룩하시다. "거룩하다 거룩하다 거룩하다 만군의 여호와여"(사 6:3).

하나님은 오류가 없으시다. 그분과 동등한 존재는 어디에도 없다. 이런 사실은 절대로 변하지 않는다. 하나님은 사랑이 충만하시다. "하나님은 사랑이시라"(요일 4:16). 하나님은 사랑을 나타내실 뿐 아니라 사랑 그 자체이시다. 하나님은 온전히 의로우시다. "그의 모든 길이 정의롭고 진실하고 거짓이 없으신 하나님이시니"(신 32:4).

서로 반대되는 하나님의 속성들을 생각해 보라. 그분은 온전히 초월해 계시며, 동시에 온전히 내재해 계신다. 그분은 온전히 거룩하시며, 사랑이 넘치신다. 그분은 스스로 존재하시며, 스스로 충만하시다. 그분은 전지하시고, 전능하시며, 모든 곳에 편재하신다. 하나님은 말라기서 3장 6절에서 "나 여호와는 변하지 아니하나니"라고 말씀하셨다. 그분은 "변함도 없으시고 회전하는 그림자도 없으시다"(약 1:17). 그분은 "어제나 오늘이나 영원토록 동일하시다"(히 13:8). 그분은 "영원부터 영원까지…하나님이시다"(시 90:2). 하나님의 완전한 속성은 변하지 않는다. 모세는 그 사실을 알고 있었다.

모세의 기도는 출애굽기 32장 11절에서부터 시작된다. 그는 먼저 "여호와여"라는 하나님의 언약의 이름을 불렀다. 그 이름은 출애굽을 통해 자신을 계시하신 하나님을 나타낸다(출 3장). 모세는 하나님의 진노를 인정함과 동시에 그분의 사랑에 호소했다. 그는 하나님의 권능을 인정함과 동시에 그분의 긍휼에 호소했다. 그는 하나님의 영광을 인정함과 동시에 그분의 선하심에 호소했다. 모세의 기도는 변하지 않는 하나님의 속성에 근거했다.

　우리도 모세처럼 하나님이 변하지 않으신다는 사실을 알고 있다. 이것은 참으로 다행스러운 사실이 아닐 수 없다. 왜냐하면 하나님이 변하실 수 있다면 더 낫게나 더 못하게 변하실 텐데, 어느 쪽이든 좋지 않기는 마찬가지이기 때문이다. 하나님이 더 못하게 변하신다면, 믿음과 희망의 근거가 사라질 것이다. 또 그와는 반대로 그분이 더 낫게 변하신다면 그분이 처음부터 최선의 상태가 아니었다는 의미일 것이다. 만일 그렇다면, 하나님이 지금 최선의 상태이시라고 어떻게 확신할 수 있겠는가? 하나님은 이렇게, 저렇게 변하지 않으신다. 그분은 개방된 상태나 발전적인 상태에 있지 않으시다. 그분은 점진적으로 지식을 넓혀 나가거나 서서히 성장하지 않으신다. 마태복음 5장 48절의 말씀대로, 하나님은 온전하시다.

2. 하나님의 목적은 변하지 않는다

　모세는 출애굽기 32장 11-13절에서 하나님의 목적에 호소했다. 그의 기도는 "하나님은 애굽인들에게 자신의 영광을 나타내기 위해 저희를 애굽에서 구원하셨습니다. 하나님의 목적은 그들을 죽이지 않고 구원함으로써 온 세상에 그 영광스런 이름을 널리 알리는 것이었습니다. 그 목적은 절대 변하지 않습니다."라는 의미가 담겨 있었다.

　모세는 자신의 기도를 통해 성경 도처에 나타나는 진리를 증언했다. 예를 들어, 시편 33편 11절은 "여호와의 계획은 영원히 서고 그의 생각은 대대에 이르리로다"라고 말씀하고, 이사야서 46장 10, 11절은 "나의 뜻이 설 것이니 내가 나의 모든 기뻐하는 것을 이루리라 하였노라…
내가 말하였은즉 반드시 이룰 것이요 계획하였은즉 반드시 시행하리
라"고 말씀한다. 모세는 하나님의 목적이 수정되거나 개정되지 않는다
는 것을 알았다. 그는 하나님의 목적이 항상 이루어진다고 확신했다.
우리도 하나님이 자신의 이름을 영광스럽게 하기 위해 세상만사를 다
스리신다는 것을 알아야 한다. 하나님의 목적은 변하지 않는다.

3. 하나님의 약속은 변하지 않는다

출애굽기 32장 13절은 놀라울 정도로 대담하다. 모세는 하나님께 "기억하소서"라고 말했다. 그는 전지하신 하나님, 곧 모든 것을 아실 뿐 아니라 모든 것을 작정하시고, 또 작정하신 일들을 항상 잊지 않고 계시는 하나님께 "기억하소서"라고 말했다. 모세는 하나님 앞에서 놀라울 정도로 대담했다. 그는 "하나님이여, 기억하셔야 합니다. 아브라함을 기억하십니까? 이삭을 기억하십니까? 이스라엘을 기억하십니까?"라고 말했다. 그는 족장들을 거론하면서 "하나님이 그들에게 지금 우리를 이끌고 가시는 그 땅을 주시겠다고 약속하지 않으셨습니까? 그 약속을 거두셔서는 안 됩니다."라고 말했다.

모세는 민수기 23장 19절을 알고 있었다. "하나님은 사람이 아니시니 거짓말을 하지 않으시고 인생이 아니시니 후회가 없으시도다 어찌 그 말씀하신 바를 행하지 않으시며 하신 말씀을 실행하지 않으시랴." 모세는 시편 저자가 나중에 시편 33편 4절에서 말한 것을 알고 있었다. "여호와의 말씀은 정직하며 그가 행하시는 일은 다 진실하시도다." 그는 또한 하나님이 시편 89편에서 친히 하신 말씀을 알고 있었다. "내 언약

은 깨뜨리지 아니하고 내 입술에서 낸 것은 변하지 아니하리로다"(34절).

약속을 반드시 지키시는 하나님을 찬양하자. 그분의 약속은 거짓이 아니다. 용서의 약속은 공수표가 아니다. 영원히 자기와 함께 살게 하시겠다는 하나님의 약속은 확실하다. 그 약속이 하나님이 알지 못하시는 뜻하지 않은 한계에 부딪칠 가능성은 절대로 없다. 예수님은 "천지는 없어질지언정 내 말은 없어지지 아니하리라"(마 24:35)라고 말씀하셨다. 모세는 하나님의 말씀이 변하지 않는다는 것을 알았다.

오늘날, 하나님의 무엇이 변할 수 있는지를 둘러싸고 논쟁이 뜨겁다. 그러나 참으로 흥미롭게도 모세는 그런 논쟁의 대부분을 촉발시킨 구약 성경의 본문에서 오히려 그분은 어떻게든 변하지 않으신다고 확신하고, 그것에 근거해 기도를 드렸다.

모세의 기도는 결국 출애굽기 32장 14절에 기록된 결과를 만들어냈다. "여호와께서 뜻을 돌이키사 말씀하신 화를 그 백성에게 내리지 아니하시니라." 우리는 이것을 어떻게 이해해야 할까? 하나님은 아무것도 변하지 않으시는데 어떻게 그런 변화가 가능할까? 하나님은 이 구절보다 네 구절 앞선 10절에서 "그런즉 내가 하는 대로 두라 내가 그들에게 진노하여 그들을 진멸하고 너를 큰 나라가 되게 하리라"라고 말씀하셨다. 하나님은 '뜻을 돌이키셨다.'

이 용어를 다른 번역 성경들은 '생각을 바꾸셨다.'나 '후회하셨다.'로 번역했다. 성경에서 사람들이 생각을 바꾸는 것을 가리킬 때나 하나님이 생각을 바꾸지 않으시는 것을 가리킬 때나 모두 똑같이 이 동사가 사용되었다(민 23:19).

사무엘상 15장 29절은 "이스라엘의 지존자는 거짓이나 변개함이 없으시니 그는 사람이 아니시므로 결코 변개하지 않으심이니이다"라고 말씀한다. 그렇다면 본문의 말씀은 어떻게 된 것일까? 이 물음은 또 하나의 진리를 일깨워 준다.

4. 하나님의 계획은 역사적이다(즉 하나님의 섭리를 통해 역사 속에서 그대로 실현된다)

하나님은 온전한 주권자이시다. 그분의 목적은 확고하다. 그분은 자신의 약속에 충실하시다. 그분은 자신이 원하는 모든 것을 행하신다. 이런 사실은 매우 중요하다. 왜냐하면 하나님의 계획이 확고하지 않으면, 그 계획이 그분의 통제를 벗어날 수도 있기 때문이다. 오늘날 그렇게 생각하는 신학자들이 많다. 그들은 하나님이 역사 속에서 그 다음번에 무슨 일이 일어날 것인지 모르고 계신다고 주장한다. 그들은 그분은 인간의 변하기 쉬운 생각과 욕구에 반응하실 뿐이라고 생각한다. 그들은 하나님이 자신이 무슨 일을 하고 계시는지 알지 못한다고 말한다. 그런 생각은 이단이다.

하나님은 자신이 무엇을 하고 있는지 아신다. 그분은 일어나는 모든 일을 작정하셨다. 출애굽기 32장에서도 하나님은 벌어진 상황에 놀라지 않으셨다. 이스라엘 백성이 죄를 지었을 때나 모세가 기도를 드렸을 때도 하나님은 놀라지 않으셨다.

그분의 뜻은 출애굽기 32장에서도 나머지 모든 성경에서만큼 확고했다. 그러나 여기에 이 일화가 기록된 이유는 한 가지, 곧 하나님의 역사적인 계획을 상기시켜 주기 위해서다.

본문의 일화는 하나님이 사람들의 죄를 어떻게 심판하시는지를 생생하게 보여준다. 이스라엘 백성은 하나님께 중대한 죄를 저질렀다. 이것이 하나님이 "그들이 내가 명령한 길을 속히 떠났다. 그들은 목이 뻣뻣하다. 그들은 진멸을 당해야 마땅하다."라고 말씀하신 이유다. 이 말씀은 사실이었다. 하나님의 성품은 변하지 않는다. 그분은 거룩하시다. 그분은 사람들의 죄를 심판하신다. 죄는 하나님을 무한히 진노하시게 만든다. 죄는 하나님의 신속하고, 무서운 진노를 초래한다. 9, 10절은 하나님이 사람들의 죄를 심판하신다는 것을 분명하게 보여준다.

그러나 하나님은 죄인들을 위해 중보자를 세우셨다.

이것이 출애굽기가 가르치는 요점이다. 모세는 하나님과 백성의 사이를 중재하는 언약의 중보자였다. 그는 백성을 대신해 하나님 앞에 서고, 하나님을 대신해 백성 앞에 섰다. 하나님이 그렇게 정하신 것이다. 하나님은 출애굽기 32장 7절에서 모세에게 "너는 내려가라"라고 말씀하셨다. 하나님이 당장에 이스라엘 백성을 진멸하실 것 같았으면, 모세에게 내려가라고 명령하실 이유가 없지 않았겠는가? 하나님은 모세의 중보 사역을 통해 자기 백성을 보존할 계획을 가지고 계셨다.

출애굽기 32장의 가르침은 분명하다. 출애굽기 32장은 그들을 대신해 중재에 나설 사람이 없다면 하나님은 그들에게 모든 진노를 쏟아내셨을 것이라고 가르친다. 이 모든 것은 변하지 않는 하나님의 완전한 속성과 정확하게 일치한다. 하나님은 거룩하고, 의로우시다. 그분은 죄를 징벌하신다. 그러나 그와 동시에 그분은 사랑과 긍휼이 풍성하시다. 그분은 이 가증스런 백성을 구원하기 위해 자신의 언약에 충실하셨다.

그렇다면 하나님은 어떻게 그 일을 행하실까? 하나님은 어떻게 자신의 완전한 속성과 변하지 않는 약속에 충실하면서 변하지 않는 목적을 이루실까? 그분은 역사적인 계획을 통해 그렇게 하신다. 그분은 중보자를 임명해 죄인들을 위해 나서게 하셨다.

이스라엘 백성은 자기들을 대신해 하나님 앞에 설 수 있는 유일한 중보자를 거부했다(출 32:1). 그러나 모세는 그들을 위해 간구함으로써 중보자의 직임을 수행했다. 그는 하나님이 뜻하신 계획을 변경시킨 것이 아니라 그분이 작정하신 계획을 성취했다.

우리에게 익숙한 은혜로운 계획

하나님의 역사적인 계획은 성경에서 그리 낯선 개념이 아니다. 요나를 생각해 보라. 하나님은 그를 니느웨로 보내 "사십 일이 지나면 니느웨가 무너지리라"(욘 3:4)라고 외치게 하셨다. 니느웨는 죄 때문에 40일이 지나면 파괴될 예정이었다. 그것은 하나님의 말씀이었다. 그러나 그와 동시에 하나님은 자신의 선지자를 보내 그들에게 그 사실을 알려 주게 하셨다. 하나님은 왜 그렇게 하셨을까?

출애굽기 32장과 똑같은 상황이 일어난 것을 알 수 있다. 하나님은 니느웨 사람들의 죄를 심판할 생각이셨다. 그러나 그분은 선지자를 보내 경고의 말씀을 전하게 하셨다. 요나는 물고기 뱃속에 잠시 머물고 난 뒤에 그들에게 경고의 말씀을 전했다.

요나서 3장 10절은 그 결과를 이렇게 진술했다. "하나님이 그들이 행한 것 곧 그 악한 길에서 돌이켜 떠난 것을 보시고 하나님이 뜻을 돌이키사 그들에게 내리리라고 말씀하신 재앙을 내리지 아니하시니라." 하나님은 죄를 심판하실 뿐 아니라 중보자를 세워 긍휼을 베푸신다.

하나님의 역사적인 계획을 이해하기 위해 요나를 궁극적인 본보기로 삼을 필요는 없다. 형제 자매들이여, 예수님을 바라보라. 이것이 복음이다. 우리는 죄를 지은 탓에 거룩하신 하나님의 심판 아래 놓여 있다. 그분은 완전한 속성을 지니고 계시기 때문에 우리를 단죄하실 수밖에 없다. 죽음은 비현실적인 가능성이 아니다. 그것은 죄인인 우리에게 주어진 확실하고도 분명한 형벌, 곧 구체적인 현실이다. 그러나 중보자를 허락하신 하나님을 찬양하라. 사람들이 멸시하는 예수님이 우리를 대신해 하나님 앞에 나설 수 있는 유일한 중보자이시다. 하나님은 예수님에게 "내려가라. 왜냐하면 네 백성이 부패했기 때문이다. 그들은 내게 등을 돌리고 우상 숭배와 부도덕에 치우쳤다. 그들을 위해 중보하지 않으면 나의 진노에 의해 모두 멸망할 것이다."라고 말씀하셨다. 예수님은 세상에 내려오셨고, 죄인들의 중보자로 나서셨다. 하나님은 예수님의 희생 때문에 우리를 향한 진노를 돌이키셨다.

나는 하나님의 역사적인 계획에 영원히 감사한다. 그분은 변하지 않는 온전한 정의와 은혜로 영원 전부터 자기 이름을 위해 나를 죄에서 구원하기로 작정하셨다. 그분은 내게 새 생명을 주기로 약속하셨고, 자신의 독생자를 나를 대신하는 중보자로 세워 그 약속을 이루셨다. 하나님의 완전한 속성과 목적과 약속은 변하지 않지만, 그분의 계획은 섭리를 통해 역사 속에서 실현된다. 하나님은 완전한 계획을 세우셨고, 큰 긍휼을 베풀어 "인간의 죄는 나의 진노를 받아야 마땅하지만, 나는 그들을 대신할 중보자를 세워 진노를 돌이키겠다."라고 말씀하신다.

섭리와 기도

이처럼 모세가 알고 있는 사실들이 그의 기도하는 방식에 영향을 미쳤다. 모세는 섭리의 교리를 이해했고, 그것을 기도의 근거로 삼았다. 그는 하나님이 만사를 다스리신다는 것을 알았고, 그 사실이 기도를 무의미하게 만들지 않는다는 것을 알았다. 그는 하나님이 기도를 그분의 계획에 참여할 수 있는 수단으로 허락하셨다고 확신했다. 그는 하나님이 목적이 있으시다는 것을 알았고, 자신의 기도를 통해 그런 목적을 이루실 것이라고 믿었다.

무슨 말인지 이해하겠는가? 하나님은 기도를 우리와의 상호 관계를 통해 역사를 결정짓는 수단으로 선택하셨다. 이것은 결코 과장이 아니다. 성경 곳곳에 이 진리가 분명하게 언급되어 나타난다. 사람들이 기도하면 하늘에서 불이 내려오고, 사람들이 기도하면 절름발이가 걷고, 굶주린 자가 배불리 먹고, 죽은 자들이 살아났다.

사도행전이 교회의 사역에 대해 어떻게 증언하고 있는지 살펴보라. 하나님의 중요한 활동이 신자들의 기도에 대한 응답으로 이루어졌다. 그들은 함께 모여 기도에 전념했다(행 1장). 그러자 성령께서 불의 혀처럼 그들에게 임했고, 3천 명이 회개했다(2장). 베드로와 요한이 기도 시간에 성전에 올라갔다(3장). "말씀을 들은 사람 중에 믿는 자가 많으니 남자의 수가 약 오천이나 되었더라"(4:4). 사도들은 기도와 말씀 사역에 전념했다(6장). 그러자 "하나님의 말씀이 점점 왕성하여 예루살렘에 있는 제자의 수가 더 심히 많아졌다"(6:7). 스데반은 하늘을 우러러보며 기도했다(7장). 그러자 교회가 유대와 사마리아 모든 땅으로 흩어졌고, 가는 곳마다 복음을 전하는 역사가 일어났다(8장). 바울도 구원받았고, 아나니아와 연결되었다. 그 모든 것이 기도하는 상황에서 이루어졌다(9장).

그것은 10장에서도 마찬가지였다. 베드로와 고넬료가 기도할 때 복음이 이방인들에게 전파되는 문이 열렸다. 베드로가 감옥에 갇히고, 교회가 그를 위해 기도하자, 천사가 그를 감옥에서 구해냈다(12장). 교회 지도자들이 예배를 드리며 금식하고 기도하자(13장), 성령께서 "내가 불러 시키는 일을 위하여 바나바와 사울을 따로 세우라"(13:2)라고 말씀하셨다. 이때부터 로마 제국을 뒤엎어 놓은 선교 사역이 시작되었다. 바울과 실라가 감옥에서 기도했다(16장). 그러자 하나님은 지진을 일으키셨고, 간수와 그의 가족이 구원받는 역사가 일어났다.

다시 말하지만, 하나님이 우리에게 기도하라고 명령하시는 이유는 역사를 관망하게 하시기 위해서가 아니라 자신의 위대한 이름의 영광을 위해 역사를 결정하게 하시기 위해서다. 아직도 이런 말을 거북하게 생각하는 사람들이 많을 것이다. 내가 말하고자 하는 것은 하나님이 단지 보좌 위에 앉아 누군가가 기도하기만을 기다렸다가 세상에서 자신의 사역을 시작하는 무기력한 왕이 아니시라는 것이다. 본문은 그렇게 가르치지 않는다.

본문은 하나님이 기꺼운 마음으로 드리는 중보 기도를 통해 적극적으로 역사하기를 원하신다는 것을 보여준다. 우리가 기도할 때 하나님은 응답하신다. 기도한다는 것은 하나님이 정해 주신 자리에서 그분이 허락하신 특권을 활용해 그분과 함께 세상을 위한 그분의 목적에 참여한다는 것을 의미한다. 모세는 기도했고, 그의 기도는 큰 효력을 나타냈다. 우리도 기도하면, 놀라운 역사를 일으킬 수 있다.

모세의 기도 방식

섭리의 교리를 이해한 모세는 어떻게 기도했을까? 우리가 섭리의 교리를 옳게 이해하면 기도하는 방식이 어떻게 달라질까? 이스라엘 백성을 위한 중보 기도는 세 가지 방식에 근거했다.

1. 모세는 죄인들을 위한 하나님의 긍휼을 간구했다

"하나님, 그들을 구원하소서. 그들을 멸하지 마옵소서." 모세의 기도가 무엇에 근거했는지에 주목하라. 그는 하나님께 "그들은 하나님의 진노를 당할 일을 하지 않았습니다."라고 말하지 않았다. 그는 그들이 저지른 죄가 매우 중대한 탓에 하나님의 진노를 받아야 마땅하다는 것을 잘 알고 있었다. 그는 인간의 선한 측면을 이유로 내세우지 않았고, 하나님의 본질적인 영광에 호소했다. 그는 "오, 하나님. 주님의 이름을 위해 그들을 구원하소서. 그들에게 긍휼을 베푸시어 주님의 위엄을 드러내소서."라고 기도했다. 모세의 중보 기도는 갈수록 더 간절해졌다.

> "모세가 여호와께로 다시 나아가 여짜오되 슬프도소이다 이 백성이 자기들을 위하여 금 신을 만들었사오니 큰 죄를 범하였나이다 그러나 이제 그들의 죄를 사하시옵소서 그렇지 아니하시오면 원하건대 주께서 기록하신 책에서 내 이름을 지워 버려 주옵소서"(출 32:31, 32).

참으로 놀라운 기도다. 모세는 바울이 로마서 9장에서 말한 것처럼, 백성을 위해서라면 자신이 구원을 받지 못하고 저주를 받아도 좋다고 말했다. 물론 모세와 바울은 하나님의 목적과 약속 때문에 그렇게 되는 것이 불가능하다는 것을 잘 알고 있었다. 그러나 그들의 그런 기도는 하나님의 섭리의 신비 가운데서 간절한 기도가 어떤 역할을 하는지를 익히 짐작하게 해준다. 그들의 기도에는 "하나님, 무엇이든 원하는 대로 취하소서. 필요하다면 제 목숨이라도 취하소서. 다만 이 영혼들을 구원하시어 주님을 영화롭게 하기를 원합니다."라는 간절하고, 절실한 마음이 담겨 있었다.

우리도 그렇게 기도해야 하지 않겠는가? 하나님이여, 이 나라와 온 세상에 있는 수많은 영혼들의 구원을 위해 이런 기도를 드릴 수 있도록 도와주소서!

나는 최근에 네팔에 다녀온 적이 있다. 나와 우리 교회의 목회자들 몇 명이 카트만두에서 헬리콥터를 타고 네팔과 티베트의 국경지역인 해발 3,600미터의 산악지대에 도착했다. 인간은 그렇게 높은 고지대에서도 여전히 숨을 쉬며 생명을 유지할 수 있었다. 우리는 그곳에서부터 육체적으로나 영적으로 절박한 상황에 처해 있는 여러 마을들을 거치면서 엿새 동안 거의 150킬로미터를 걸었다.

10년 전에 이루어진 한 연구 조사에 따르면 히말라야의 마을들에서 태어난 어린아이들 가운데 절반이 생후 8일 이전에 목숨을 잃는다고 한다. 어떤 어머니는 자녀를 모두 열네 명 낳았는데, 그 가운데 성인이 된 자녀는 고작 2명뿐이었다. 그들은 설사와 같은 질병으로 목숨을 잃었다. 한 마을에서는 콜레라가 발생해 한꺼번에 60명이 목숨을 잃기도 했다. 또한 가난이 도처에 만연했다.

가난이 가져온 최악의 결과 가운데 하나는 성 밀매다. 성 밀매자들은 그런 마을에 있는 어린아이들을 목표로 삼는다. 그들은 마을의 가정들을 방문해 딸이 자기와 함께 도시에 간다면 더 나은 삶을 살 수 있고, 집안 살림에도 많은 보탬을 줄 수 있다고 가족들을 설득한다. 굶주림에 허덕이는 가족들이 설득되어 딸을 팔기까지는 약 100달러면 충분하다. 더욱이 가족들은 딸이 더 나은 삶을 살 수 있다는 말에 속아 선뜻 그녀를 내준다. 그러면 밀매자들은 열 살이나 열다섯 살, 어떤 경우에는 그보다 훨씬 어린 소녀들을 데려간다. 그들은 소녀들을 카트만두에 데려가서 매음굴에 집어넣는다. 그들은 소녀들을 무참히 유린한다. 마약을 먹이고, 연거푸 강간을 한다. 그러고 나서 그들은 소녀들에게 매음굴에 오는 남자들이 원하는 모든 것을 해주라고 요구한다. 소녀들 가운데는 하루에 열다섯 명의 남자를 상대하는 이들도 적지 않다. 이것이 그녀들의 삶이다.

그녀들은 이용당하고, 학대당하며 수치 속에 살아간다. 그들은 그런 삶에서 벗어날 수 없다. 경찰도 밀매자들에게 매수당해 아무런 조처를 취하지 않는다. 밀매자들은 소녀들에게 만약 도망치면 가족들을 죽이겠다고 협박한다. 그들이 카트만두에 데려온 소녀들 가운데 더러는 인도나 중동이나 북아프리카로 팔려간다. 우리가 방문한 마을과 같이 가난에 찌든 마을의 수많은 소녀들이 그런 운명을 겪는다.

극심한 가난과 성 밀매와 같은 불행만으로 충분하지 않다는 듯, 이 마을들은 복음에 대해 전혀 무지하다. 이 마을들에는 모두 스물네 개의 집단으로 구성된 티베트 불교 신자들이 존재할 뿐, 복음이 전파된 적은 한 번도 없었다. 우리는 그곳에 머무는 동안, 우리가 그곳을 방문하기 전에 예수님에 관한 소식을 들어보았다는 사람을 단 한 사람도 만나지 못했다.

어느 날, 우리는 힌두교가 성스럽게 여기는 강가에 도착했다. 그곳의 전통에 따르면, 가족들은 죽은 사람들의 유해를 그곳에 가져다가 뿌릴 수 있었다. 그곳 사람들은 사람이 죽으면 24시간 이내에 시체를 장작더미에 올려놓고 태워 그 재를 강에 뿌렸다. 그들은 그런 행위가 죽은 자의 환생에 도움이 된다고 믿었다. 우리가 모퉁이를 돌아가는데, 강가에 화장용 장작더미가 쌓여 있는 것이 눈에 띄었다. 가족들은 죽은 사람을 위해 애곡했다. 우리는 발길을 멈추었다. 나는 그곳에서 불과 하루 전만 해도 살아 있었을 시신들을 물끄러미 바라보았다. 지금 그 시신들이 불타는 모습이 눈에 선하다. 내 머릿속에 떠오른 광경은 그보다 훨씬 더 깊고, 중대한 영원한 혼실을 가리켰다. 그 시신들이 불타는 광경을 떠올리는 순간, 그들이 복음을 한 번도 들어본 적이 없었다는 사실이 불현듯 생각났다.

나는 "하나님, 그들에게 긍휼을 베푸소서. 그 남자들과 여자들과 가족들을 불쌍히 여기소서. 그 어린아이들과 매음굴에 있는 소녀들을 기억하소서."라고 기도하지 않을 수가 없었다. 나는 하나님이 내 기도와 다른 많은 사람의 기도를 도구로 삼아 그곳을 위한 목적을 이루시고, 가난한 자들의 보호자요 노예들의 구원자요 만백성의 구원자라는 영광스런 이름을 더욱 영화롭게 하시기를 바라는 마음이 간절했다.

티베트 불교 신자들 가운데도 예수님의 속죄 사역을 통해 구원받을 사람들이 있을 것이 틀림없다. 따라서 나는 "하나님, 무엇이든 원하는 대로 취하소서. 그들로부터 주님이 마땅히 받아야 할 찬양을 받기 위해 필요하다면 제 목숨이라도 취하소서."라고 기도했다.

2. 모세는 하나님의 임재와 능력이 백성 가운데 임하길 간구했다

출애굽기 33장 1-3절은 이렇게 말씀한다.

"여호와께서 모세에게 이르시되 너는 네가 애굽 땅에서 인도하여 낸 백성과 함께 여기를 떠나서 내가 아브라함과 이삭과 야곱에게 맹세하여 네 자손에게 주기로 한 그 땅으로 올라가라 내가 사자를 너보다 앞서 보내어 가나안 사람과 아모리 사람과 헷 사람과 브리스 사람과 히위 사람과 여부스 사람을 쫓아내고 너희를 젖과 꿀이 흐르는 땅에 이르게 하려니와 나는 너희와 함께 올라가지 아니하리니 너희는 목이 곧은 백성인즉 내가 길에서 너희를 진멸할까 염려함이니라 하시니."

하나님이 출애굽기 33장에서 모세에게 하신 말씀은 "좋다. 그 땅은 너희에게 주겠다. 그러나 나는 너희와 함께 가지 않겠다."는 뜻이었다. 다시 말해, 그것은 "내 약속은 유효할 테지만 나의 임재는 없을 것이다."라는 의미였다. 만일 내가 모세의 입장이라면 어떻게 하겠는가?

너무 성급하게 대답하지 않도록 주의하라. 왜냐하면 우리는 오늘날 교회들 가운데 만연해 있는 생각에 이끌릴 가능성이 높기 때문이다. 우리는 날마다 우리의 삶과 교회 안에서 하나님의 임재의 능력 없이 그분의 사역을 행하려는 유혹을 받는다. 우리는 성령의 도우심을 필요로 하지 않고, 우리 스스로 사역에 필요한 수많은 방법과 수단을 만들어낸다. 우리는 교회의 성장을 위해 기도와 금식 대신 손 쉬운 마케팅 전략에만 의존한다. 우리는 기도 없이 사람들의 이목을 사로잡을 방법에 골몰한다.

우리가 이끄는 교회들의 조직과 활동을 계속 유지해 나가는 일은 위태롭기는 해도 불가능하지는 않다. 경우에 따라서는 모든 것이 부드럽게 진행되거나 심지어는 성공을 거둘 수도 있다. 그러나 성령께서 그 일에 전혀 관여하지 않으신다는 점을 의식하지 못할 가능성을 배제하기 어렵다. 주의하지 않으면 우리 자신을 속일 수도 있고, 한갓 건물 안에 있는 몇 가지 외적인 요소들을 교회 안에 영적 생명이 살아 숨 쉬고 있는 증거로 착각하기 쉽다. 성령의 능력 없이 그분의 사역을 하겠다고 나서는 것이 오늘날 복음의 진보를 가장 크게 방해하는 요인은 아닌지 의심스럽다. 우리 사회의 자기도취적인 부도덕성보다 교회의 자기만족적인 태도가 복음의 확산을 저해하는 가장 큰 장애물일 수 있다. 우리가 기도하지 않는 것이 곧 그 증거다.

그렇다면 모세는 하나님의 임재 없이 그분의 사역을 감당해야 할 상황에 직면해 어떤 태도를 취했을까? 그는 기도했다. 그는 회막에 들어가서 기도했다(출 33:7-11).

"모세가 여호와께 아뢰되 보시옵소서 주께서 내게 이 백성을 인도하여 올라가라 하시면서 나와 함께 보낼 자를 내게 지시하지 아니하시나이다 주께서 전에 말씀하시기를 나는 이름으로도 너를 알고 너도 내 앞에 은총을 입었다 하셨사온즉 내가 참으로 주의 목전에 은총을 입었사오면 원하건대 주의 길을 내게 보이사 나게 주를 알리시고 나로 주의 목전에 은총을 입게 하시며 이 족속을 주의 백성으로 여기소서"(출 33:12, 13).

모세는 하나님이 자기에게 맡기신 사역을 이루려면 자신이 가지고 있는 능력만으로는 턱없이 부족하다고 생각했다. 그는 그 일을 혼자 할 수 없다는 것을 알았다. 그는 하나님이 자기와 함께 가주시기를 바랐다. 그는 그것을 절대 양보할 수 없었다. 따라서 그는 하나님이 "내가 친히 가리라 내가 너를 쉬게 하리라"(33:14)라고 말씀하실 때까지 회막에 머물렀다.

하지만 모세는 그 말씀만으로는 충분하지 않았는지, "주께서 친히 가지 아니하시려거든 우리를 이곳에서 올려 보내지 마옵소서 나와 주의 백성이 주의 목전에 은총 입은 줄을 무엇으로 알리이까 주께서 우리와 함께 행하심으로 나와 주의 백성을 천하 만민 중에 구별하심이 아니니이까"(출 33:15, 16)라고 기도했다.

모세는 하나님의 임재와 능력이 자기에게만 주어지는 것에 만족하지 않았다. 그는 그분의 임재와 능력이 이스라엘 백성 모두에게 주어지기를 원했다. 그는 세상에서 하나님의 뜻을 이루기 위해서는 집단적인 차원의 노력이 필요하다는 것을 알았다. 따라서 그는 하나님의 백성 가운데 그분의 임재와 능력이 나타나기를 간구했다. 우리도 그렇게 기도해야 한다. 오늘날에도 하나님의 임재의 능력이 그분의 백성 가운데 나타나는 것이 필요하다.

하나님이 우리에게 맡기신 사역을 이루려면, 우리가 가지고 있는 능력만으로는 턱없이 부족하다. 우리 자신의 기술로 교회를 목양할 수 없고, 우리의 능력으로 교회의 사역을 이끌 수 없으며, 우리 자신의 힘과 노력을 아무리 끌어 올려도 이웃들과 민족들을 제자로 만들 수 없다. 우리에게는 하나님이 필요하다.

우리는 엎드려 하나님이 자기 백성 가운데서 능력을 나타내시도록 간구해야 한다. 신약 성경이 잃어버린 자들을 위해 기도하라는 것보다 하나님의 능력이 교회에 임하기를 기도하라고 더 많이 권고하는 이유가 무엇일까? 이는 하나님의 능력이 그분의 백성 가운데 나타나야만 잃어버린 자들에게 복음이 전파될 수 있기 때문이다. 예수님은 마태복음 9장 37, 38절에서 "추수할 것은 많되 일꾼이 적으니 그러므로 추수하는 주인에게 청하여 추수할 일꾼들을 보내 주소서 하라"고 말씀하셨다.

추수할 것은 많다. 그들은 복음을 듣기 위해 기다리고 있다. 그렇다면 우리는 어떻게 기도해야 할까? 우리는 "주님, 주님의 사람들을 많이 일으켜 세워 일터에 보내소서. 그들에게 능력을 주어 내보내소서."라고 기도해야 한다. 놀랍게도 그리스도께서는 자신의 사명을 이루기 위해 자신이 하셔야 할 일과 보내셔야 할 사람들을 하나님께 구하라고 당부하셨다. 기도는 진정 신비롭기 그지없다.

사도행전 4장을 생각해 보자. 교회가 박해를 당하기 시작했다. 그들은 무엇을 구했는가? 그들은 섭리의 교리에서부터 출발했다.

"대주재여 천지와 바다와 그 가운데 만물을 지은 이시요…헤롯과 본디오 빌라도는 이방인과 이스라엘 백성과 합세하여 하나님께서 기름 부으신 거룩한 종 예수를 거슬러 하나님의 권능과 뜻대로 이루려고 예정하신 그것을 행하려고 이 성에 모였나이다"(24, 27, 28).

그들은 박해가 미리 작정되었다는 것을 알았다. 따라서 그들은 이렇게 기도했다.

"주여 이제도 그들의 위협함을 굽어보시옵고 또 종들로 하여금 담대히 하나님의 말씀을 전하게 하여 주시오며 손을 내밀어 병을 낫게 하시옵고 표적과 기사가 거룩한 종 예수의 이름으로 이루어지게 하옵소서"(29, 30절).

그러자 어떤 결과가 나타났는가?

"빌기를 다하매 모인 곳이 진동하더니 무리가 다 성령이 충만하여 담대히 하나님의 말씀을 전하니라"(31절).

그들은 하나님의 임재와 능력이 그분의 백성에게 임하기를 기도했다. 하나님은 그 기도에 응답하셨다.

"사도들이 큰 권능으로 주 예수의 부활을 증언하니 무리가 큰 은혜를 받아…믿고 주께로 나아오는 자가 더 많으니 남녀의 큰 무리더라"(4:33, 5:14).

이것이 우리가 기도해야 할 것이고, 이것이 하나님이 역사하시는 방식이다. 우리가 하나님의 능력이 그분의 백성에게 임하기를 기도하면, 그분의 응답이 주어지고 그분이 영광을 받으시는 결과가 나타난다.
기도하지 않는 것에 안주하지 말자. 기도하지 않으면 능력도 없다. 타고난 재능이나 인간의 지혜에 의존하지 말고, 우리의 교회와 이 나라와 민족들 사이에서 오직 하나님만이 하실 수 있는 일이 일어나게 해달라고 간구하자. 대각성 운동이 한창일 무렵, 조나단 에드워즈는 "하나님이 자신의 교회를 위해 위대한 일을 이루고자 하실 때, 그에 앞서 신자들의 비상한 기도가 먼저 이루어지는 것이 그분의 뜻이다."라고 말했다.[2]

3. 모세는 하나님의 영광이 땅 위에 나타나기를 간구했다

하나님이 진노를 들이키셨고, 자기 백성 가운데 임하겠다고 약속하셨는데도 모세의 담대한 태도는 수그러들 줄 몰랐다. 만일 내가 모세라면 그쯤에서 만족했을 것이다. 그러나 그는 그렇지 않았다. 그는 기도로 하나님의 허락을 얻어냈는데도 불구하고, 회막에 머무르며 한 가지를 더 구했다. 그는 "주의 영광을 내게 보이소서"(출 33:18)라고 기도했다.

그는 불붙은 떨기나무 가운데 계시는 하나님과 대화를 나누면서도 불에 타죽지 않았던 특권을 누렸고, 하나님이 홍해를 두 쪽으로 가르시는 광경을 직접 목격했으며, 하나님이 낮에는 구름 기둥으로 밤에는 불 기둥으로 자기와 백성들을 인도하시는 것을 경험했다. 또한 바위를 치자 물이 터져 나와 백성들이 마시는 것을 보았으며, 양식을 구하자 하나님이 하늘로부터 만나를 내려주시는 것을 목도했고, 다른 사람들에게는 모두 멀리 물러나 있으라는 경고가 주어졌는데도 그만 홀로 시내 산 위에 올라가 하나님과 대화를 나눈 사람이었다.

하나님의 영광을 생생하게 목격한 사람이 있다면, 바로 모세였다. 그는 너무나도 많은 것을 경험했다. 그런데도 그는 더 많은 것을 원했다.

모세는 하나님의 온전한 영광을 보여 달라고 기도하고, 간구했다. 하

---

[2] Jonathan Edwards, *Thoughts on the Revival*, vol. 1 of *The Works of Jonathan Edwards* (Peabody, MA: Hendrickson Publishers, 2004), 426.

나님은 "모세야, 네가 지금 무엇을 구하고 있는지 아느냐?"라고 말씀하셨다. 하나님이 그 영광을 온전히 드러내시면 모세는 당장에 목숨을 잃게 될 것이었다. 그는 사실 자신의 죽음을 재촉하고 있었던 셈이다. 그러나 하나님은 그에게 자신의 등을 보여주겠다고 말씀하셨다. 이것은 부분적으로만 영광을 보여주시겠다는 뜻으로, 34장에서 나타나게 될 하나님의 충실하심과 용서와 선하심과 영광을 미리 암시한다. 이것으로 모세의 기도는 끝났다. 이것이 모든 간구의 마지막이었다.

우리가 기도하는 이유는 하나님을 보기를 원하기 때문이다. 모세처럼 하나님을 보고, 알기를 원하는가? 토저는 이렇게 말했다.

> 나는 하나님을 향한 이런 강렬한 갈망을 독려하고 싶다. 우리가 지금처럼 이렇게 침체 상태에 빠진 이유는 그런 갈망이 없기 때문이다. 우리의 신앙생활이 무미건조하게 변한 이유는 거룩한 열망이 없기 때문이다. 안일함은 영적 성장을 가로막는 치명적인 장애 요인이다. 강렬한 열망이 없으면 그리스도께서 자기 백성에게 자신을 나타내지 않으신다. 그분은 자신을 간절히 갈망하기를 기다리신다. 참으로 안타깝게도 우리 가운데는 그분을 너무나 오랫동안, 쓸데없이 기다리시게 만드는 사람들이 허다하다.[3]

우리가 기도하는 이유는 하나님을 원하기 때문이다. 우리는 그분을 보고, 알고, 영화롭게 하기를 원한다. 이것이 예수님이 우리에게 "하늘

---

3) A. W. Tozer, *The Pursuit of God* (Camp Hill, PA: Wing Spread Publishers, 1993), 17.

에 계신 우리 아버지여 이름이 거룩히 여김을 받으시오며 나라가 임하시오며 뜻이 하늘에서 이루어진 것같이 땅에서도 이루어지이다"(마 6:9, 10)라고 기도하라고 가르치신 이유다.

섭리와 기도의 관계를 이해하겠는가? 하나님의 이름이 거룩히 여김을 받을 것이고, 그분의 나라가 임할 것이다. 그분의 뜻이 하늘에서 이루어진 것같이 땅에서도 이루어질 것이다. 이 모든 것이 신자들의 기도에 대한 응답을 통해 이루어질 것이다.

요한계시록 8장은 성도들의 기도가 하늘에 쌓여가고 있다고 가르친다. 하나님의 나라가 임하기를 빌고, 그분의 영광이 나타나기를 구하는 모든 기도가 단 하나도 없어지지 않고 모두 쌓인다. 그 가운데 어느 기도 하나도 헛되이 돌아가지 않는다. 모든 기도가 제단의 향을 태우는 연료가 되어 언젠가는 하나님 나라의 도래를 통해 모든 역사를 완성시킬 것이다. 따라서 간절한 기도가 우리의 삶이나 가정이나 교회나 온 우주 안에서 작용하는 하나님의 신비로운 섭리에 미치는 영향을 결코 과소평가해서는 안 된다.

하나님이 진노를 돌이키실 수 있도록 죄인들을 위해 그분의 긍휼을 간구하라. 하나님의 능력과 임재가 그분의 백성 가운데 나타나고, 그분의 영광이 온 세상에 밝히 드러나게 해달라고 기도하라. 그리고 그 이상의 것을 더 간구하라. 하나님을 그 변하지 않는 완전한 속성을 지니고 계시는 모습으로 직접 보게 될 것이라는 성경의 약속("그의 얼굴을 볼 터이요." - 계 22:4)이 이루어질 그날까지, 하나님의 변하지 않는 뜻과 약속이 그분의 역사적인 계획(우리는 이 계획에 동참할 수 있는 특권을 부여받았다)을 통해 온전히 이루어질 때까지 기도를 쉬지 말라.

사명선언문

너희가 흠이 없고 순전하여……세상에서 그들 가운데 빛들로
나타내며 생명의 말씀을 밝혀 _ 빌 2:15-16

1. 생명을 담겠습니다
만드는 책에 주님 주신 생명을 담겠습니다.
그 책으로 복음을 선포하겠습니다.

2. 말씀을 밝히겠습니다
생명의 근본은 말씀입니다.
말씀을 밝혀 성도와 교회의 성장을 돕겠습니다.

3. 빛이 되겠습니다
시대와 영혼의 어두움을 밝혀 주님 앞으로 이끄는
빛이 되는 책을 만들겠습니다.

4. 순전히 행하겠습니다
책을 만들고 전하는 일과 경영하는 일에 부끄러움이 없는
정직함으로 행하겠습니다.

5. 끝까지 전파하겠습니다
모든 사람에게, 땅 끝까지, 주님 오시는 그날까지
복음을 전하는 사명을 다하겠습니다.

서점 안내

광화문점 서울시 종로구 새문안로 69 구세군회관 1층
02)737-2288(T) 02)737-4623(F)

강남점 서울시 서초구 신반포로 177 반포쇼핑타운 3동 2층
02)595-1211(T) 02)595-3549(F)

구로점 서울시 구로구 시흥대로 577 3층
02)858-8744(T) 02)838-0653(F)

노원점 서울시 노원구 동일로 1366 삼봉빌딩 지하 1층
02)938-7979(T) 02)3391-6169(F)

분당점 경기도 성남시 분당구 황새울로 315 대현빌딩 3층
031)707-5566(T) 031)707-4999(F)

일산점 경기도 고양시 일산서구 중앙로 1391 레이크타운 지하 1층
031)916-8787(T) 031)916-8788(F)

의정부점 경기도 의정부시 청사로47번길 12 성산타워 3층
031)845-0600(T) 031) 852-6930(F)

인터넷서점 www.lifebook.co.kr